beck|sche reihe

In seinem vielgerühmten Standardwerk verortet der international renommierte Kirchenhistoriker Christoph Markschies das Christentum in der antiken Religionsgeschichte und kommt so zu neuen und überraschenden Antworten auf die Frage, warum sich das Christentum im römischen Reich so erfolgreich durchsetzen und schließlich die Antike überleben konnte. Der Autor bietet einen kompakten Überblick über die Verbreitung des Christentums und deren wichtigste Zentren und Epochen. Er schildert den Alltag und die Frömmigkeit antiker Christen von ihrer Geburt über Bekehrung und Taufe bis zum Tod, beschreibt Lebensformen wie Ehe und Familie, Askese und Mönchtum und erklärt die Besonderheiten der christlichen Gemeinschaften.

Christoph Markschies, geb. 1962, ist Professor für Ältere Kirchengeschichte an der Humboldt-Universität zu Berlin und Mitglied der Berlin-Brandenburgischen und der Heidelberger Akademie der Wissenschaften. Er wurde mit zahlreichen Preisen ausgezeichnet, u. a. dem Hanns-Lilje-Preis der Göttinger Akademie (1994) und dem Leibniz-Preis der Deutschen Forschungsgemeinschaft (2001). Zahlreiche Veröffentlichungen zur Kirchengeschichte und zum antiken Christentum. Bei C. H. Beck erschien «Die Gnosis» (^{2}2006).

Christoph Markschies

DAS ANTIKE CHRISTENTUM

Frömmigkeit · Lebensformen · Institutionen

Verlag C. H. Beck

Mit 10 Abbildungen und 1 Karte

Dieses Werk erschien erstmals 1997 im Fischer Taschenbuch Verlag
unter dem Titel «Zwischen den Welten wandern. Strukturen des
antiken Christentums» in der von Wolfgang Benz
herausgegebenen Reihe «Europäische Geschichte».
Für die vorliegende Ausgabe wurde der
Band durchgesehen und aktualisiert.

1. Auflage (dieser Ausgabe). 2006
© Verlag C. H. Beck oHG, München 2006
Gesamtherstellung: Druckerei C. H. Beck, Nördlingen
Umschlagabbildung: «Christus als Zauberer»,
Detail aus einem Elfenbeindiptychon mit Heilungswundern Christi,
römisch, ca. 450–460 n. Chr., Victoria and Albert Museum,
London; Foto: The Bridgeman Art Library
Umschlagentwurf: +malsy, Willich
Printed in Germany
ISBN-10: 3 406 54108 9
ISBN-13: 978 3 406 54108 7

www.beck.de

INHALT

Einleitung 7
Danksagung 10

DAS ANTIKE CHRISTENTUM – RAUM UND ZEIT 11
Der geographische Raum der antiken Christentums-
geschichte – seine Prägung und Erschließung 11
Die Zeit: Gliederung und Abriß der Epoche 34

DAS INDIVIDUUM 50
Die Bekehrung zum Christentum 50
Geburt, Taufe und Tod 65
Das christliche Leben und seine Frömmigkeit 91
Der Umgang mit der Bibel 94
Gebet und Gottesdienstfrömmigkeit 105
Engel-, Heiligen- und Märtyrerverehrung; die Wallfahrt 111
Sonstige Ausdrucksgestalten der Frömmigkeit 123
Das Alltagsleben 131

LEBENSFORMEN 140
Ehe und Familie 142
Askese und Mönchtum 157

DIE GEMEINSCHAFT 167
Das Gemeindeleben 170
Übergemeindliche Strukturen und Kommunikationsformen .. 186
Die kirchlichen Ämter 196

SCHLUSS 213

ANHANG
Abkürzungen 219
Anmerkungen 221

Quellen und Übersetzungen	240
Auswahlbibliographie	249
Abbildungsnachweis	254
Glossar	255
Zeittafel	256
Karte	258
Personenregister	260
Ortsregister	264
Sachregister	266

EINLEITUNG

Dieses Buch ist in zwei Auflagen unter dem recht poetischen Titel «Zwischen den Welten wandern» erschienen, war kurze Zeit vergriffen und wird in erneuerter Form mit einem präziseren Titel vorgelegt. In den Inhalt, die Anmerkungen und die Bibliographie wurde nur sehr behutsam eingegriffen; für umfangreichere Korrekturen oder Aktualisierungen bestand keine Notwendigkeit. Nach wie vor gilt, daß der Verfasser hier versucht hat, eine auf Institutionen und Lebensformen des antiken Christentums zugespitzte Darstellung zu schreiben. Ein entsprechendes Unternehmen ist seit Ende des vorletzten Jahrhunderts oft gefordert worden – so nannte Adolf von Harnack (1851–1930) die Institutionen «das Knochengerüst der Geschichte» –, wurde aber bisher nur von wenigen durchgeführt, beispielsweise von Robert M. Grant[1] oder in sehr modifizierter Form als «ekklesiologische Typengeschichte» von Carl Andresen.[2] Man könnte im Blick auf den hier unternommenen Versuch auch von einer auf die *Strukturen* des antiken Christentums konzentrierten Geschichte sprechen, da außer den klassischen «Institutionen» der Christentumsgeschichte (Ehe, Amt, Papsttum usw.) auch jene historisch relevanten Phänomene in den Blick genommen wurden, die erst in den letzten Jahrzehnten die Beachtung gefunden haben, die ihnen zukommt: die Frömmigkeit einzelner Gemeindemitglieder und ganzer Gruppen, die Lebensformen, aber auch die verschiedenen Sozialgestalten von Christentum in der Antike. Eine auf Strukturen konzentrierte Geschichte ist keine Ereignisgeschichte im klassischen Sinne, behandelt beispielsweise nicht ausführlich die Thematik «Kirche und Staat» (und die juristische Seite der Christenverfolgungen), ist aber auch keine ausführliche Sozial- oder Geschlechtergeschichte des antiken Christentums und schon gar keine Theologie- oder Literaturgeschichte in nuce.[3] Antike christliche Autoren, Papyri, Inschriften und archäologische Quellen werden nur dann herangezogen, wenn sie Strukturen des antiken Christentums zu erhellen vermögen.

Der ursprüngliche Titel «Zwischen den Welten wandern» sollte auf ein zentrales Element antiker christlicher Frömmigkeit aufmerksam machen, nämlich die schon sehr früh fixierte Erfahrung, daß sich die eigentliche Heimat der Christen im Himmel befindet[4] und sie doch zugleich in ganz konkreten politischen, sozialen und religiösen Verhältnissen auf Erden beheimatet waren. Diese Erfahrung prägte die Lebensäußerungen dieser Religion in der Antike durchgängig – trotz der vielen Modifikationen in nahezu allen Varianten. Den Ausgangspunkt der hier vorgelegten Darstellung bildete freilich eine Beobachtung zur Wirkungsgeschichte: Bleibende Bedeutung für die Entwicklung europäischer Kultur seit dem frühen Mittelalter hat die antike christliche Kirche vor allem in *drei* Bereichen. Sie hat *erstens* dazu beigetragen, die Pluralität kaiserzeitlicher Kulte durch eine einheitliche neue Religion von großer gesellschaftsgestaltender Kraft abzulösen, die ihre Gläubigen in bisher ungewohnter Weise auf eine ganz bestimmte Gestaltung ihres individuellen Lebens (z. B.: Ehemoral) verpflichtete und ebenso bis dahin ungewohnte Formen sozialer Verantwortlichkeit (z. B.: Witwenversorgung) hervorbrachte. *Zweitens* hat sie – in genau umgekehrter Tendenz – Beheimatung und gestaltende Identifikation der Christen in bzw. mit der eigenen Umwelt sozusagen «unterlaufen», indem sie die Gemeinde zur «besseren Moral der Enthaltsamkeit» aufrief und auch hier wieder Sozialgestalten solchen weltflüchtenden Lebens (z. B.: Einsiedlerkolonien oder Klöster) von großer Anziehungskraft entwickelte. *Drittens* hat die kaiserzeitliche und spätantike Kirche es verstanden, sich eine z. T. neben den Gemeinden florierende wissenschaftliche Theologie nutzbar zu machen. Diese bediente sich der Methoden und Denkfiguren antiker Philosophie, um die Botschaft des Neuen Testamentes verständlich werden zu lassen, und machte so das Christentum auch für Gebildete attraktiv.

Vor dem Hintergrund dieser Wirkungsgeschichte des antiken Christentums ergibt sich folgende Gliederung des Bandes: Zunächst wird durch die Einführung in den geographischen Raum und in die Zeit ein äußerer Rahmen skizziert. Dabei werden die wichtigsten Etappen der Christianisierung des römischen Reiches mit besonderem Schwerpunkt auf sozialen, politischen und juristischen Aspekten vorgestellt. Darauf folgen drei Abschnitte, die sich mit dem Individuum, den zwischen Individuum und Gemeinschaft stehenden

Lebensformen und schließlich der größeren Gemeinschaft beschäftigen. Ein zentraler Aspekt der Geschichte des antiken Christentums, nämlich die Umformung der christlichen Botschaft durch wissenschaftlich gebildete Theologen – hier fallen gern Schlagworte wie das von der «Hellenisierung des Christentums» –, konnte im Rahmen dieser Darstellung nur sehr knapp behandelt werden.[5]

Daß auf zweihundertfünfzig Seiten nur ein Abriß zu Strukturen der antiken Christenheit geboten werden kann und manche Forschungsdiskussion oder ausführliche Begründung ausgeblendet werden muß, versteht sich eigentlich von selbst. In diesem Band hängt das aber auch damit zusammen, daß sehr ausführlich antike Texte zitiert werden, weil sie einer Darstellung mehr Objektivität und Plastizität zu geben vermögen. Die teilweise ebenso recht umfänglichen Bezugnahmen auf das Neue Testament und auf Jesus von Nazareth erklären sich unter anderem dadurch, daß diese Darstellung von einem evangelischen Kirchenhistoriker verfaßt worden ist. Er ist der Meinung, daß die Intentionen Jesu bzw. die der ersten Christen nicht grundsätzlich oder von vornherein außerhalb der Mehrheitskirche und bei den von ihr ausgegrenzten sogenannten Häretikern bewahrt worden sind. Es liegen vielmehr bei den später so genannten «Orthodoxien» wie «Häresien» höchst komplexe Transformationsprozesse von einer auf die kleinen Verhältnisse Palästinas bezogenen jüdischen Lehre in eine eigene Religion für das ganze *imperium Romanum* vor. Sorgfältige Analysen der Geschichte des antiken Christentums würden zeigen, daß diese Transformationsprozesse und theologischen beziehungsweise ethischen Entscheidungen der Mehrheitskirche in vielen – aber natürlich längst nicht allen! – Fällen größere Plausibilität für sich reklamieren können als die der gerade nochmals energisch ins Blickfeld gerückten Minderheiten. Aber auch diese Zusammenhänge sind an anderen Stellen ausführlicher dargestellt worden.[6]

Ein letztes Wort zur Literatur, die am Ende zusammengestellt wurde: Dokumentiert wurden vor allem die Quellen und brauchbare Übersetzungen dieser antiken Texte. Bei der Sekundärliteratur sind nur die allerwichtigsten Titel genannt. Vor allem diese Bibliographie wurde vorsichtig aktualisiert.

Berlin und Jerusalem, im Dezember 2005   *Christoph Markschies*

DANKSAGUNG

Vielen Kollegen und Freunden habe ich dafür zu danken, daß diese aus Raumgründen an einigen Punkten etwas knappe Darstellung nicht noch holzschnittartiger geraten ist; ich erwähne besonders Hanns Christof Brennecke, Ekkehard Mühlenberg und Georg Schöllgen. Weiter nenne ich zwei ehemalige Mitarbeiterinnen meines Lehrstuhls: Ursula Reutter und Susanne Böhm. Bemerkungen zu den ethischen Rechtssätzen der Synoden entstammen teilweise meinem ersten Jenaer Oberseminar. Das letzte Kapitel geht auf Vorträge und Diskussionen zurück, zu denen Emma Brunner-Traut in Tübingen eingeladen hatte, die Beobachtungen zu Baulichkeiten in Syrien und Jordanien auf einen Lehrkurs des Deutschen Evangelischen Instituts für Altertumswissenschaft des Heiligen Landes in Jerusalem und Amman. Abgeschlossen wurde die Arbeit am Text schließlich anläßlich eines anregenden Aufenthaltes auf dem Zionsberg in Jerusalem im Frühjahr 1996. Bei der Durchsicht für die neue Ausgabe halfen vor allem Jan Bobbe und Henrik Hildebrandt.

DAS ANTIKE CHRISTENTUM –
RAUM UND ZEIT

Der geographische Raum der antiken Christentumsgeschichte
– seine Prägung und Erschließung

Der geographische Schauplatz der antiken Christentumsgeschichte war für lange Jahre fast ausschließlich mit dem römischen Kaiserreich, dann mit dessen Nachfolgestaaten identisch. Nur ganz partiell sind die Nachbarreiche – etwa Persien – betroffen gewesen, und im Unterschied zum europäischen Mittelalter betrieb die christliche Kirche auch kaum Mission außerhalb der Reichsgrenze. Weltmission hieß hier, die Grenzen des *imperium Romanum*, des römischen Reiches, erreicht zu haben. Darin darf man kein christliches Spezifikum sehen – im Gegenteil: Die Christengemeinde zeigte sich in dieser Beschränkung als Glied einer antiken Welt, die neben dem *imperium* meist nur noch ein Barbaren- oder Ödland kannte. *Imperium* war «*oikoumene*», die ganze bewohnte Welt. *Orbis terrarum*, Erdkreis, wurde mit *orbis Romanus* identifiziert. Wo – wie zum Beispiel in Trier – in der Wandelhalle einer Ausbildungseinrichtung eine Weltkarte an die Wand gemalt war,[1] konnte der Betrachter diese Identifikation auch nachvollziehen. Wer in der Hauptstadt Rom vor dem Mausoleum des 14 n. Chr. verstorbenen Kaisers Augustus stand und dort (oder an irgendeiner der anderen Stellen im Reich, wo er angebracht war) den Tatenbericht las, den der *imperator* kurz vor seinem Tode abgefaßt hatte, wurde bereits in der Überschrift jenes Textes an diese Vorstellungen erinnert: «[Bericht] der Taten des göttlichen Augustus, durch die er den Erdkreis der Befehlsgewalt des römischen Volkes unterwarf». Dank entsprechender Bemühungen des Augustus, so signalisierte bereits der Titel dieses – nach der besten erhaltenen Kopie im türkischen Ankara auch *monumentum Ancyranum* genannten – Textes, umfaßte das *imperium* nun die ganze bewohnte Welt, die «*oikoumene*». Die christliche Kirche hat, solange das römische Kaiserreich bestand, nur äußerst selten mit dieser Ideologie gebrochen und ihre Botschaft außerhalb der Staatsgrenzen verkündigt.

Aber der geographische Raum der Geschichte der antiken Christenheit ist trotzdem nicht einfach mit dem des römischen Kaiserreiches identisch; sein ideelles Zentrum liegt anderswo, und das verschiebt in jeder Hinsicht die Gewichte. Kern und Metropole des paganen Reiches bildete bekanntlich das geographisch vergleichsweise zentral gelegene Rom – als *urbs* die Stadt schlechthin, andere Städte hießen *oppidum*, um den kategorialen Abstand deutlich zu machen. Auf Rom war das *imperium* in jeder Hinsicht zentriert, daneben bestanden nur noch wenige weitere Großstädte wie Alexandria oder Antiochia. Diese Städte waren wegen ihrer teils monströsen Zusammenballung ohne ihr Umland nicht lebensfähig. Neben der Hauptstadt waren viele andere Metropolen (wie beispielsweise Antiochien, Athen und Ephesus) auf Lebensmittelimporte angewiesen, die in den Händen von privaten, allerdings staatlich kontrollierten Geschäftsleuten lagen.

Das Christentum entstand aber gerade nicht dort, in Rom oder im Schmelztiegel der Kulturen, den die anderen größeren Städte bildeten. Es begann seinen Siegeszug durch die antike Welt vielmehr von einigen kleinen Dörfchen im nördlichen Palästina aus. Man kann noch heute den Wirkungsraum Jesu von Nazareth am Nordufer des Sees Genezareth an einem Nachmittag bequem ablaufen: Vier Kilometer Wegstrecke sind es von Kapernaum, seiner Heimat (Mt 9,1), nach Chorazin, wo er viele Wunder gewirkt hat, etwas über fünf Kilometer liegen zwischen Kapernaum und Bethsaida, wo Petrus herstammte.[2] Städte am See meidet Jesus, Wirkungsorte dieses einfachen Handwerkersohnes ohne theologische Ausbildung sind die galiläischen Dörfer. Und so nimmt es nicht wunder, wenn ein gebildeter Heide wie der römische Kaiser Julian die Nachfolgerinnen und Nachfolger Jesu an ihre schlichten Ursprünge erinnert und durchgängig «Galiläer» nennt. Ein paar Heilungen in solchen Dörfchen – so der Herrscher polemisch – könne man kaum als große Taten bezeichnen.[3] Bedeutsamer noch als diese kleinen Örtlichkeiten, die für die reichsweite Christenheit schon bald weniger wichtig geworden sind und erst seit dem vierten Jahrhundert wieder in größerem Umfang von Pilgern besucht worden sind, wurde *Jerusalem*.

Diese aus der Perspektive eines gebildeten Römers fernab an der Peripherie des Reiches in einer relativ jungen und unruhigen Provinz gelegene jüdische Hauptstadt wurde zum Sitz der ersten größeren Gemeinde, die sich nach der Hinrichtung Jesu im Jahr 30 n. Chr. bildete. Das Neue Testament berichtet, wie die verstörten Anhänger durch Erscheinungen des Auferweckten erneut gesammelt wurden und ihn als Messias (Maschiach, griechisch «*christos*») bzw. Herr (griechisch «*kyrios*») bekannten (z. B. Lk 24,13–34). Schnell dominierten Verwandte Jesu diese Gruppe, und man erwartete getreu den biblischen Verheißungen seine baldige Wiederkunft auf dem Zionshügel mitten in Jerusalem (so auch Paulus, Röm 11,26f.). In den ersten Jahren der Geschichte des Christentums bildet Jerusalem nicht nur den ideellen, sondern auch den geographischen Mittelpunkt dieser jungen Gemeinschaft. Paulus trägt das Evangelium «von Jerusalem aus» (Röm 15,19) in die ganze bewohnte Welt und sammelt unter denjenigen Gliedern seiner Missionsgemeinden, die nicht aus dem Judentum stammen (sogenannte «Heidenchristen»), eine Kollekte «für die Armen unter den Heiligen in Jerusalem». Erst als Jerusalem im Zusammenhang mit zwei jüdischen Aufständen 70 und 132–135 n. Chr. durch römische Truppen gründlich zerstört und Juden das Betreten der als *Aelia Capitolina* wiederaufgebauten Stadt untersagt worden war, ging die reale Bedeutung dieses ideellen Zentrums der Christenheit zeitweilig sehr stark zurück. Trotzdem hielt man in vielen Kreisen weiter daran fest, daß die endzeitliche Wiederkunft Christi auf dem Zion in Jerusalem zu erwarten sei. So erklärt der ursprünglich aus dem heutigen Nablus stammende, dann aber in Rom lehrende Justinus um die Mitte des zweiten Jahrhunderts seinem jüdischen Gesprächspartner, Jesus werde an demselben Ort wieder herrlich erscheinen, wo er einst durch seine äußerst schmachvolle Hinrichtung entehrt worden sei.[4]

Jerusalem als Zentrum der frühen Christenheit wurde nach seiner Zerstörung im Jahr 70 n. Chr. durch eine Reihe anderer Zentren abgelöst. Bezeichnenderweise befinden sich darunter diejenigen drei Orte, die wir – etwas anachronistisch – als antike «Großstädte» bezeichnen: Antiochia, Rom und Alexandria. Daneben spielen die zum Teil von Paulus auf seinen Missionsreisen gegründeten Gemeinden im dichtbesiedelten Zentrum der Provinz *Asia* (beispielsweise Ephesus, aber auch Smyrna) eine gewisse Rolle und gegen Ende des zweiten Jahrhunderts dann auch die Provinzialhauptstadt der *Africa proconsularis*, Karthago. Das Christentum hatte sich im Laufe von nur einer Generation aus einer ursprünglich im dörflichen Raum beheimateten Bewegung innerhalb der jüdischen Religion in eine zuallererst städtisch geprägte eigene Religion verwandelt. Diese recht drastische Änderung des Charakters dieser Gemeinschaft bildet ein erstes und frühes Phänomen der Akkulturation und hängt ohne Zweifel stark – wenn auch nicht ausschließlich – mit dem Wirken des im kleinasiatischen Tarsus geborenen Missionars Scha'ul (Saul) zusammen. Der besser unter seinem lateinischen Beinamen Paulus bekannte Theologe trug die christliche Botschaft auf drei Missionsreisen in sehr viele Orte im östlichen Mittelmeerraum, an der Ägäis und in Kleinasien: nach Zypern, in die südkleinasiatischen Landschaften Lykien und Pamphylien, ins mittelkleinasiatische Galatien und an die kleinasiatische Küste nach Ephesus und Milet. Er wandte sich mit seiner Predigt zunächst an die jüdischen Synagogengemeinden und bevorzugte wohl schon aus reisetechnischen Gründen eher die Städte, in denen sich solche Gemeinden fanden. Während sein Aufenthalt in Athen offenbar keine großen Wirkungen zeitigte, hinterließ er an der kleinasiatischen Westküste, in Korinth und an der makedonischen Küste (Thessaloniki, Philippi) blühende christliche Gemeinden, nachdem er in der Regel relativ schnell aus der Synagoge herausgeworfen worden war. In Rom traf er dann auf dem Wege zu seinem Prozeß etwa in den Jahren 60/61 n. Chr. auf eine schon existierende Gemeinde, in der er vielleicht noch eine Weile gelebt und gelehrt hat (nach Apg 28,30 mindestens zwei Jahre in einem städtischen Mietshaus), bevor er in Rom hingerichtet wurde. Die ganze paulinische Missionspraxis zeigt, wie römisch dieser kleinasiatische Jude dachte, der das begehrte Bürgerrecht also keineswegs nur als ein äußerliches Rechtsinstitut verwendete: Schon vor seiner letzten Reise richtete er seine Aufmerksamkeit auf die römische Gemeinde (Röm 1,10) und wollte bis in das lateinischsprachige Spanien missionieren. Das parthisch-persische Grenzgebiet, die nördlicheren Regionen der germanischen oder dalmatischen Provinzen interessierten ihn nicht; Alexandria, eine Konkurrentin, ja gelegentliche Feindin Roms, ließ er ebenfalls links liegen. Und trotzdem scheint es in dieser großen Bildungsmetropole, ebenso wie in Rom, schon Anfang des zweiten Jahrhunderts Christen gegeben zu haben – in beiden Fällen sind die Gemeindegründer nicht mehr namentlich bekannt. Aber an beiden Orten bestanden große jüdische Gemeinden, die intensiven Kontakt mit dem Mutterland und insbesondere dem Tempel in Jerusalem pflegten; über solche Kontakte dürfte sich das Christentum in beiden Städten ausgebreitet haben. So wie sich der geographische Rahmen des Christentums durch seine Verwurzelung in den großen Metropolen veränderte, wandelte sich auch die Gestalt dieser Religion: Sie partizipierte nun am kulturellen Klima dieser Städte, an deren Bildungsniveau und -einrichtungen, aber natürlich auch an der im Vergleich zu nordgaliläischen Dörfern breiteren sozialen Schichtung.

Die erste dieser Metropolen des römischen *imperium*, die das Christentum erreichte, war *Antiochia*, drittgrößte Stadt des Reiches nach Rom und Alexandria – selbst nach heutigen Maßstäben würde man angesichts der Bevölkerungszahl von einer Großstadt sprechen (geschätzt für Anfang des zweiten Jahrhunderts: 200 000 Freie, aber die Angabe bleibt sehr unsicher). Die am Orontes gelegene Stadt gehörte seit 64 v. Chr. zum römischen Reich und fungierte als Hauptstadt der Provinz *Syria*; auf ihren Straßen drängten sich vor allem Abkömmlinge der griechischen und makedonischen Kolonisatoren, Juden und Syrer aus dem Umland, aber auch Phönizier, Araber, Perser und Ägypter, ja selbst Inder, die der Handel hierher verschlagen hatte. Entsprechend bunt war das Gewirr der Sprachen, Kulturen und Religionen. Hier fiel die vermutlich aus der jüdischen Gemeinde herausgewachsene Gruppe derer, die sich zu Jesus als Messias bekannten, erstmals auch Nichtjuden als eine von der Synagoge getrennte Richtung auf. Man sprach in der Stadt von ihnen als *Christiani* (Apg 11,26). Da man mit dieser Art von Wortbildung auch amtlicherseits Parteiungen zu benennen pflegte, könnte es sich durchaus schon um eine offizielle Bezeichnung gehandelt haben; die Gruppe wäre von den Behörden dann nach ihrem mutmaßlichen Gründer bezeichnet worden (bzw. präziser nach dessen Messias-Titel, der schon wie ein Eigenname behandelt wurde). Ob das Christentum in Antiochia schnell auch die vornehmeren und gut gebildeten Gesellschaftsschichten erreicht hat, wissen wir mangels einschlägiger Nachrichten nicht: Am Ende des zweiten Jahrhunderts demonstriert jedenfalls Theophilus, ein Bischof der syrischen Provinzhauptstadt, einem heidnischen Freund die Vernünftigkeit des Christentums und die Lächerlichkeit der heidnischen religiösen Mythologien. Und er verrät auf nahezu jeder Seite dieser Apologie seine Bildung: «Herodot, Thukydides oder auch Xenophon»[5] werden bemüht, reichlich Dichterzitate sind über das Werk verstreut. Auch politisch hat man es nicht unbedingt mit einem Rebellen zu tun: Theophilus erweist dem Kaiser Ehre dadurch, daß er für ihn betet. Ein gebildeter Stadtchrist also, ein Kind seiner Metropole, steht Ende des zweiten Jahrhunderts, knapp hundertfünfzig Jahre nach ihrer Gründung, der christlichen Gemeinde Antiochias vor. Aber wirklich zuverlässige Nachrichten über das alltägliche Leben breiterer Kreise der Gemeinde liegen uns erst in der reichen Überlieferung von Predigten des «Kanzelstars» Johannes Chrysostomus († 407) vor, die er mit beträchtlicher öffentlicher Wirkung zwischen 386 und 397 in der Hauptkirche gehalten hat.

Noch viel stärker im Schatten bleibt mangels zuverlässiger Quellen das Bild für *Alexandria*, ebenfalls eine hellenistische Neugründung mit einer sehr bunt gemischten Bevölkerung und einer großen und bedeutenden jüdischen Gemeinde. Mit etwa 300 000 Freien schätzt man die Stadtbevölkerung für das erste Jahrhundert noch ein gutes Stück größer ein als die Antiochias. Da hier aber nicht nur die Gründung der christlichen Gemeinde, sondern auch ihre Geschichte im zweiten Jahrhundert an vielen Punkten völlig rätselhaft bleibt, haben moderne Gelehrte die Forschungslegende von einem völlig «häretisch» überformten Christentum in der Hafenstadt konstruiert, dessen Erinnerung die siegreiche ‹katholische› Kirche verdrängt habe.[6] In Wahrheit dürfte die christliche Gemeinde dort zunächst sehr stark aus Mitgliedern der jüdischen Bevölkerungsgruppe der Stadt bestanden haben;[7] man hat sogar zwei der fünf Stadtteile als «die jüdischen» bezeichnet. Nach blutigen Verfolgungen und einem Aufstand im Jahr 115 n. Chr. war diese sehr stark hellenisierte jüdische Gemeinde auf einen kleinen Rest zusammengeschrumpft und ging vermutlich im Zusammenhang mit einem weiteren jüdischen Aufstand 132–135 n. Chr. vollkommen unter. Die «große Zeit» der christlichen Gemeinde brach erst an, als sich mit Clemens († vor 215) und Origenes († 253/54) seit dem Ende des zweiten Jahrhunderts zwei hochgebildete Theologen um die Synthese von Christentum und hellenistischer Kultur beziehungsweise Bildung bemühten. Die beiden Kategorien «Häresie» und «Orthodoxie» (bzw. «Katholizismus») werden dem in vieler Hinsicht experimentellen Denken dieser beiden großen Alexandriner ebensowenig gerecht, wie sie sich zur Klassifizierung von Nachrichten über andere Theologen aus jener Stadt eignen. Die wissenschaftliche Theologie ist im zweiten Jahrhundert noch viel zu jung, ihre Gestalt noch viel zu sehr im Fluß, um hier von «Norm» und «Abweichung» zu sprechen. Das Christentum paßte sich offenbar früh einem spezifischen Charakter der Stadt an: Da Alexandria schon aufgrund der beiden (trotz der Brandkatastrophe des Jahres 48 v. Chr. weiter blühenden) Bibliotheken des Serapeions und des Museions als *die* klassische Bildungsmetropole des Altertums bezeichnet werden kann, verwundert es nicht, wenn hier auch besonders gebildete christliche Lehrer auftraten. Clemens verfaßte zum Beispiel mit seiner Schrift «Der Pädagoge» eine Anweisung darüber, wie sich der bekehrte gebildete Heide sein Leben als Christ im Alltag einzurichten habe, und trug Argumente für die Vernünftigkeit der christlichen Lehre in Auseinandersetzung mit den wichtigsten griechischen Philosophien zusammen. Origenes, einer der produktivsten Schriftsteller des Altertums (seine Bibliographie umfaßte ca. 2000 Schriften), wirkte besonders über seine wissenschaftlichen Bibelkommentare und Predigtreihen; im palästinischen Caesarea, wohin er nach 230/231 übergesiedelt war, sammelte sich um ihn und seine umfangreiche Bibliothek eine Schule. Sie prägte Theologen bis weit ins vierte Jahrhundert hinein und führte zum Siegeszug einer «origenistischen» Theologie im Osten des Reiches. An der Existenz dieser Schule, aber auch an den verschiedenen Schulformen in Alexandria selbst sieht man, wie stark sich Kreise dieser Gemeinde auf Formen hellenistischer Bildung, Erziehung und Philosophie eingelassen hatten: Um berühmte Lehrer sammelten sich vor allem in der Philosophie seit Platons Zeiten Schulen, die auch nach dem Tode des Lehrers in dessen Sukzession («*diadoche*») standen. Die alexandrinische Gemeinde etablierte eine Schule, die neben christlichem Elementarunterricht (Erklärung des Glaubensbekenntnisses, Gottesdienstkunde, Einführung in die Sakramente) auch «höheren» theologischen Unterricht anbot. Allerdings darf man sich hier keine fest organisierte Hochschule nach mittelalterlich-neuzeitlichem Muster vorstellen.

Natürlich bestand die alexandrinische Gemeinde nicht nur aus solchen hochgebildeten Christen, im «sozialen Souterrain» der Stadt, im Ägypterviertel «Rhakotis», gab es auch Christen von ganz anderer Prägung. Leider partizipierte die Gemeinde auch an einer schon im Altertum heftig kritisierten Eigenschaft der Stadtbevölkerung, nämlich der besonderen Wut des «Volkszornes». Ende des zweiten Jahrhunderts führt der kleinasiatische Rhetor Dion Chrysostomus den innerstädtischen Frieden auf die Anwesenheit von römischen Truppen in Alexandria zurück: «Wie brächtet ihr es sonst fertig, die Hände voneinander zu lassen?»[8] Einen der letzten Auswüchse dieses berüchtigten Gewaltpotentials stellte der Überfall von christlichen Fanatikern auf die gefeierte pagane neuplatonische Philosophin Hypatia im März 415 dar: Sie wurde aus ihrer Sänfte gestoßen, nackt gesteinigt und ihr Leichnam zerstückelt und verbrannt.[9]

Ein sehr altes Zentrum der antiken Christenheit lag – ursprünglich wohl bedingt durch missionarische Aktivitäten des Paulus – in *Kleinasien*, genauer in Städten der Landschaften *Asia*, *Lydia* und *Phrygia*. Hier befand sich – neben Palästina – die dichteste Konzentration von christlichen Gemeinden, besonders in und um das Mäandertal, das als zentraler Verkehrsweg von den Häfen Milet und Ephesus ins Landesinnere diente. Neben diesen beiden Städten sind Magnesia, Tralles, Hierapolis, Kolossae, Laodicea und weiter nördlich Smyrna, Sardes, Philadelphia zu nennen. Wieder treten in der ersten Phase vor allem Theologen als Repräsentanten von Gemeinden in den Blick und vermitteln das Bild eines sehr bunten, aber immer noch stark vom Judentum geprägten Christentums. Der Bischof von Sardes, Melito, predigt vor 190 getreu der synagogalen Tradition in der Passa-Nacht über den Auszug der Israeliten aus Ägypten und die erste Feier des Passa mit der Schlachtung des Passalammes (Ex 12). Er deutet das alles als von Gott gesetztes Vorbild («*typos*») für Christi Leiden, Sterben und Auferstehen: «Nun begreift also, Geliebte, (…) wie sterblich und unsterblich es ist, das Geheimnis des Passafestes (…). Denn wirklich, die Schlachtung des Schafes und die Feier des Passafestes ist in Christus enthalten (…). Als Sohn wurde er geboren, als Lamm hinausgeführt, als

Schaf geschlachtet und als Mensch begraben, von den Toten erstand er als Gott, von Natur Gott und Mensch.»[10] In dem für seine heißen Quellen berühmten Kur- und Badeort Hierapolis schrieb um 130 n. Chr. der Bischof Papias fünf Bücher «Auslegung von Herrenworten», eine leider verlorene monumentale Sammlung von Berichten über Jesus von Nazareth aus der mündlichen und schriftlichen Tradition. In den phrygischen Dörfchen oberhalb von Hierapolis etablierte sich um einen Propheten namens Montanus und einige Prophetinnen eine radikal-konservative Bewegung, die im letzten Drittel des zweiten Jahrhunderts versuchte, Theologie (hier vor allem die Erwartung einer baldigen Wiederkunft Christi), Ethik und Strukturen der Urgemeinde wiederzubeleben, und bis nach Nordafrika Einfluß gewann.

Angesichts der Bedeutung der *urbs Roma* für das Gesamtreich verwundert es nicht, wenn auch das stadtrömische Christentum schnell von sich reden machte. Die Geschichte der antiken Christenheit könnte insofern auch als Geschichte des wachsenden Einflusses und der sich schließlich etablierenden Dominanz dieser Stadt über die westliche Kirche und Theologie geschrieben werden. Als Paulus (60 oder 61 n. Chr.) nach Rom kam, traf er dort schon auf eine christliche Gemeinde. Sein Römerbrief zeigt, daß sich die stadtrömische Christenheit bereits von der Synagoge gelöst hatte und – wie in Antiochia – bald auch von ihrer paganen Umwelt als eigenständige Größe wahrgenommen wurde. Die junge Gemeinde versammelte sich in den Häusern wohlhabenderer Christen; wir kennen aus den Paulusbriefen sogar noch einige Namen, etwa den des Zeltmacher(?)-Ehepaares Prisca und Aquila (die Quellen erwähnen gegen die Konvention den Namen der Frau zuerst, offenbar spielte sie in den Gemeinden die gewichtigere Rolle). Eine freilich erst in spätantiker Zeit nachweisbare römische Tradition lokalisiert das Haus des Ehepaares auf dem Aventin. Paulus wurde wie auch Petrus vermutlich im Rahmen der neronischen Christenverfolgung (64 n. Chr.) mit vielen Gemeindemitgliedern hingerichtet. Fortan konnte sich die städtische Gemeinschaft der Christen auf eine stolze «apostolische Tradition» berufen – eine der Wurzeln für die Entstehung eines «päpstlichen» Anspruchs seit dem dritten und seine Durchsetzung zum Ende des vierten Jahrhunderts. Wir verfügen über Hinweise, daß die römische Gemeinde sehr bald

Menschen aus allen gesellschaftlichen Schichten umfaßte: Der römische Konsul des Jahres 95, Titus Flavius Clemens, ein naher Verwandter des Kaisers Domitianus (81-96), wurde möglicherweise deswegen hingerichtet, weil er und seine Frau Christen waren.[11] Die Nachrichten aus der römischen Gemeinde des zweiten Jahrhunderts nennen vor allem die Namen freier Lehrer, die – der alexandrinischen Praxis vergleichbar – Schüler um sich sammeln, aber auch die von vornehmen Frauen, die in der Gemeinde aktiv werden. Abweichende theologische Meinungen wurden, von charakteristischen Ausnahmen einmal abgesehen, toleriert. Eine dieser Ausnahmen war der Lehrer Markion, der von der Gemeinde nach seinem Herauswurf 200 000 Sesterzen, die er einst der römischen Gemeinde bei seinem Eintritt gespendet hatte, wieder zurückerhielt.[12] Das Christentum war also offenbar schon im zweiten Jahrhundert auch ein in Oberschichten verbreitetes Phänomen.

Literarische Nachrichten über das Christentum in *Nordafrika* begegnen extrem spät, nämlich erstmals 180 n. Chr. In diesem Jahr wurden zwölf Männer und Frauen aus Scili vor den Statthalter in Karthago geführt und sechs davon hingerichtet. Scili ist offenbar so klein gewesen, daß es bisher nicht gelungen ist, den Ort zu lokalisieren. Dafür, daß das afrikanische Christentum sowohl von Reisenden aus Kleinasien und Syrien wie auch aus Rom etabliert wurde, gibt es kleinere Hinweise in späteren Texten. Die Gemeinden scheinen zu Beginn des dritten Jahrhunderts geographisch, sozial und institutionell ziemlich breit gestreut gewesen zu sein, freilich ist eine Quantifizierung dieser Angaben (etwa in der Art der traditionellen: ‹mehrheitlich in den Unterschichten›) nicht möglich.[13] In Karthago wirkt mit Quintus Septimius Florens Tertullianus († nach 220) der erste lateinisch schreibende christliche Schriftsteller, dessen Vater einen hohen militärischen Rang in der karthagischen Stadtkohorte einnahm.[14] Erste literarische Arbeiten wie eine Apologie datieren aus den Jahren vor der Jahrhundertwende. 213 brach Tertullian endgültig mit der Mehrheitskirche und schloß sich der ursprünglich aus Phrygien stammenden montanistischen Bewegung an, die allerdings ihren Charakter gegenüber den Anfängen gewandelt hatte: Die rigoristische Ethik war wesentlich stärker in den Vordergrund gerückt.

Auch in _Gallien_ konnte das Christentum schon im zweiten Jahrhundert blühende Gemeinden vorweisen; einer der wichtigsten Theologen der zweiten Hälfte des zweiten Jahrhunderts, der aus Kleinasien stammende Irenäus, amtierte zuerst als Presbyter und später als Bischof in Lyon. Dort schrieb er als sein wichtigstes Werk fünf Bücher «Widerlegung der gnostischen Häresie» (_vulgo_: «Gegen die Häresien»). Seit der Mitte des vierten Jahrhunderts machte die Region durch eine reiche Literaturproduktion auf sich aufmerksam. Es waren vor allem senatorische Kreise von hohem Bildungsniveau, die sich hier zu Wort meldeten.

Wie konnte es dazu kommen, daß innerhalb von knapp hundert Jahren das Christentum sich bereits in den drei großen Metropolen des Reiches, in den Städten an der kleinasiatischen Westküste und natürlich in Palästina ausgebreitet hatte, obwohl nur der Apostel Paulus und seine Mitarbeiter eine vergleichsweise planvolle Missionierung für den knappen Zeitraum von etwa zehn Jahren durchgeführt hatten? Und wie konnte sich im zweiten Jahrhundert die Ausbreitung fortsetzen in Städten Nordafrikas, an Rhône, Rhein und Mosel sowie der Schwarzmeerküste? Eine sozusagen flächendeckende Christianisierung begann freilich erst im vierten Jahrhundert. Mehr oder minder zufällige Nachrichten über christliche Gemeinden selbst in sehr abgelegenen Dörfern besitzen wir möglicherweise schon für das späte erste Jahrhundert: Der aus Syrien stammende Kirchenhistoriker Hegesipp berichtet in seinen «Erinnerungen» (aufgezeichnet Ende des zweiten Jahrhunderts), daß Kaiser Domitian mit Großneffen Jesu zusammentraf. Dabei erklärten diese Verwandten, ein Feld von neununddreißig Morgen mit eigenen Händen, d.h. ohne größere Mengen von Angestellten beziehungsweise Tagelöhnern, zu bewirtschaften.[15] Allerdings ist schwer zu entscheiden, ob Hegesipp eine über knapp hundert Jahre zuverlässig tradierte Erinnerung oder nicht eher eine Anekdote ohne historischen Wert überliefert. Sicherere Angaben stammen aus dem dritten und vierten Jahrhundert. Der palästinische Bischof Eusebius erwähnt so zum Beispiel ein kleines Dorf in der Nähe der Stadt Madaba (im heutigen Jordanien) namens Kariathaim und fügt hinzu: «nun ein ganz und gar christliches Dorf».[16] Natürlich wissen wir nicht, warum, von wem und wie das Dorf christianisiert worden ist. Nur die Tatsache, daß es sich bei einem solchen ganz und gar christlichen Dorf zur Abfassungszeit der Schrift (zwischen 320 und 327 n. Chr.) noch um eine Besonderheit handelte, kann man dem Kontext entnehmen. Sozusagen aus dem historischen «Nichts» tauchen viele Orte als Ansiedlungen mit größeren christlichen Gemeinden erstmals auf einer Liste auf, die die Teilnehmer am ersten reichsweiten Konzil unter Konstantin (325 n. Chr. in der kaiserlichen Sommerresidenz Nizäa) nennt. Die etwa zweihundertzwanzig Bischöfe stammten vor allem aus den kleinasiatischen Regionen Bithynien, Asia, Lydien, Phrygien, Karien, Lykien, Pamphylien, Pisidien, Lykaonien, Kappadozien samt Kilikien, natürlich aus den «Stammregionen» Syrien, Phönizien, Palästina und der Arabia. Zwischen den wenigen Bischofssitzen am Nil, an der nordafrikanischen Küste und in Makedonien, Griechenland und Pontus liegen oftmals mehr als hundert, manchmal mehr als dreihundert Kilometer. Da kaum westliche Teilnehmer die Synode besuchten, hat man nicht einmal ein vollständiges Inventar der Städte mit größeren christlichen Gemeinden zu Beginn des vierten Jahrhunderts. Weitere Hinweise auf Orte, an denen Gemeinden existierten, finden sich in den Berichten über christliche Märtyrer. Aufgrund dieser Quellenlage läßt sich auch nur schwer sagen, ob die geschätzte Zahl von fünf Millionen Christen, die Ramsay MacMullen für den Beginn des vierten Jahrhunderts errechnet hat, zutrifft oder nicht viel zu hoch gegriffen ist.[17] Die Nachrichten fließen im Grunde sehr spärlich und meist im Zusammenhang mit legendarischen Berichten über einzelne Personen, wie ein Beispiel zeigen kann: Die Vita des Origenes-Schülers Gregor, genannt «der Wundertäter», – freilich wurde sie erst in den achtziger Jahren des vierten Jahrhunderts durch Gregor von Nyssa abgefaßt –, erzählt, wie dieser Gelehrte in der Mitte des dritten Jahrhunderts plötzlich die Einsamkeit aufgab und das Bischofsamt in Amasea/Pontus übernahm, einer Stadt, «die bis dahin so sehr in den Götzenwahn verstrickt war, daß unter den unzähligen Bewohnern der Stadt selbst und in der Umgegend sich nicht mehr als siebzehn fanden, die das Wort des Glaubens angenommen hatten».[18] Weil es regnete, betrat Gregor einen heidnischen Tempel, rief den Namen Christi an, «reinigte» die vom Geruch verbrannter Opfertiere belastete Luft durch das Zeichen des Kreuzes und betete die ganze Nacht im Tempel, woraufhin am nächsten Morgen der pagane Priester prompt mit seinem Gebet «scheiterte», weil die Geister des Tempels ausgezogen waren. Die Vita berichtet weiter, wie dieser Priester schließlich von Gregor überzeugt wurde – man schloß eine Art von Handel ab. Gregor gab ihm einen Brief an die Tempelgeister mit und befahl ihnen, noch einmal kurzfristig zu erscheinen.

Für die Missionsgeschichte ist diese Legende an wenigen Punkten auswertbar: Man erfährt, daß die außerordentlich kleine bischöfliche Gemeinde von Amasea durch das Wirken des origenistischen Lehrers stark gewachsen ist. Auch der Hinweis auf ein Haus, das Gregor von einem Vornehmen anfangs zur Verfügung gestellt wurde, und die Berichte über seine Tätigkeit als eine Art «Friedensrichter» sind wichtige Informationen. Man ahnt, daß der reiche Grundbesitz der Familie die Missionierung des Landes erleichterte und sich so im Pontus ein eher nichtstädtisches Christentum etablierte. Aber von flächendeckenden und zuverlässigen Informationen ist man gleichwohl weit entfernt.

Offenbar hat die christliche Gemeinde, obwohl ihr eine planmäßige Missionierungsstrategie für das *imperium Romanum* fehlte, doch eine so große Mobilität besessen, daß sie immer größere Kreise erreichte. Der Umfang dieser Mobilität ist beeindruckend: Adolf von Harnack trägt in seiner berühmten Missionsgeschichte allein sechsundzwanzig Namen von christlichen Theologen zusammen, die während des zweiten und frühen dritten Jahrhunderts aus allen möglichen Ecken des Reichs nach Rom gereist sind[19] – angesichts der Tatsache, daß uns höchstens zehn Prozent der einschlägigen christlichen Literatur noch erhalten sind, darf von der Spitze eines Eisbergs geredet werden. Schon diese Personen, als Lehrer sozusagen von Berufs wegen Missionare, sind ein deutliches Zeichen für die beträchtliche Mobilität des Christentums, aber nicht das einzige. In der antiken Umwelt erfolgten Ortswechsel und Reisen in friedlichen Zeiten fast ausschließlich aus ökonomischen Gründen oder im Verlauf einer Beamten- bzw. Militärkarriere (wenn man einmal vom nicht unerheblichen Bildungstourismus der gehobenen Schichten absehen will). So nimmt es nicht wunder, wenn das Christentum teilweise auch durch Soldaten und durch Kaufleute (aber nicht durch Sklaven) verbreitet wurde. Bei der Ausgrabung der am mittleren Euphrat in der Nähe der persischen Grenze gelegenen römischen Militärsiedlung Dura Europos fand man bauliche Überreste einer christlichen Gemeinde, die natürlich wesentlich aus Soldaten bestand. Und da einige Truppenteile aus bereits christianisierten Städten nach Dura verlegt worden waren (wie z. B. Teile der *Legio III Cyrenaica*, eventuell auch der *X Fretensis*, die in Ägypten, Palästina und Syrien tätig waren), dürfte das Christentum hier durch Soldaten eingeführt worden sein. Freilich zeigt die wesentlich qualitätvollere Ausmalung des Mithras-Kultraums von Dura, daß es sich bei dieser Mysterienreligion um einen klassischen und eingeführten Soldatenkult handelte,[20] während die Zuwendung von Soldaten zum Christentum und ihre Aufnahme durch die Religion (s. u. S. 134 f.) durchaus noch nicht den reichsweiten Normalfall darstellte. Da sich Einheiten derselben Legionen allerdings auch in anderen Orten des syrischen Raumes befanden (etwa der *III Cyrenaica* in Jerasch/Gerasa, heute Jordanien), sollte die Bedeutung der Soldaten für die Missionierung weder unter- noch überschätzt werden.

Neben dem Militär reisten Kaufleute durch das *imperium*, und auch sie dürften entscheidende Bedeutung für die Ausbreitung des Christentums gehabt haben. Ein ägyptischer Papyrus bewahrt uns beispielsweise den Gruß eines Irenäus an einen Geschäftsfreund;[21] der Brief ist in Rom entstanden, wohin sich der Absender nach dem Entladen seiner Kornlieferung in Puteoli oder Ostia begeben hatte. Seine Formulierungen zeigen, daß sich der Christ aus dem ägyptischen Faijum in die Hauptstadt an seine christlichen Schwestern und Brüder gewendet hatte: «Der Ort hat uns so aufgenommen, wie Gott es wollte» (vgl. die Paulusanspielung: 1Kor 12,18). Christentum und Geschäft ließen sich also durchaus verbinden. Eine entscheidende innere Voraussetzung christlicher Mission wird dabei gleichfalls deutlich: Sie wurde ermöglicht durch die große Bedeutung der Gastfreundschaft, die ja schon bei Jesus eine zentrale Rolle für den Glauben spielte (Mt 25,35–40). Auch die vergleichsweise späten Chroniken von Edessa und Arbela zeigen, daß das Christentum in diesen Städten Mesopotamiens z. T. durch Kaufleute verbreitet worden ist. Und da sich in den schriftlichen Quellen für diese Region unter den Christen nur sehr wenige jüdische Namen finden,[22] haben hier einmal nicht – wie in Alexandria oder Rom – die konvertierten Juden den Grundstein für christliche Gemeinden gelegt. Für die staatlichen Beamten, die, bedingt durch ihre diversen

Versetzungen quer durch das Reich, quasi automatisch das Christentum in verschiedenste Regionen des *imperium* ausbreiteten, gilt Analoges wie für die Soldaten. Nahe dem Eingang zum Park der Villa Borghese in Rom steht heute der prächtige Sarg eines kaiserlichen Freigelassenen namens Marcus Aurelius Prosenes (Abb. 1). Zwei schreitende und geflügelte Eroten halten eine Inschriftentafel, aus der sich das Leben und die eindrucksvolle Karriere des Bestatteten rekonstruieren lassen. Der christliche Charakter der Inschrift ist zwar immer wieder bestritten worden, aber aufgrund eines Formulierungsdetails recht sicher. Prosenes wurde als Sklave geboren, aber von seinen Patronen, den Kaisern Mark Aurel und Commodus, irgendwann zwischen 177 und 180 freigelassen. Dadurch wurde er zum römischen Bürger, schuldete seinen Patronen dafür aber Ehrerbietung und Gehorsam. Vom Verwalter der staatlichen Weinversorgung stieg er auf zum Verwalter der kaiserlichen Gladiatorenspiele, darauf zum Verwalter des kaiserlichen Privatvermögens und dann der kaiserlichen Schatzkammer. Zum Abschluß seiner Karriere amtierte er als Kämmerer des Kaisers, starb 217 und erhielt seinen kostbaren Sarkophag von Menschen gestiftet, die er seinerseits freigelassen hatte. Prosenes ist ein Beispiel dafür, daß nicht nur die geographische Mobilität von Christen die Missionserfolge beschleunigte, sondern auch die soziale Mobilität in der kaiserzeitlichen Gesellschaft. Auch die eindrucksvollen Martyrien gewannen wahrscheinlich mehr Menschen für die Sache, als daß sie abgeschreckt haben – dazu aber unten ausführlicher, S. 115–120.

Man kann also die Missionsgeschichte des antiken Christentums mit «Bewegungsbildern» darstellen[23] und in solche Bilder noch zahlreiche Einzelpersonen und -schicksale integrieren. Beispielsweise berichtete ein Aberkius aus Hierapolis Ende des zweiten Jahrhunderts (er war damals zweiundsiebzig Jahre alt) in seinem berühmten Grabepigramm über solche Mobilität in Form von Reisen: Er kam «nach Rom, die Hauptstadt zu sehen (...). Und Syriens Ebene sah ich und alle Städte, (bis) Nisibis, nachdem ich den Euphrat überquert hatte; überall aber fand ich Glaubensgenossen». Freilich beschränkt sich auch Aberkius wie nahezu die ganze christliche Mission des Altertums auf das *imperium*. Nisibis, seit 162 n. Chr. wieder in römischen Händen und seit 195 Provinz-

Abb. 1: Sarkophag des Prosenes – Rom, Park der Villa Borghese

hauptstadt der *Mesopotamia*, markiert die Grenze seiner Reisetätigkeit, die wahrscheinlich zugleich Missionstätigkeit war. Daß man es mit einem Christen zu tun hat, zeigt der Hinweis auf seine Reiselektüre: «Paulus hatte ich auf dem Wagen.»[24]

Die christliche Mission machte sich die vorzüglichen verkehrstechnischen Bedingungen und engen wirtschaftlich-politischen Beziehungen innerhalb des Reiches zunutze – also das, was wir noch heute mit einem erstmals bei Seneca († 40 n. Chr., Vater des bekannteren gleichnamigen Politikers, Philosophen und Dichters) auftretenden Begriff als *pax Romana* bezeichnen: den Zustand politischen wie militärischen Friedens und wirtschaftlicher Prosperität, der im römischen Weltreich vor allem während der ersten Hälfte des zweiten Jahrhunderts herrschte. Der hohe römische Offizier und Gelehrte Plinius der Ältere beschreibt – etwa zwanzig Jahre nach dem Tod des Paulus – als Pointe des «römischen Friedens», daß er «die Menschen verschiedener Länder und Völker einander bekannt gemacht» habe.[25] Man wird die christliche Mission und vor allem die vergleichsweise schnelle Ausbreitung der Bewegung als eine spezifisch religiöse Seite dieses Prozesses interpretieren können. Zwischen Rom und den verschiedenen eroberten Landstrichen bzw. Städten herrschten «Frieden, Eintracht und Freundschaft»;[26] dieser Trias entspricht auf seiten der Christen die enge Gemeinschaft zwischen den verschiedenen Ortskirchen, die an anderer Stelle ausführlicher behandelt wird (S. 186–196). Es ist allerdings teilweise üblich geworden, solche positiven antiken Zeugnisse über die *pax Romana* als «Zynismus der Herrschenden» zu interpretieren und durch die kritische Rede von einem Unterdrückungssystem, «begleitet von Strömen von Blut und Tränen, deren Ausmaß unvorstellbar ist», zu kontrastieren: «Das System als Sklaverei».[27] Natürlich schneidet die *pax Romana*, wenn man sie mit den Maßstäben neuzeitlicher europäischer Vorstellungen von gerechter Staats-, Wirtschafts- und Sozialordnung mißt, schlecht ab. Dieses Urteil darf aber die Tatsache nicht überdecken, daß in der Perspektive sehr vieler antiker Zeitgenossen mit ihr jedoch eine außerordentlich glückliche Zeit angebrochen war, weil die kulturell schon durch den Hellenismus verbundene Mittelmeerwelt nun auch politisch zu einer Einheit zusammenwuchs. Besonders Althistoriker haben auf diese positiv zu bewertende politische Integrationskraft des «römischen Friedens» hingewiesen. Schon organisationstechnisch wäre es unmöglich gewesen, ein Riesenreich von – Anfang des zweiten Jahrhunderts – über fünf Millionen Quadratkilometern als Okkupationsmacht ausschließlich mit ständigem brutalem Druck zu erhalten. Fast die Hälfte der römischen Armee, die in den Frontprovinzen stationiert war, rekrutierte sich bis ins zweite Jahrhundert aus einheimischen Hilfstruppen – müßte also sozusagen aus potentiellen Rebellen bestanden haben. In Wirklichkeit regierten in aller Regel nicht die Statthalter mit ihrem kleinen persönlichen Stab, d. h. ohne festen bürokratischen Apparat, die Provinzen des *imperium*, sondern unter ihrer Kontrolle die verschiedenen kommunalen Selbstverwaltungen der einheimischen Oberschichten. So existierten im Weltreich nicht nur die römische, sondern «unübersehbar viele, unterschiedlich aufgebaute Gesellschaften als ethnokulturelle Einheiten (Stadtgemeinden, Stämme u. a.), die oft einen kaum miteinander vergleichbaren Entwicklungsstand hatten und deren Sprachen, Rechtsordnungen, politische Kulte und dementsprechend auch Verhaltensnormen und -orientierungen verschiedenartig waren».[28] Die alltägliche Brutalität einer heute als «klassisch» bezeichneten Antike wurde – was Kritik am zu freundlichen Bild der *pax Romana* gern übersieht – durch diese eher gemildert als verstärkt: Ende des vierten Jahrhunderts wird zum Beispiel einem hohen römischen Militär, dem *comes et dux Arabiae* Flavius Bonus, von «seiner» Bevölkerung bescheinigt, «über uns in Frieden geherrscht und den Durchreisenden und dem Volk ständig Frieden und Sicherheit bewahrt» zu haben.[29] Solche und andere Texte zeigen, daß insbesondere an den unruhigen Grenzen des römischen Reiches und in den gewaltig ausgebauten Metropolen die Bevölkerung *pax Romana* eher als Segen denn als Fluch empfand. Daß die beginnende politische, wirtschaftliche und soziale «Reichskrise» am Ende des zweiten Jahrhunderts das vorherige «goldene Zeitalter» in mancher Hinsicht schnell beendete, vermochte diese grundsätzliche Beurteilung nicht umzustürzen. Hilfe in schwierigen Situationen erhoffte man nach wie vor vom Kaiser – und weniger von autochthonen Größen oder untergeordneten Stellen, wie eine zeitgenössische Appellation aus der Provinz zeigt: «Komm' uns zu Hilfe, und, da wir armen Landleute (...) von ihrer Hände Mühen ihr Leben fristen, (...) habe Mitleid mit uns, damit wir nicht mehr leisten müssen, als wir nach dem Grundstatut Hadrians und den Briefen deiner Prokuratoren schuldig sind.»[30]

Natürlich stellt sich immer wieder die Frage, welche charakteristischen Unterschiede zwischen den verschiedenen regionalen Formen und Ausprägungen des Christentums im römischen *imperium* bestanden haben. Eine wirklich einschneidende politische, kulturelle und kirchliche Regionalisierung des Reiches setzte freilich erst in der Spätantike ein. Für die vorangehenden Jahrhunderte gilt: Je größer die Vergleichskategorien bei der Suche nach Regionalismen gewählt werden, desto unergiebiger wird die Fragestellung. So bleibt beispielsweise äußerst umstritten, ob und wie sich vor dem vierten Jahrhundert wirklich charakteristische Unterschiede zwischen den Christentümern der beiden Reichshälften ausweisen lassen.

Daß die beiden Hälften voneinander getrennt waren, zeigt schon ein Blick auf die Sprachen. Spätestens seit dem frühen dritten Jahrhundert haben wir es mit einer «offiziellen» Zweisprachigkeit des Christentums zu tun. In der römischen Gemeinde freilich dauerte die Durchsetzung der lateinischen Sprache (anstelle der vorher dominierenden griechischen) noch wesentlich länger, sie erfolgte in einem vom Beginn des dritten bis in die Mitte des vierten Jahrhunderts währenden Prozeß. Lateinische christliche Texte (wie z. B. die Übersetzung des «Hirten des Hermas», einer teils apokalyptischen, teils ermahnenden Schrift) aus dem zweiten Jahrhundert wirken sprachlich entsprechend unbeholfen. Auch dem ersten lateinisch schreibenden Theologen, Tertullian, merkt man stellenweise noch an, wie er darum ringt, theologische Phänomene in der lateinischen Sprache zum Ausdruck zu bringen. Es ist zwar umstritten, ob er einzelne charakteristische Begriffe wie etwa *trinitas* («Trinität») selbst gebildet hat, aber in jedem Falle ist er erster Zeuge für eine ganze Reihe von Ausdrücken der christlichen Latinität. Seit dem Anfang des dritten Jahrhunderts entspricht der Befund bei den Christen der Lage im Gesamtreich: Westlich einer Linie, die sich vom Zusammenfluß von Donau und Save herab nach Süden zog, sprach man lateinisch (etwa in Pannonien, Dalmatien und der Tripolitana), östlich davon griechisch (von der Moesia bis in die nordafrikanische Cyrenaica). Diese zunächst rein sprachliche Trennungslinie zwischen Osten und Westen gewann tiefere politische Bedeutung, als sich im vierten Jahrhundert die Verwaltungsteilung des *imperium* in eine östliche und westliche Hälfte dynastisch verfestigte. Was Diokletian, Kaiser seit 284, gerade hatte vermeiden wollen, war spätestens seit dem Tod des Theodosius (17.1.395) eingetreten: Eine Dynastie stellte beide Kaiser, aber keiner der theodosianischen Nachkommen besaß hinreichende Autorität, die Reichseinheit funktionsfähig zu halten. So schlugen die beiden Hälften zunehmend eigene Wege ein – und auch innerhalb der Kirche vertieften sich Spannungen zwischen Westen und Osten, die seit dem vierten Jahrhundert besonders virulent waren. Sie haben im Ergebnis zum definitiven Schisma, d. h. zur Kirchenspaltung und gegenseitigen Exkommunikation, zwischen Rom und Byzanz im Jahre 1054 geführt.

Neben dieser Spaltung in eine östliche und eine westliche Hälfte existierte aber auch eine scharfe Trennung zwischen dem eigentlichen Mittelmeergebiet und dem «Hinterland», das sich an den Reichsgrenzen in östlicher Richtung erstreckte: Landstriche Ägyptens und Palästinas, Syrien und natürlich Mesopotamien, Armenien oder Georgien. Es scheint kein Zufall zu sein, daß in der Mitte des fünften Jahrhunderts eine theologische Spaltung aufbrach, die sich schließlich zwischen dem mediterranen Kernraum und diesen Außenregionen verfestigte. Daß man diese nach einem Detail ihrer Christologie «monophysitisch» genannten Kirchen der Randgebiete des Reiches als eine «dritte Welt christlicher Erfahrung» bezeichnet hat,[31] ist ein recht unglücklicher Einfall. Er verdeckt nämlich die reiche theologische und geistige Tradition solcher für stadtrömische Augen tatsächlich an der Peripherie liegenden Städte wie Edessa (heute das türkische Urfa) oder Seleukia-Ktesiphon (Tel Umar, sechzig Kilometer nördlich von Babylon). Außerdem spielt für diese Kirchenspaltung nicht zuletzt der Gegensatz zwischen der stärker von Klöstern und ländlichen Ortschaften bestimmten Provinz und eher bischöflich geprägten Metropolen eine Rolle – mithin eine Differenzierung innerhalb der großen geographischen Regionen.[32]

Antike christliche Autoren spiegeln diese Unterschiede zwischen Stadt und Land wider – der antiochenische Prediger Johannes Chrysostomus (er wurde «Chrysostomus», «Goldmund», wegen seiner außerordentlich beliebten Predigten genannt) wendet vermutlich nur gängige Vorurteile ins Positive, wenn er bei einer Predigt für Taufbewerber in den neunziger Jahren des vierten Jahrhunderts über die Umlandbewohner erklärt: «Wir wollen also nicht allein auf ihre äußere Erscheinung und auf ihre Sprache achten und dabei ihre Tugend übersehen, sondern wir wollen ihr engelgleiches Leben genau kennenlernen, ihre weise Lebensführung. Denn alle Unmäßigkeit und Gefräßigkeit haben sie von sich gewiesen, aber nicht nur dies, sondern auch die übrige lässige Lebensart, die in den Städten herrscht. Sie essen nur so viel, wie sie für die Erhaltung des Lebens brauchen, und die ganze übrige Zeit widmen sie dem Hymnengesang und dem ständigen Gebet; auch dadurch ahmen sie das Leben der Engel nach (...). Schaut nur diese einfachen Menschen an, die kein großes Wissen haben, sondern nur vom Ackerbau und von der Landwirtschaft etwas verstehen und nichts auf irdische Dinge geben, sondern an die überirdischen Güter denken. Sie verstehen es, über die unsagbaren Güter nachzudenken, und wissen genau Bescheid über das, was sich die Philosophen, die sich auf ihren Bart und ihren Stock etwas einbilden, überhaupt nie vorstellen können.»[33] Trotz solcher Zeugnisse sollte aber der Gegensatz zwischen Stadt und Land auf der anderen Seite auch nicht überzeichnet werden. Beispielsweise darf man das Bildungsniveau des dörflichen Christentums nicht unterschätzen. So zeigt ein Papyrusfund aus der unterägyptischen Mönchsstadt Oxyrhynchos, daß die «Widerlegung der gnostischen Häresie» des Irenäus von Lyon, ein wichtiges, griechisch verfaßtes theologisches Werk des gallischen Bischofs, schon wenige Jahre nach seiner Entstehung in der ägyptischen Provinz (im doppelten Sinne des Wortes) kursierte.

Die erheblichen sprachlichen und – nicht allein dadurch bedingten – theologischen Verständigungsprobleme zwischen den verschiedenen geographischen Regionen löste man innerhalb der Kirche genauso, wie sie auch im privaten Bereich, in der Wirtschaft oder durch staatliche Institutionen bewältigt wurden: Zweisprachige Theologen – wie der erwähnte Tertullian – vermittelten; eine große Zahl griechischer Texte wurde von einzelnen begabten lateinischen Theologen in die Sprache der westlichen Reichshälfte übersetzt; auf den großen gemeinsamen Bischofsversammlungen der östlichen und westlichen Theologen seit dem vierten Jahrhundert mit bis zu fünfhundert Teilnehmern wurde aus der jeweiligen Verhandlungssprache simultan gedolmetscht. Zu Beginn des zweiten Jahrhunderts entstanden Bibelübersetzungen in die verschiedenen Volkssprachen des Reiches (z. B. Syrisch, Koptisch, etwas später dann auch Georgisch, Armenisch, Äthiopisch und Arabisch), zunächst wohl vielfach als ad-hoc-Übertragungen von Texten im Gottesdienst.

Schon an diesen vergleichsweise äußerlichen Details läßt sich erkennen, wie wenig eine starre Teilung in zwei Hälften der Wirklichkeit des antiken Christentums gerecht wird: Einerseits gibt es eine die Teile übergreifende «mediterrane Koine»[34] bei vielen Erscheinungen oder Bewegungen des Christentums, beispielsweise beim Mönchtum. Zum anderen ist eine Zweiteilung noch nicht differenziert genug, wie man bereits an der Sprachenfrage sieht: Neben den zwei Hauptsprachen in den beiden Reichshälften besaßen natürlich in den eroberten Provinzen des *imperium* auch Volkssprachen wie das Koptische in Ägypten oder das Syrische ihre Bedeutung, auch in theologischer Hinsicht. In den größeren Städten und bei Behörden wurde in diesen Provinzen griechisch oder lateinisch gesprochen – die offizielle Zweisprachigkeit dokumentieren die Inschriften –, aber in den ländlichen Gemeinden und Mönchssiedlungen bediente man sich der Volkssprachen. In den größeren Städten wurden selbst die Predigten gelegentlich in die Volkssprache übersetzt; so dolmetschte man im vierten Jahrhundert in Antiochia für die aus dem Umland in die Metropole gekommenen Bauern die Predigten in der Hauptkirche simultan ins Syrische. Es ist dann ein Ausdruck der zunehmenden Auflösung der Zentralgewalt seit dem vierten Jahrhundert, daß sich theologische Literatur immer stärker auch statt des Griechischen dieser Volkssprachen bedient und nicht mehr nur Übersetzungen ursprünglich griechischer Texte vorgenommen werden.

Ob sich die Sprachgrenze auch dazu eignet, ein «östliches» von einem «westlichen» Christentum zu scheiden, bleibt sehr umstritten. Während Anfang des zwanzigsten Jahrhunderts noch klar «der Geist der morgenländischen Kirche im Unterschied von der abendländischen» beschrieben werden konnte,[35] fallen heute solche Charakterisierungen angesichts der gewachsenen Kenntnis des historischen Materials sehr viel schwerer. Die scheinbar auffälligen Unterschiede zwischen den Christentümern beider Reichshälften hängen nämlich viel stärker an einzelnen Theologenpersönlichkeiten als an «Mentalitäten» breiter Schichten, die ja mit den relativ groben Kategorien «Westen» und «Osten» nicht differenziert genug beschrieben werden können. Christengemeinden in kappadozischen Dörfern, in einer Hafenstadt wie Ephesus oder einer großen Bildungsmetropole wie Alexandria wird man ebensowenig über einen Kamm scheren können wie die verschiedenen nordafrikanischen Kirchen. Was scheinbar das Profil einer Landschaft ausmacht, bestimmen in Wahrheit persönliche Kontinuitäten wesentlich mit. In Nordafrika spielte beispielsweise die Frage nach den Grenzen des kirchlichen Bußinstituts eine große Rolle (also die Frage, welche Sünde nicht mehr kirchlich vergeben werden kann). Streit brach über dieses Thema aber vermutlich weniger deswegen aus, weil die nordafrikanischen Christen alle so eingefleischte Rigoristen waren, sondern weil der erste literarisch faßbare nordafrikanische Theologe, Tertullian, zeitweilig eine entsprechende Konzeption vertrat und spätere Autoren wie Caecilius Cyprianus († 258) ihn hierin als Autorität verehrten. Analoges gilt für andere Unterschiede, die gern beim Vergleich von östlicher und westlicher Kirche angeführt werden: Da die Theologie des Westens seit Ende des vierten Jahrhunderts sehr stark von dem nordafrikanischen Bischof

Augustinus († 430) geprägt war, spielte die Frage nach Erlösung von der Sünde und überhaupt die Sündenthematik in ihr eine sehr viel größere Rolle als in der griechischen Theologie – dieses Thema hatte den Bischof von Hippo auch biographisch sehr geprägt. Und die Tatsache, daß in der östlichen Frömmigkeit mehr die Menschwerdung des eingeborenen Gottessohnes, in der westlichen Theologie mehr dessen Kreuzestod und die sühnende Wirkung desselben im Mittelpunkt standen, muß zuallererst theologiegeschichtlich erklärt werden – der alexandrinische Patriarch Athanasius († 373) hat einen seit dem fünften Jahrhundert häufig abgeschriebenen oder in Auszügen zitierten Traktat «Über die Menschwerdung des Wortes» verfaßt. Die Behauptung angeblich größerer Nähe des östlichen Christentums zu römischer Kultur und Gesellschaft läßt sich leicht durch westliche Gegenbeispiele erschüttern: L. Caecilius Firmianus Lactantius, Verfasser einer mehrbändigen Apologie und einer wichtigen Quellenschrift über die Christenverfolgungen, arbeitete bis 303 als Rhetorik-Lehrer unter Kaiser Diokletian in der Residenz Nikomedien und ab 317 am Hofe Konstantins in Trier als Erzieher von dessen Sohn Crispus. Der bedeutende lateinische Theologe Ambrosius amtierte, bevor er 374 zum Bischof von Mailand gewählt wurde, als Statthalter der Provinz Liguria-Emilia, in der die Kaiserresidenz Mailand lag. Allenfalls eine gewisse zeitliche Verschiebung läßt sich konstatieren. Zu den ersten großen Auseinandersetzungen zwischen alexandrinischer christlicher Theologie und paganer Philosophie auf hohem wissenschaftlichem Niveau seit den Anfängen des dritten Jahrhunderts lassen sich entsprechende lateinische Parallelen erst Ende des vierten Jahrhunderts aufbieten.

Insgesamt täte dieser Frage wie der Geschichtsschreibung des antiken Christentums überhaupt eine stärkere «Regionalisierung» gut. So stimmen in manchen umstrittenen Punkten einzelne westliche Regionen mit östlichen gegen die «offizielle Linie» in ihrer eigenen Reichshälfte überein. Beispielsweise verband die afrikanischen und kleinasiatischen Gemeinden deren Praxis, die von Schismatikern und Häretikern vorgenommene Taufe für null und nichtig zu halten und nochmals zu taufen.[36] Dagegen stellte die römische Kirche die Gültigkeit des Sakraments nicht in Frage und begnügte sich mit einer nachträglichen Handauflegung.

Die konsensfähige Beschreibung von «Regionalismen» bleibt allerdings schwierig. Man wird etwa der nordafrikanischen Theologie und Kirchlichkeit eine gewisse Betonung von praktischen Problemen bei Zurückhaltung gegenüber spekulativen Diskussionen – wie sie die Alexandriner liebten – nachsagen können: Fragen der Nachfolge, des Martyriums, der Buße und der Bewährung im täglichen Leben beschäftigten diese Region im besonderen. Schon eher lassen sich Unterschiede bei der Erfahrung des Gottesdienstes in beiden Reichshälften beobachten. Der Eindruck, daß die irdische Liturgie eine Gemeinde mit der Liturgie der Engel im Himmel verbindet, prägt bis heute östliches Erleben: «Die wir die Cherubim geheimnisvoll abbilden (...) laßt uns nun jegliche Sorge des Alltagslebens ablegen, auf daß wir den König des Alls empfangen.»[37] Im Vordergrund des westlichen Feierns standen dagegen eher die einzelnen Sakramente, Buße samt Vergebung und Eucharistie. Vielleicht hängt diese Differenz damit zusammen, daß die Hoch- und Populartheologie des Ostens in viel stärkerem Maße, mindestens aber früher und dadurch auch gründlicher von der platonischen Philosophie geprägt waren, als man das für den Westen sagen kann.[38] Überträgt man die platonische Vorstellung einer konstitutiven Beziehung zwischen Urbild und Abbild, zwischen Idee und Realität auf den Gottesdienst, so kann man dies über ihn sagen: Er ist «der Himmel auf Erden», nämlich die göttliche Liturgie der Engel im Abbild des irdischen Gottesdienstes.

Die Zeit: Gliederung und Abriß der Epoche

Was wir heute «römische Kaiserzeit» nennen und gelegentlich noch in frühe bzw. hohe Kaiserzeit und Spätantike unterteilen, galt den Christen jener Zeiten als einheitliche Epoche. Als ein enger Vertrauter des nordafrikanischen Bischofs Augustinus, der spanische Priester Paulus Orosius, zu Beginn des fünften Jahrhunderts die erste christliche Universalgeschichte abfaßte, trennte er «die christlichen Zeiten wegen der verstärkt gegenwärtigen Gnade Christi» von den «Zeiten der Verirrung durch Unglauben», d.h. jenen Jahren zwischen der Erschaffung der Welt und dem Auftreten Jesu. Und diese beiden Abschnitte waren ihm Teile eines göttlichen Zeit-

(theologischer gesprochen: Heils-)planes, der darin besteht, «daß das Menschengeschlecht von Anfang an dazu geschaffen und bestimmt war, gottesfürchtig und ohne Arbeit zu leben und als Frucht für seinen Gehorsam die Ewigkeit zu verdienen»:[39] Solche christliche Wahrnehmung von Zeit versteht diese als zielgerichteten Ablauf; Weltgeschichte strebt hier auf Wiederherstellung des anfänglichen, aber verlorenen paradiesischen Urzustandes zu, und Geschichte wird zu einem deut- und berechenbaren Geschehen auf einer endlichen Strecke, in der der gegenwärtige Standort genau angebbar ist. Natürlich kannte auch die pagane Geschichtsschreibung solche Entelechie geschichtlicher Entwicklung. Das *imperium Romanum* wurde weithin als Zielpunkt der Geschichte und bisher beste Form staatlicher Ordnung angesehen. In der Mitte des zweiten Jahrhunderts hat der Rhetor Aelius Aristides diese *communis opinio* mit seiner «Rede auf Rom» propagiert. Anders als in den vorangehenden Reichen seien unter römischer Oberhoheit alle Völker der Erde unter einer gerechten Herrschaft zusammengefaßt; Alexander dem Großen wäre hingegen die dauerhafte Etablierung einer solchen nicht gelungen. Unter anderem durch das Bürgerrecht sei eine größere Gleichheit unter den Einwohnern erreicht als je zuvor. Während bisher die Reiche lediglich Teile der Welt umfaßt hätten, gelte nun: «Euer Besitz fällt zusammen mit dem Weg der Sonne.»[40] Aelius Aristides schließt mit einer schon bei Vergil begegnenden Vorstellung, der des Reiches ohne Ende: «Alle Götter und Söhne der Götter wollen wir anflehen: Sie mögen ihre Gunst gewähren, daß dieses Reich und diese Stadt in Ewigkeit gedeihen»: *Roma aeterna*, das ewige Rom.[41]

Pagane und christliche Sicht unterscheiden sich also nicht in ihrer Ansicht, daß die geschichtliche Entwicklung ein Ziel hat; sie unterscheiden sich in der Bestimmung dieses Zieles und daher auch in der Diagnose der jeweiligen Gegenwart. Freilich muß man sofort einschränkend sagen, daß sich diese christliche Zeitdiagnose in den fünf Jahrhunderten nach Christi Geburt doch sehr gewandelt hat. Gleich ist den Christen aller Zeiten die Kritik an der allein auf das pagane *imperium Romanum* zielgerichteten Geschichtsideologie. Schon die biblische Johannesapokalypse, über deren Datierung auf das Ende der Regierungszeit Domitians (95/96 n. Chr.) ein weitgehender Konsens herrscht, bezeichnet Rom als «große Hure

Babylon» (17,3–5). Augustinus erklärte – nachdem die Ewige Stadt 410 n. Chr. in die Hände der Westgoten gefallen war – in Karthago: «Himmel und Erde werden vergehen. Vergehen wird, was Gott selbst gemacht hat, um wie viel schneller, was Romulus begründet hat.»[42] Andererseits gab es im Laufe der fünf Jahrhunderte antiker Christentumsgeschichte manche Anpassung an die pagane *Roma-aeterna*-Ideologie. Ihre hymnische Rom-Sicht wurde mit gewissen Abstrichen und Korrekturen wie die zitierten Augustins auf das christianisierte Rom übertragen. Eine zentrale Voraussetzung dafür war das Zurücktreten der Naherwartung (oder griechisch: *parousia*), d. h. der ursprünglichen Vorstellung, Christus werde noch zu Lebzeiten seiner ersten Schüler wieder auf Erden erscheinen und die Endzeit heraufführen. Als diese Generation starb, ohne daß die beschriebenen Ereignisse eingetreten waren, richtete man sich mehr oder weniger auf eine längere Dauer dieser irdischen Welt ein. Es hat mancherlei Versuche gegeben, diese «Parusie-Verzögerung» theologisch zu bewältigen; in einem neutestamentlichen Brief, dessen Zuschreibung an Paulus umstritten ist, wird zum ersten Mal von einem gesprochen, «der es (sc. das Ende) jetzt noch aufhält» (2Thess 2,7). Schon Ende des zweiten Jahrhunderts wird dieses im Kontext des Briefes eher noch unbestimmte Hemmnis mit dem römischen Reich gleichgesetzt: «Indem wir um Aufschub beten, tragen wir zum Fortbestand Roms bei», schreibt Tertullian.[43] Auch der römische Theologe Hippolyt identifiziert in den ersten Jahrzehnten des dritten Jahrhunderts das vierte und letzte Reich, von dem ein alttestamentlicher Prophet in metaphorischer Einkleidung spricht (Dan 7,7: «Danach sah ich in meinen nächtlichen Visionen ein viertes Tier»), mit dem römischen Reich und fragt: «Wer ist es nun, der bis jetzt aufhält, wenn nicht das vierte Tier?»[44] Allerdings warnt der Autor seinen Leser davor zu grübeln, wie viele Jahre das römische Reich nun noch exakt den Anbruch der Endereignisse «aufhält». Gewiß ist nur die Tatsache des Endes, Spekulationen über das Datum bringen Gefahr. Natürlich gab es trotzdem derartige Spekulationen: Hippolyt hatte sich selbst beteiligt und geglaubt, mit Hilfe verschiedener biblischer Passagen einen Zeitraum von noch mehr als zweieinhalb Jahrhunderten ausrechnen zu können.

Jedenfalls bringen solche Überlegungen von christlichen Theologen ein damals noch mehrheitlich paganes und der Kirche keineswegs immer freundlich gesinntes römisches Reich und irdisches Christentum in engen Zusammenhang. Schon der kleinasiatische Bischof Melito von Sardes verbindet in der zweiten Hälfte des zweiten Jahrhunderts Wachsen und Blüte «unserer Philosophie» (also des Christentums) mit «Größe und Glanz» der «römischen Macht»: «Daß unsere Philosophie zugleich mit dem Reich, das so glücklich begonnen hatte, zu dessen Wohl erblühte, ergibt sich am deutlichsten daraus, daß ihm von der Herrschaft des Augustus an nichts Schlimmes widerfahren ist, sondern im Gegenteil – wie es aller Wunsch ist – lauter Glanz und Ruhm.»[45] Selbst wenn hier Termini und Topoi zeitgenössischer Lobreden verwendet sind – die Kunst, solche Panegyrik zu verfassen, vermittelte eine rhetorische Ausbildung –, ein erster Schritt in Richtung einer «politischen Theologie» ist hier schon getan. Auch Bischof Eusebius von Caesarea (Palästina) verknüpft in seiner Kirchengeschichte, die in vierter und letzter Auflage 325 n. Chr. erschien, die Erscheinung Jesu Christi und den Beginn des römischen Kaiserreiches. Außerdem zitiert er Melitos analoge Passage.[46] Schließlich hofft Ende des vierten Jahrhunderts der wohl begabteste Poet der christlichen Antike, Aurelius Prudentius Clemens, auf die vollständige Durchdringung dieser beiden: «Auf, Allmächtiger, ströme herein auf die einige Erde! Jetzt ergreift dich, Christus, das doppelt verbundene Weltall, einig durch Frieden und Rom.»[47]

Wie gliederten Christen aber die von ihnen häufig positiv beurteilte Epoche der römischen Kaiserzeit? Zunächst entsprachen die normalen Gliederungspunkte genau denen der paganen Historiker: schlichte Jahreszahlen in den Chroniken, die jeweils regierenden Kaiser in den ausführlicheren Darstellungen. Die üblichen Formen der Zeitrechnung – nach Olympiaden, einer Ära, nach Konsularfasten, Indiktionen, Herrscherregierungsjahren usw. – wurden selbstverständlich auch von den Christen benutzt. Man sieht dies an der wohl bedeutendsten erhaltenen christlichen Chronik des Altertums, den «Chronologischen Ordnungen und Zusammenfassung der verschiedenen Geschichten der Griechen und Barbaren»; der palästinische Kirchenhistoriker Eusebius hat sie 303 n. Chr. geschrieben. Eusebius gab zu den sehr knapp beschriebenen Ereignissen drei Datierungen, zunächst die Jahreszahl «nach Abraham», d. h. nach der Geburt Abrahams – seine Hauptdatierung verriet also eine bewußte theologische Entscheidung und jüdisch-christliche Sicht auf die Weltgeschichte: Den «Beginn von Heil und Wahrheit» setzte er bei Abraham, dem Stammvater der Juden (und Christen), an. Dann fügte er die Angabe der Olympiade und des Regierungsjahres der jeweiligen Herrscher hinzu. Erst im sechsten Jahrhundert etablierte ein römischer Mönch namens Dionysius Exiguus die bis heute gebräuchliche Jahreszählung von Christi Geburt an (ab incarnatione Domini nostri Iesu Christi = «von der Fleischwerdung unseres Herrn Jesus Christus an») und legte die «Zeitenwende» ins Jahr 754 *ab urbe condita*, nach der Gründung der Stadt Rom. Obwohl Dionysius sich bei der Datierung der Geburt Christi nach heutigen Berechnungen erheblich verschätzt hat und sie etwa fünf Jahre zu spät legte, setzte sich sein Grundmodell der Datierung schnell durch – nicht zuletzt wegen der mit ihm verbundenen Fixierung von Osterterminen.

Neben diesen grundsätzlichen Möglichkeiten, die Zeitrechnung zu «christianisieren», standen aber auch spezifische Gliederungsmittel zur Verfügung: Orosius zählte in seiner ersten christlichen Weltgeschichte – dabei eine bei Eusebius grundgelegte und bei Hieronymus ausgeführte Linie fortsetzend – zehn Christenverfolgungen, brachte sie mit bestimmten Herrschern in Verbindung und berichtete außerdem jeweils über das göttliche Strafgericht, das über das Reich und die betreffenden Kaiser hereingebrochen sei. So heißt es schon nach der Darstellung einer «ersten Christenverfolgung» unter Nero im Anschluß an den Brand Roms im Juli 64 n. Chr.: «Bald nahmen haufenweise und überall entstandene Unglücke die unglückliche Bürgerschaft in den Würgegriff.» Als zweiten Verfolger zählte Orosius Domitian und berichtete, daß kurz nach den entsprechenden Maßnahmen der Kaiser «von den Seinen im Palast grausam ermordet» worden sei. Den dritten Christenverfolger, Trajan, straften Brände in Rom und Erdbeben im Reich; den vierten, Mark Aurel, die Pest in Italien. «Auf die ruchlose Dreistigkeit des Septimius Severus gegenüber den Christen und der Kirche folgte die himmlische Rache auf dem Fuß», nämlich der Bürgerkrieg. Den sechsten wie den siebenten Christenverfolger nach der Zählung des Orosius, den Usurpator Maximinus Thrax wie seinen Nachfolger Decius, ereilte solche Strafe in Gestalt eines schnellen Todes. Das Lebensende des Kaisers Valerian, das schon seine Zeitgenossen erschütterte, deutete Orosius als göttliches Strafgericht am achten Christenverfolger: «Sogleich wurde Valerianus, der Urheber des ruchlosen Gesetzes (sc. gegen die Christen im Juni 260), von dem Perserkönig Schapur I. gefangengenommen; in schändlichster Knechtschaft alterte der Kaiser des römischen Volkes bei den Persern.» Als «neunten von Nero an» zählte Orosius Aurelian: «Als er (...) befahl, eine Verfolgung gegen die Christen durchzuführen, schlug vor ihm (...) ein Blitz ein; nicht viel später wurde er auf einer Reise umgebracht.» Die letzten Christenverfolger, Diokletian und Maximian, wurden durch ein Erdbeben mit vielen tausend Toten bestraft. Damit endet die Reihe der Christenverfolgungen; ähnlich wie der Pharao Ägyptens nach den zehn Plagen «die Macht Gottes gefühlt» und das Volk Israel freigegeben habe (Ex 7–11), hätten nach den zehn Verfolgungen die römischen Kaiser das Christentum «gelten lassen». Konstantin wird vom Autor relativ leidenschaftslos als erster christlicher Kaiser vorgestellt.[48] Orosius zitiert übrigens auch einen heidnischen Kommentar zu seiner Interpretation der Geschichte: Er habe – so ist ihm offenbar vorgeworfen worden – «einigermaßen kunstvoll und schlau die zufälligen Wandlungen der Geschichte mit (sc. göttlichen) Racheaktionen für die Christen in Zusammenhang» gebracht.[49] Aber auch der Auftraggeber seiner Universalgeschichte und sein Lehrer, Bischof Augustinus von Hippo, war mit dieser Darstellungsweise nicht zufrieden und sah – wie die Heiden – «menschliche Kombinationsgabe» am Werk, «die ja bisweilen das Wahre trifft, aber sich bisweilen auch täuscht»:[50] Schon vor Nero habe es Verfolgungen gegeben, und auch nach Konstantin sei die Kirche weiter bedrängt worden, beispielsweise durch den letzten heidnischen Kaiser Julian. Die verschiedenen antichristlichen Maßnahmen bei Goten und Persern seien in der Zählung des Orosius ganz unter den Tisch gefallen.

Moderne Forschung gliedert die antike Christentumsgeschichte im Grunde immer noch nach diesem Schema, wenn sie ein «vorkonstantinisches» und «nachkonstantinisches Christentum» dergestalt unterscheidet, daß das eine durch die «Epoche der Verfolgungen» gekennzeichnet sei, das andere durch die allmähliche Einführung «staatskirchlicher», d. h. zunächst verfolgungsfreier Zustände. Diese strikte Trennung hängt unter anderem mit dem überaus problematischen und im Kern auf mittelalterliche Theologen zurückgehenden Schlagwort von einer «konstantinischen Wende» zusammen, die die Geschichte des antiken Christentums radikal in zwei Hälften scheidet. Richtig an dieser Sicht bleibt, daß sich unter Konstantin entscheidende Veränderungen des rechtlichen Status der christlichen Religion ergaben. Der Prozeß begann sogar schon geringfügig vorher: 311 erließ der zuständige Senior des Kaiserkollegiums, Galerius, ein Toleranzedikt und gestattete auch den Christen die Ausübung ihrer Religion. Sie durften «ihre Versammlungsstätten wieder herrichten», «unter der Bedingung allerdings, daß sie in keiner Weise gegen die [bestehende] Ordnung handeln».[51] 313 vereinbarten Licinius und Konstantin in Mailand uneingeschränkte Religionsfreiheit auch für die Christen. Einschränkende Gesetze und Verordnungen wurden aufgehoben und konfiszierter Besitz zurückerstattet.[52] 318 erkannte Konstantin eine bischöfliche Gerichtsbarkeit neben der staatlichen an und stellte deren Anrufung frei; 321 regelte er gesetzlich die Einhaltung des Sonntages durch Richter, Stadtleute und Handwerker (nicht jedoch Bauern).[53] 326 verbot er schließlich einigen von der Kirche als häretisch ausgegrenzten Bewegungen die Zusammenkünfte und beschlagnahmte ihre dazu genutzten Häuser.[54] Sein Sohn Konstantius II. wich deutlich von dieser Toleranzpolitik ab, untersagte 341 «den Wahnsinn der (heidnischen) Opfer» und befahl 346 (oder 354), Zuwiderhandlungen mit dem Schwert zu ahnden sowie die paganen Tempel zu schließen und den Zutritt zu ihnen zu verbieten.[55] Ende Februar 380 erklärte Kaiser Theodosius I. schließlich das Christentum in einer bestimmten trinitätstheologischen Konzeption – unter ausdrücklicher Namensnennung des römischen und alexandrinischen Bischofs («der Glaube, [...] zu dem sich der [römische] Pontifex Damasus wie auch Bischof Peter von Alexandria [...] offensichtlich bekennen») – zur Staatsreligion: Andersgläubige, «die wir für toll und wahnsinnig halten, haben den Schimpf ketzerischer Lehre zu tragen. Auch dürfen ihre Versammlungsstätten nicht als Kirchen bezeichnet werden. Endlich soll sie vorab die göttliche Vergeltung, dann aber auch unsere Strafgerechtigkeit ereilen, die uns durch himmlisches Urteil übertragen ist.»[56]

Diese kurze Übersicht zeigt, wie sehr sich im Laufe des vierten Jahrhunderts die rechtliche Stellung der Christen geändert hat. Im Blick auf die grundstürzenden Veränderungen ist die zweifache

Gliederung in ein «vor-» beziehungsweise «nachkonstantinisches Christentum» gewiß gerechtfertigt und sinnvoll – auch wenn vielfach die pagane Beamtenschaft die Umsetzung der neuen Rechtslage durch passiven Widerstand sabotierte. Dieser Widerstand wurde unter Umständen an höchster Stelle geleistet: In der Vita des Bischofs Porphyrius von Gaza wird in schöner Offenheit berichtet, daß der oströmische Kaiser Arkadius diesem zu Beginn des fünften Jahrhunderts den Abbruch des Haupttempels der Stadt Gaza in Palästina verbot, weil der Kaiser sich Sorgen um die Steuermoral seiner Kommune machte: «Ich weiß zwar, daß jene Stadt dem Götzendienst ergeben ist, doch erfüllt sie loyal ihre Steuerpflichten und erbringt hohe Einkünfte.»[57] Angesichts der Bedeutung des Hafens von Gaza, von dem aus nicht nur Inlandsprodukte, sondern auch Fernhandelswaren aus Damaskus und 'Aqaba verschifft wurden, scheint die Sorge des Kaisers nicht ganz unberechtigt.

Wirkungen des neuen juristischen Status auf Gestalt der Kirche und Art ihrer Theologie blieben natürlich nicht aus. Aber gleichzeitig verbinden die «vor-» und «nachkonstantinische Kirche» auch so viele Kontinuitäten in der Kirchenordnung, Gestalt der Liturgie und Hierarchie, Theologie und Ethik, daß eine zu strenge Zweiteilung der antiken Christentumsgeschichte problematisch wird – die folgenden Abschnitte dieser Darstellung werden diese Kontinuitäten im einzelnen vorstellen. Daher legt sich eine etwas feinere Periodisierung der Epoche nahe. In der Forschung fast ebenso eingeführt wie das zweiteilige Modell ist eine fünfstufige Gliederung, die mit Jahrhundertschritten arbeitet, diese aber gleichwohl inhaltlich bestimmt. Die weitverbreitete Terminologie geht im Kern wohl auf Arbeiten des damaligen Bonner Privatdozenten Albrecht Ritschl (1822–1889) und des Religionsphilosophen Ernst Troeltsch (1865–1923) zurück. Methodisch am konsequentesten ist sie in der Darstellung «Die Kirchen der Alten Christenheit» von Carl Andresen (1971) durchgeführt. Der Göttinger Kirchenhistoriker unterschied verschiedene «Typen» antiker Kirchlichkeit, um dann die Wechselbeziehungen zwischen ekklesiologischem Selbstverständnis und der geschichtlichen Situation anschaulich zu machen. Andresen trennte eine «frühkatholische Kirche» (bis Ende des zweiten Jahrhunderts) von einer «altkatholischen Kirche» (bis zur sogenannten «konstantinischen Wende»), «reichskatholischen

Kirche» und «römisch-katholischen Kirche» im Westen (von der Völkerwanderungszeit des fünften Jahrhunderts an) bzw. «byzantinisch-orthodoxen Kirche» im Osten. Auf diese Weise wird zwar ein im ganzen christlichen Altertum positiv besetztes Wort «*katholikos*», «allgemein» (katholisch: in unsere Sprache über das lateinische Lehnwort *catholicus* gekommen[58]) verwendet, das aber durch seinen heutigen Gebrauch in einer christlichen Partikularkirche – nämlich der «römisch-katholischen» – mindestens eine zusätzliche Konnotation erhalten hat. Somit wird über diese Terminologie die ganze antike Christenheit in die konfessionelle Polemik der mitteleuropäischen Neuzeit hineingezogen: Führt eine gerade Linie von einer «frühkatholischen» zur «römisch-katholischen» Kirche? Knüpft evangelische Kirche dann direkt an die «Urkirche» an? Es gibt kaum Entwürfe unter diesen Leitbegriffen, denen nicht eine positive oder negative Qualifizierung des Begriffs «katholisch» nach einem Fortschritts- oder Dekadenzmodell zugrunde liegt. Es ist heute an der Zeit, sich von diesen mehr als hundertjährigen terminologischen Fesseln zu lösen, die immer neue umständliche Rechtfertigungen für mindestens mißverständliche Begriffe wie «Frühkatholizismus» notwendig machen. Abgesehen von dieser etwas unglücklichen, leider aber eingeführten Begrifflichkeit erweist sich die Einteilung nach Jahrhunderten als sinnvoll, ebenso angemessen bleibt auch der Terminus «Reichskirche» zur Bezeichnung der neuen juristischen Stellung der Christenheit im vierten Jahrhundert.

Eine kurze Charakterisierung der Jahrhundertschritte könnte so aussehen: Die Christenheit des zweiten Jahrhunderts unterscheidet sich von der des ersten schon allein durch die verschiedenen hochgebildeten Theologen, die sich um das wissenschaftliche Verständnis der neuen Religion bemühen. Auf breitester Front werden in den Großstädten Menschen verschiedenster Schichten gewonnen, und die Kirche wirkt wie ein «Laboratorium», in dem verschiedene Gestalten von Theologie, Ämterhierarchie und Ethik ausprobiert werden. Nur sehr allmählich ist eine «Mehrheitskirche» erkennbar, die abweichende Positionen als «häretisch» ausscheidet. Dieser Prozeß ist im dritten Jahrhundert zu einem gewissen Abschluß gekommen: Bewegungen wie beispielsweise die Gnosis und der Montanismus haben sich von einer «Mehrheitskirche» getrennt;

diese hat ein hierarchisches Amt, Konsens über eine Art von «Minimaldogmatik», über den Gottesdienst und die ethischen Ansprüche an ein christliches Leben ausgebildet. Die verschiedenen christlichen Metropolen beginnen mit einer Mission des Umlandes und entwickeln sich zu selbstbewußten Bischofssitzen mit eigenen theologischen Akzenten. Der nordafrikanische Theologe Tertullian beschreibt dieses starke Anwachsen der Zahlen: «Die Stadt, schreit man, sei von uns in Besitz genommen; auf dem Lande, auf den Dörfern, auf den Inseln gebe es Christen; den Übertritt jeden Geschlechts, Alters, Standes und sogar Ranges zu unserem Namen betrauert man wie ein Unglück. Und doch bringt das niemanden auf den Gedanken, daß etwas Gutes darin verborgen sein könnte.»[59] Daß und inwiefern auch das vierte Jahrhundert nach dem Ende der Verfolgungen ein gänzlich eigenes Gepräge trägt, zeigen bereits die angedeuteten Veränderungen der juristischen Stellung der Christen nach dem Ende der Verfolgungen. Das fünfte Jahrhundert wird man vom vierten schon deswegen trennen, weil das römische Reich nun deutlich sein Gesicht durch die verschiedenen germanischen Stämme verändert, die im Rahmen der Völkerwanderung seit fast zwei Jahrhunderten die Grenzen des *imperium* erschüttern: Der Fall Roms im Jahre 410 n. Chr. durch die Scharen der Westgoten Alarichs hinterließ genauso wie die verheerende militärische Niederlage gegen sie bei Adrianopel 378 (neben dem Kaiser Valens dürften weit über zehntausend Soldaten gefallen sein) traumatische Spuren. Außerdem brach das Reich endgültig in seine beiden Teilreiche auseinander. Die in der Altertumswissenschaft verbreitete Gliederung der römischen Kaiserzeit in die Abschnitte «Prinzipat» (30 v. Chr. bis 192 n. Chr.), «Reichskrise» (192–284 n. Chr.) und «Spätantike» auf die antike Christentumsgeschichte anzuwenden ist demgegenüber weniger sinnvoll; so verändert die «Reichskrise» weder die Theologie noch die Organisation der Kirche in signifikantem Maße.

Neben den großen Epochenzäsuren spielte natürlich der Rhythmus der gelebten Zeit oft eine ungleich größere Rolle im Leben der Menschen: der Wechsel von Woche und Sonntag sowie die Abfolge von verschiedenen kirchlichen Festtagen und nicht besonders geprägtem Alltag.

Der Sonntag stammt aus der jüdischen Tradition. Die babylonische Exilgemeinde hatte einen solchen Ruhetag, den Sabbat, im sechsten Jahrhundert vor Christus eingeführt, um inmitten von fremden Völkern und Religionen nicht vollends die eigene Identität zu verlieren. Die pagane Welt kannte dagegen einen solchen Ruhetag, der in der jüdischen Tradition sofort auch theologisch und sozial legitimiert wurde (Gen 2,3; Dtn 5,12–15), nicht. Jesus von Nazareth besuchte gewöhnlich am Sabbat die Synagoge und las dort auch aus der Schrift vor (Lk 4,16). Offenbar schätzte er diesen Tag als göttliches Heilszeichen sehr hoch ein; jedenfalls versuchte er, seine Intention unter dem teilweise strengen Regelwerk, mit dem dieser Feiertag von jüdischen Gelehrten umgeben worden war, wieder freizulegen. Mit den Worten «Der Sabbat ist um des Menschen willen gemacht und nicht der Mensch um des Sabbats willen» (Mk 2,27) kommentierte er eine entsprechende Zeichenhandlung. Die ersten Gemeinden seiner Anhänger waren Gemeinden innerhalb des Judentums – und das hieß konkret: Sie hielten den Sabbat durch Arbeitsruhe, besuchten die Synagoge bzw. in Jerusalem auch den Tempel und die Tempelgottesdienste. Paulus etwa wurde bei einem Besuch des Tempels verhaftet (Apg 21,27–39; etwa 57 n. Chr.). Der Bruder Jesu, Jakobus, der die Jerusalemer Gemeinde nach der Hinrichtung Jesu leitete, bis er selbst im Jahr 62 n. Chr. gesteinigt wurde, hieß unter anderem wegen seiner besonders eifrigen Tempelfrömmigkeit «der Gerechte».[60] Wahrscheinlich entstand aber schon in den Missionsgemeinden des Paulus der Brauch, am Auferstehungstag, d.h. am Tag nach dem jüdischen Sabbat, eine Zusammenkunft der Christen zu halten (1Kor 16,1). Am Ende des ersten Jahrhunderts taucht auch schon der Name auf, den der Sonntag überwiegend in der christlichen Antike trägt: «Tag des Herren» (Apk 1,10) beziehungsweise *dies dominicus*. Der Bischof Ignatius aus dem syrischen Antiochia schreibt im zweiten Jahrhundert von Christen, die «zu der neuen Hoffnung gekommen sind, nicht mehr den Sabbat feiern, sondern mit Rücksicht auf den Herrentag leben, an dem auch unser Leben aufgegangen ist durch ihn (sc. Christus) und seinen Tod».[61] Das Äquivalent unseres Namens «Sonntag», *dies solis*, tritt in vorkonstantinischer Zeit nur äußerst selten und vor allem in Schriften auf, die sich an Nichtchristen wenden. Nachdem unter Konstantin der Sonntag 321 n. Chr. als reichsweit freier Tag etabliert worden war, verband man die traditionelle pagane Bezeichnung nach einem Planeten mit der Deutung auf die Auferstehung:

Eusebius von Caesarea sprach im vierten Jahrhundert vom «Tag des Erlösers, der auch nach dem Lichte (sc. des Ostermorgens) und der Sonne (sc. Christus als der Sonne) benannt ist».⁶² Natürlich implizierte «Sonntagsfeier» in vorkonstantinischer Zeit noch keinen vormittäglichen Hauptgottesdienst, sondern morgendliche oder abendliche Versammlungen (dazu ausführlicher unten, S. 172–177).

Einen interessanten Einblick in Vorstellung und Wirklichkeit des Sonntags in der christlichen Antike bietet eine Ansprache, die wohl im vierten Jahrhundert ein Bischof Eusebius (vielleicht der von Emesa, dem heutigen Homs in Syrien) über das Thema der Sonntagsruhe und -arbeit gehalten hat.⁶³ «Warum», so wurde der Bischof einleitend gefragt, «ist es notwendig, den heiligen Tag des Herrn zu feiern und nicht zu arbeiten? Welchen Gewinn haben wir denn davon, wenn wir nicht arbeiten?» Eusebius erklärte dem so Fragenden, daß am Sonntag das Gedächtnis des Herrn, genauer das von ihm zu seinem Gedächtnis eingesetzte Abendmahl (so die sogenannten «Einsetzungsworte», z. B. in 1Kor 11,24f.), gefeiert werde. Außerdem gedenke die Kirche des Anfanges der Weltschöpfung, der Auferstehung Jesu und des Wochenanfanges: «Drei Anfänge in sich vereinigend weist dieser Tag hin auf dreier guter Dinge Anfang.» Die Arbeitsruhe gewähre Zeit für den Gottesdienst – Eusebius mahnte, ihn nicht vor dem Schlußsegen zu verlassen –; aber die Gemeinde gehe lieber anderswohin: «Ruft der Herold zur Kirche, so schützen alle Ermüdung vor. Gibt es Flöten- und Zithermusik, so eilen alle wie mit Flügeln hin.» Und auch die soziale Dimension des Ruhetages verschwieg der Bischof nicht: «Es kommt ein Tagelöhner in dein Haus und lädt deine Arbeit auf seine Schulter; er reibt sich auf in Schweiß und Anstrengung und wagt an sechs Tagen der Woche kaum, sein Haupt zu erheben und nach dem Stande der Sonne zu schauen, sondern verzehrt sich in deinem Dienste, und es wird ihm nicht einmal gestattet aufzuschauen. Und er erwartet den Tag des Herrn mit großem Verlangen, um wenigstens einmal sich den Staub vom Leibe zu schütteln und auszuruhen. Und das erlaubst du ihm nicht? Bitte, sage mir, wie willst du das entschuldigen?»⁶⁴

Eine teilweise äußerst heftig geführte Auseinandersetzung der frühen Kirche, die endgültig erst im vierten Jahrhundert durch Intervention der politischen Obrigkeit geschlichtet werden konnte, gestattet ebenfalls interessante Aufschlüsse über die Zeitvorstellungen und Begriffe der antiken Christenheit – *der Streit um den Termin des Osterfestes*. In vielen Christengemeinden Kleinasiens und Syriens wurde am Abend des jüdischen Passafestes, dem vierzehnten Nisan, das christliche Fest der Kreuzigung bzw. Auferstehung Jesu begangen. Man feierte also Ostern als christliches Passa nach derjenigen chronologischen Tradition, die der Evangelist Johannes begründet hat: Nach seinen Angaben fand die Kreuzigung Jesu am «Rüsttag» des Passafestes statt (Joh 19,31: 14. Nisan), an dem nach jüdischem Brauch und Kalender das Passalamm gegessen werden mußte (Ex 12, 6–11; die übrigen Evangelisten behaupten, Jesus habe am Abend des 14. Nisan das letzte Abendmahl gefeiert und sei am folgenden 15. Nisan, dem ersten Feiertag des Mazzot-Festes, hingerichtet worden – es gibt verschiedene Versuche, diese Spannungen zu erklären). Schon in der antiken Christenheit wurden Gruppen, die Ostern entsprechend diesem Brauch am vierzehnten Nisan, d. h. ohne Rücksicht auf den Wochentag am Tag des ersten Frühlingsvollmondes, feierten, «Quartodezimaner» genannt. Es ist durchaus möglich, daß relativ enge Kontakte, die sowohl zwischen den jüdischen als auch dann den christlichen Gemeinden der kleinasiatischen Diaspora und dem palästinischen Mutterland bestanden, für diese sehr stark am jüdischen Kalender orientierte Osterpraxis verantwortlich sind. Man könnte entsprechend vermuten, daß diese Bräuche im Kern auf die Jerusalemer Urgemeinde zurückgehen.[65] Jüdisches und christliches Passa verband das Festthema, die Erwartung zukünftiger Erlösung – bei den Christen freilich als Wiederkunft Christi verstanden.[66] Die christliche Feier in Kleinasien begann mit einem Fasten am vierzehnten Nisan, das bis in die Morgenstunden des folgenden Tages dauerte. Der Gottesdienst am Abend (eine sogenannte «Vigilfeier») bestand aus Lesung und einer Auslegung der alttestamentlichen Passa-Erzählung (Ex 12), worauf am frühen Morgen des fünfzehnten Nisan (ab 3 Uhr beim ersten Hahnenschrei) eine Agape, also das gemeinsame Mahl, und die Eucharistie folgten – möglicherweise besitzen wir noch heute eine zwischen 160 und 170 n. Chr. für eine solche Liturgie bestimmte Predigt eines Bischofs von Sardes.[67]

Dieser kleinasiatischen Praxis stand der römische Brauch gegenüber, das christliche Osterfest (wohl spätestens seit 165 n. Chr.)

grundsätzlich an einem Sonntag zu feiern. Freilich berechnete man die Daten des Osterfestes weiterhin nach dem jüdischen Kalender, wich aber wegen der theologischen Bedeutung dieses Tages auf den folgenden Sonntag aus, paßte also das Fest dem normalen Gottesdiensttermin an. Wir wissen leider nicht genau, wann, warum und unter welchen Umständen diese Praxis entstand; sicher ist nur, daß sie gegenüber der kleinasiatischen sekundär ist und das christliche Osterfest und das jüdische Passafest entkoppelte. Der römische Brauch stellt also ein Zeugnis der zunehmenden Trennung zwischen beiden Religionen dar; ob man ihn deswegen schon als ‹antijudaistisch› bezeichnen sollte, ist eine andere Frage. Daß es sich bei dem Unterschied in der Osterfestdatierung um einen wichtigen kirchlichen Konflikt handelte, zeigt sich an der Tatsache, daß schon in der Mitte des zweiten Jahrhunderts darüber Verhandlungen zwischen den Bischöfen von Rom und Smyrna geführt worden sind. Bischof Polykarp von Smyrna wurde von den Gemeinden Kleinasiens als Vermittler bemüht; er stand dort schon allein wegen seines Alters von über achtzig Jahren in hohem Ansehen, hatte er doch noch mit wichtigen Figuren der Gründergeneration in Kontakt gestanden und berief sich auch in der Osterterminfrage auf «Johannes, den Jünger unseres Herrn, und (...) die übrigen Apostel, mit denen er verkehrt hatte».[68] Irgendwann in den Jahren zwischen 155 und 166 reiste er nach Rom, um über verschiedene kirchliche Probleme, darunter eben über den Tag der Osterfeier, mit Anicet von Rom zu sprechen. Obwohl man sich über die Frage des Ostertermins nicht einigen konnte, behielt man doch kirchliche Gemeinschaft, und Polykarp feierte in Rom Eucharistie. Der römische Bischof Viktor (189–198) versuchte dagegen, seine Praxis auch in Kleinasien durchzusetzen; möglicherweise deswegen, weil ein Presbyter seiner Gemeinde die kleinasiatische, quartodezimanische Praxis einzuführen begonnen hatte. Als er im Rahmen dieser Auseinandersetzungen den christlichen Gemeinden Asiens den Abbruch der kirchlichen Gemeinschaft androhte, brach ein Sturm der Entrüstung über die Anmaßungen des römischen Bischofs los.[69] Viktor mußte zurückstecken und sich von westlichen Theologen belehren lassen, daß die Unterschiedlichkeit der Ostertermine «nicht erst in unserer Zeit aufgekommen ist, sondern schon viel früher (...). Aber trotz dieser Verschiedenheit (...) leben auch wir in Frieden. Die Verschiedenheit im Fasten erweist die Einheit im Glauben.»[70]

Endgültig geklärt wurde der Streit erst, als sich mit Kaiser Konstantin 325 n. Chr. eine starke politische Kraft dieses einheitsgefährdenden Problems annahm. Der Monarch wünschte eine einheitliche Kirche im nunmehr auch politisch geeinten Reich und definierte in seinem traditionellen Amt als Oberpriester (*pontifex maximus*) diese Einheit wesentlich kultisch. Die erste reichsweite Bischofssynode in seiner Sommerresidenz Nizäa (in Bithynien, heute Iznik) entschied sich unter Vorsitz des Kaisers gegen die antiochenische Form einer selbständigen christlichen Ostermineberechnung und gegen alle am jüdischen Kalender orientierten Modelle. Ob sie zugleich einen einheitlichen Ostertermin nach dem römischen beziehungsweise alexandrinischen Brauch sanktionierte, d. h. am ersten Sonntag nach dem ersten Frühlingsvollmond, war schon in der Antike umstritten.[71] Der Rundbrief, in dem der Kaiser die Kirchen über dieses Ergebnis unterrichtete, enthielt üble und scharfe Angriffe auf das Judentum: «Es schien uns unwürdig zu sein, jenes allerheiligste Fest auszuführen, indem man der Sitte der Juden folgt, die ihre eigenen Hände durch gottlosen Irrtum verunreinigt haben und darum zu Recht als Verbrecher mit Blindheit an der Seele geschlagen sind (...). Nichts sei uns gemein mit dem feindseligen Volk der Juden.»[72]

Eine deutliche «Christianisierung» der Zeitrechnung und des Zeitempfindens der Menschen erfolgte sicher auch durch die Entstehung und den Ausbau eines «Kirchenjahres», d. h. durch einen an der Lebensgeschichte Jesu Christi orientierten Zyklus von Kirchenfesten, in den Heiligen- und Märtyrergedenktage eingefügt wurden: Neben das bewegliche Osterfest und eine folgende fünfzigtägige Freudenzeit bis Pfingsten («*he pentakoste hemera*», griechisch für: «der fünfzigste Tag») trat im vierten Jahrhundert das unbewegliche Fest der Geburt Christi (dazu ausführlich unten, S. 73–75) als zweiter Höhepunkt des kirchlichen Jahres mit einer eigenen vorangehenden Fastenzeit. Der Festkalender mit solchen Christusfesten und einer Fülle von weiteren Märtyrergedenktagen löste zugleich den paganen Kalender allein durch seine Dichte ab, wie ein beliebiges Beispiel für den Frühsommer zeigt: Am 29.6. wurde in Rom das Fest des Apostels Petrus gefeiert, am 30.6. das des Apostels Paulus, am 2.7. folgten die heiligen Märtyrer Processus und Martinianus (nach späterer Legende die Kerkermeister der Apostelfürsten) und schließlich am 10.7. unter anderem das Fest der Märtyrerin Felicitas und ihrer sieben Söhne.[73]

DAS INDIVIDUUM

Die Bekehrung zum Christentum

Ein Grieche oder ein Römer, der nichts von Judentum und Christentum wußte, hätte sich in der frühen Kaiserzeit kaum vorstellen können, daß «ein Mensch die Religion seiner heimatlichen Polis und seiner Ahnen preisgeben könne, um sich exklusiv und mit ganzem Herzen einer davon verschiedenen Religion anzuschließen».[1] Das hing natürlich am fehlenden Exklusivitätsanspruch der Götter eines polytheistischen Pantheons. Keiner unter den Göttern, die man zu dieser Zeit in Rom oder Athen verehrte, sagte von sich: «Ich bin der Herr, dein Gott (...): du sollst keine anderen Götter haben vor meinem Angesicht» (Dtn 5,6 f. in der Fassung der griechischen Bibel). Keiner wendete die an und für sich einsichtige Wahrheit, daß man nicht zwei Herren dienen könne (vgl. Mt 6,24), in die Frage «Zeus oder Apollon?». Im Gegenteil: Die Religionsgeschichte der Stadt Rom bot durch Integration vor allem ursprünglich griechischer oder orientalischer Gottheiten mehrfache Gelegenheiten, nun auch anderen Herren (und Herrinnen) zu dienen: Schon 205 v. Chr. wurde das Kultzeichen der «Großen Mutter vom Berge Ida» (*Mater deum Magna Idaea*) aus Pessinus (dem heutigen Balishar) in Galatien nach Rom überführt. Solche «kumulative» Frömmigkeit, die Kulte verschiedenster Herkunft zu integrieren vermochte, hielt sich bis weit in die Spätantike hinein, ja steigerte sich eher noch, wie ein beliebiges Beispiel zeigen kann: Ein hoher Verwaltungsbeamter der nachkonstantinischen Ära, der *Vicarius Africae* des Jahres 381, Alfenius Ceionius Iulianus Kamenius, war ausweislich einer Inschrift «Vater der Opfer des unbesiegbaren Mithras, Hierophant der Hekate, Archibucolus des Gottes Liber und Tauroboliatus».[2] Er hatte sich also einem zum Kybele-Kult gehörenden Opfer- bzw. Initiationsritual unterzogen, bei dem Blut eines geschlachteten Stieres über den Kandidaten floß. Der Tauroboliatus «hält seinen Kopf hin zur Berieselung durch den Blutstrom, der sein Gewand und seinen ganzen Körper überströmt. Er hält seine Gestalt hin, seine Wangen, seine Ohren, seine Lippen, seine Nase, seine Augen, ja selbst seine Zunge, bis er ganz mit Blut überströmt ist» – so jedenfalls das entsetzte Referat eines anderen hohen Staatsbeamten derselben Zeit, des christlichen Dichters Aurelius Prudentius Clemens.³ Selbst intellektuelle Skepsis gegenüber den Göttern (wie bei Cicero) führte nicht zu einer Abwendung von den traditionellen Kulthandlungen; eine «Bekehrung» in unserem heutigen Verständnis des Wortes kannte die pagane Antike abgesehen von einer «Bekehrung zu philosophischem Leben» nicht. Natürlich gab es auch in einer solchen Umwelt Selbstläuterung, Besserung und besondere Hinwendung zu einer göttlichen Macht. Ein singuläres Beispiel dafür ist der bekannte Roman «Metamorphosen oder Der goldene Esel», den der nordafrikanische Platoniker Apuleius von Madaura im zweiten Jahrhundert verfaßt hat und der eine solche «Bekehrung» beschreibt: Ein Ich-Erzähler namens Lucius findet nach einem unruhigen Leben (symbolisiert durch seine Eselsgestalt) Ruhe und Frieden: Er wird wieder in einen Menschen verwandelt und in die Isis-Mysterien eingeführt.

Anders verhält es sich im Judentum mit der «Bekehrung»: Dort entwickelte sich nach dem Ende des babylonischen Exils und unter den Bedingungen der Verbreitung von Juden auch außerhalb des palästinischen Kernlandes in der Diaspora die Möglichkeit, sich zum Judentum zu bekehren und ihm beizutreten (und nicht nur als Sohn einer jüdischen Mutter in es hineingeboren zu werden). Als Bezeichnung für solche Beigetretenen bildete das nachexilische Judentum das Wort «Proselyt»; es verstand darunter Menschen, «die ihr eitles Wesen aufgegeben und sich unter Gottes Fittiche geflüchtet haben».⁴ Da in der Diaspora die Einheit von nationaler und religiöser Gemeinschaft aufgehoben war, definierte sich das dortige Judentum in Auseinandersetzung mit der hellenistischen Kultur neu und öffnete sich für Nichtjuden. Allerdings verhinderten ein in der Antike gelegentlich heftig aufbrechender Antisemitismus und die Furcht vor der Beschneidung den Übertritt größerer Menschenmengen. Den Proselyten war daher eine Gruppe quantitativ weit überlegen, die zwar den jüdischen Monotheismus bejahte, die Synagogen besuchte und sogar Teile des Zeremonialgesetzes hielt, aber sich nicht beschneiden ließ. Ihre Angehörigen hießen

«Gottesfürchtige» («*sebomenoi*» oder «*phoboumenoi ton theon*») und sind durch Inschriften gut bezeugt; bemerkenswerterweise überwiegen die Frauen. In der kleinasiatischen Stadt Milet befindet sich noch heute auf einer Sitzreihe des Theaters, von dem man in der Antike einen hübschen Blick über das Wasser hatte (heute ist die Bucht leider verlandet), eine über einen Meter breite Inschrift in etwas ungelenken Buchstaben: «Platz der Juden, die auch Gottesfürchtige heißen». Die Angabe ist nicht ganz korrekt, da sie den Unterschied zwischen beschnittenen Juden und unbeschnittenen «Gottesfürchtigen» verwischt; aber das mag am Niveau oder an der Bezahlung dessen gelegen haben, der die Inschrift meißelte. Jedenfalls reservierte die Inschrift in der fünften Sitzreihe rechts etliche Plätze für die Gemeinde und ihre Sympathisanten. Sie stammt (wie das ganze Theater) wohl aus der Kaiserzeit, vielleicht dem zweiten Jahrhundert.[5] Aus dem Kreis der «Gottesfürchtigen» gewann auch das junge Christentum viele neue Anhänger.

Ein neues Modell von «Bekehrung», das sich von der Bekehrung zum Judentum unterscheidet, entstand durch den Ruf Jesu in die Nachfolge. Die Evangelien zeichnen das Bild von Menschen, die auf den Ruf Jesu «Folge mir nach!» hin alles stehen- und liegenlassen, um dem Rufenden zu folgen (Mk 1,16–20). Daneben hat es offenbar aber auch schon in der Bewegung um den historischen Jesus unterstützende Kreise gegeben, die trotz ihrer Bekehrung weiter am angestammten Wohnort und ihren etablierten Bindungen festhielten. Jedenfalls nennt Lukas vornehme Frauen, von denen man das vermuten kann (Lk 8,2 f.). Ähnlich wie der Täufer Johannes, der Menschen zu Umkehr und Buße im Angesicht des nahen Endes aufruft und mit der Taufe die Vergebung der Sünden ermöglicht, besiegelt in der christlichen Gemeinde die Taufe den Prozeß der Bekehrung; man schreibt ihr sündenvergebende Kraft zu (weswegen sie teilweise bis zum Tode aufgeschoben wurde). Der spätere Apostel Paulus verbindet seine Berufung mit einem eigenen Bekehrungserlebnis auf dem Wege nach Damaskus, einer Christusvision (Apg 9,3–9, vgl. 1 Kor 15,8). Die Apostelgeschichte des Lukas kennt Bekehrungen allein aufgrund der Predigt von Missionaren (Apg 13,48 f.) und von Wundertaten im Namen Jesu, zum Beispiel in Jerusalem selbst: «Es geschahen aber viele Zeichen und Wunder im Volk durch die Hände der Apostel (...). Desto mehr wuchs die

Zahl derer, die an den Herren glaubten – eine Menge Männer und Frauen» (Apg 5,12–14). Das «Initialerlebnis», der Aufbruch der Jesus-Gemeinde in Jerusalem am jüdischen Wochenfest, bestand offenbar aus der Kombination eines Ausbruchs wunderbarer Begeisterung und einer vergleichsweise nüchternen Predigt des galiläischen Fischers Petrus (Apg 2,1–36; natürlich wurde der Text der Ansprache nicht mitstenographiert, sondern, wie es Brauch zeitgenössischer Historiker war, nachgestaltet). Der Erfolg der Missionspredigt wird so beschrieben: «Als sie aber das hörten, empfanden sie quälenden Schmerz im Herzen» (Apg 2,37) und ließen sich taufen.

Für die folgenden Jahrhunderte besitzen wir leider nur stark typisierte «Bekehrungsberichte» aus dem Kreis philosophisch leidlich (oder – seltener – sogar recht) gebildeter Theologen. Diese Typisierung und das mangelnde Interesse an allen psychologischen Details hängen natürlich damit zusammen, wie sehr die neutestamentlichen Bekehrungsberichte in unterschiedlicher Intensität Vorbild ähnlicher Erzählungen späterer Zeit blieben. Auch die Nachrichten über Konversionen aus der frühesten Zeit sparen sich alle Details. Entsprechend knapp beschreibt der in Rom um die Mitte des zweiten Jahrhunderts lehrende Apologet Justin in einem Dialog mit einem Juden (also in einem Text, der selbst zur Bekehrung anderer führen soll) seine eigene Bekehrung von der platonischen Philosophie zum Christentum. Allerdings handelt es sich nach diesem Bericht überwiegend um einen rein intellektuellen Vorgang, der zudem mit literarischen Anspielungen und Topoi durchsetzt ist: Ob der im heutigen Nablus (Flavia Neapolis in Samaria) geborene Justin sich also wirklich in völlige Einsamkeit an das Meer zurückzog, dort einen «älteren Mann von gewinnendem Aussehen und von mildem, ernstem Charakter» traf und mit ihm über Philosophie, Glück, Gott und Gotteserkenntnis diskutierte, bleibt unklar. Die Zuwendung zum Christentum ist dann aber so beschrieben, daß sich emotionaler und intellektueller Akt verbinden: «In meiner Seele aber fing es sofort an zu brennen, und es erfaßte mich die Liebe zu den Propheten und jenen Männern, welche die Freunde Christi sind. Ich dachte bei mir über die Lehren des Mannes nach und fand darin die allein zuverlässige und nutzenbringende Philosophie.»[6] Allerdings verwendet Justin auch bei dieser scheinbar so persönlichen Schilderung wieder eine topisch geprägte Sprache, wie neben den Verweisen auf das neutestamentliche Vorbild (Apg 2,37; zitiert oben S. 53) und auf philosophische Terminologie[7] ein fast hundert Jahre später entstandenes Beispiel zeigen kann: Gregor der Wundertäter, kurz nach 238 Bischof in seiner Vaterstadt Neocaesarea (Pontus, heute Niksar), beschreibt seine eigene endgültige Bekehrung vom Heidentum zum Christentum durch Lehrvorträge des Theologen Origenes so: «Wie ein Funke, der mitten in mein Herz gefahren war, entbrannte und entflammte meine Liebe zu dem heiligen, zu diesem liebenswürdigsten Logos selbst, der mit seiner unaussprechlichen Schönheit alle aufs unwiderstehlichste an sich zieht, und zugleich meine Liebe zu diesem Mann, dem Freund und Herold des Logos.»[8] Die Vorträge des bedeutenden, aus Alexandria stammenden christlichen Wissenschaftlers und Predigers Origenes weckten also bei diesem Sohn vornehmer Eltern eine «Liebe zum Logos», d. h. zu Christus, dem die Welt und auch die heilige Schrift durchwaltenden Wort – diese Formulierungen Gregors zeigen, wie viel er in fünf Jahren Unterricht bei Origenes von der Synthese aus biblischem (Joh 1,1) und philosophischem Gedankengut aufgenommen hatte, die sein Lehrer zu vermitteln versuchte. Seine Worte spiegeln genau die spezifische Mischung aus wissenschaftlicher Theologie und intensiver Jesus-Frömmigkeit, die die Bibel-Kommentare und Predigten des Origenes auszeichnet. Wenn man die eigenen knappen Bemerkungen in seiner Lobrede auf den Lehrer ernst nehmen darf, überzeugte Gregor besonders die energisch vorgetragene These des Origenes, daß für die Gotteserkenntnis eine vernünftige, wissenschaftlich begründete Methodik und eine Kenntnis der Philosophie vonnöten seien.[9] Entsprechend konnte man im palästinischen Caesarea nach der Bekehrung einen auf das Christentum als wissenschaftlichste Form der Gotteserkenntnis zugespitzten Bildungskanon durchlaufen: logische und dialektische Übungen, Naturwissenschaften, Sittenlehre und Theologie (zunächst bei Philosophen und Dichtern, schließlich in der Bibel). Man hat wegen dieses «Kanons» die Vorträge des Origenes als «Missionsschule» für gebildete Heiden beschrieben; die eigentliche Unterweisung in die Besonderheiten der christlichen Dogmatik (Trinitätslehre, Christologie, Sakramententheologie) erfolgte wohl erst im Zusammenhang des Taufunterrichtes. Freilich zeigt das Beispiel Gregors, daß es auch Schüler gab, die solchen Missionsunterricht schon mit Vorkenntnissen besuchten: Im Alter von vierzehn Jahren wandte er sich «zum ersten Male dem heilbringenden und wahrhaftigen Logos zu».[10] Leider verrät Gregor überhaupt nicht, wie man sich dieses erste Kennenlernen beim Heranwachsenden vorstellen soll. Einer etwas unsicheren Nachricht zufolge hat sich ein nordafrikanischer Rhetoriklehrer durch Träume zur Annahme des Christentums bewegen lassen.[11]

Es fehlen aus dieser Zeit nahezu alle Berichte über die Bekehrung von weniger gebildeten Schichten – man hat es lediglich mit sehr knappen und typisierten Bemerkungen von Theologen aus Kreisen der Mittel- und Oberschicht zu tun. Der spätere Bischof von Karthago, Thascius Cyprianus (er nannte sich als Christ nach seinem Taufpaten Caecili[an]us), beschrieb seine Bekehrung zum Christentum in der Schrift «An Donatus» mit nüchternen Worten. Auffällig ist, daß er die Plötzlichkeit betont: «Wie ist eine so große Umwandlung (lateinisch: *conversio*) möglich, daß man plötzlich und mit einem Ruck das abwirft, was entweder angeboren (...) ist oder was man lange geübt hat.» Erst nach der Taufe wurde ihm «plötzlich auf ganz wunderbare Weise das Zweifelhafte zur Gewißheit, das Verschlossene lag offen».[12] Sehr viel Konkreteres oder gar eine psychologische Detailschau erfahren wir von diesem auf die vierziger Jahre des dritten Jahrhunderts zu datierenden Ereignis (oder soll man besser sagen: Prozeß?) nicht. Ob die betrüblichen Zustände des in eine politische und wirtschaftliche Krise geratenen *imperium* – Cyprian schildert sie in bewegender Ausführlichkeit – ein Motiv für die Konversion waren oder diese nicht im nachhinein den ruhigen Blick auf das Chaos der Welt mit ihren Straßen- und Seeräubern, blutigen Kriegen, abstoßenden Zirkus-Grausamkeiten, der moralischen Verderbnis in Theater und Häusern, der Wirtschaftskriminalität und verfallenden Autorität des Kaisers erlaubte, ist schwer zu entscheiden.[13] Man wird aber nicht ausschließen wollen, daß sensible Personen, die über den Verfall der Sitten erschüttert waren, sich zum Christentum als einer vergleichsweise rigorosen ethischen Gesetzen verpflichteten Bewegung hingezogen fühlten. Wie grundstürzend das so knapp Berichtete aber war, zeigen die Veränderungen im Leben des Bekehrten: Cyprian gab seinen Beruf als Rhetor auf, um ein enthaltsames Leben führen zu können, und verzichtete zugunsten der Gemeinde auf den Großteil seines Vermögens.

Umstände christlicher Bekehrung einfacherer Menschen lassen sich allenfalls aus dem Spott der Gegner rekonstruieren: Celsus, ein mittelplatonischer Philosoph des zweiten Jahrhunderts, behauptet, daß «in den Privathäusern Wollarbeiter, Schuster und Walker und die ungebildetsten und ungeschliffensten Leute in Gegenwart ihrer würdigen und verständigen Dienstherren den Mund nicht zu öffnen wagen. Sobald sie sich aber ohne Zeugen mit den Kindern und einigen unverständigen Weibern allein wissen, dann bringen sie ganz wunderbare Dinge vor und weisen nach, daß man verpflichtet sei, ihnen zu gehorchen, nicht aber auf den eigenen Vater und die Lehrer zu achten. Diese seien Faselhänse und Schwachköpfe, und in eitlen Vorurteilen befangen, könnten sie weder einen wahrhaft guten Gedanken fassen noch verwirklichen; nur sie allein wüßten es, wie man leben müsse. Würden die Kinder ihnen folgen, so würden sie selbst selig werden und ihr ganzes Haus selig machen»[14] – wir wissen von dieser Polemik aus der Gegenschrift des bereits erwähnten Theologen Origenes, der der Widerlegung des Celsus Mitte des dritten Jahrhunderts acht Bücher gewidmet hat. Zieht man den polemisch übertriebenen Vorwurf ab, daß nur Aufrührer, Frauen, Kinder und einfältige Personen die neue Religion propagieren oder nur bei solchen Mission Erfolg zeitigt – Celsus findet solche Propaganda für eine Sache ohnehin höchst unanständig –, so ergibt sich, daß der Bekehrung jedenfalls in den größeren Städten häufig Gespräche mit Lehrerpersönlichkeiten vorausgingen. Dadurch wurden die Kandidatinnen und Kandidaten aber ihrem eigenen familiären Umfeld (bzw. ihren jeweiligen Lehrern) entfremdet. Natürlich unterschied sich der Adressatenkreis christlicher Verkündigung von dem popular- oder gar fachphilosophischer Vorträge. «Ihr sagt, wir schwatzen unter Frauen und Knaben, unter Mädchen und alten Weibern», referiert ein anderer Apologet entsprechende Vorwürfe der nichtchristlichen Umwelt,[15] aus denen selbstverständlich keine vollständige Charakterisierung der im zweiten Jahrhundert zum Christentum Bekehrten geschöpft werden darf. Es geht, wie durch den Spott des Celsus erstaunlich zutreffend durchscheint, bei der Bekehrung nicht nur um eine intellektuelle Erkenntnis, sondern um das richtige Leben und die Seligkeit. Da es sich im einen Falle um Gottes Offenbarung, im anderen Falle um Gottes Gebot handelt, bedeutet Bekehrung, den autoritativen Wahrheits- und Geltungsanspruch zu übernehmen, zu glauben und zu bekennen. Die christlichen Lehrer erklären nach Celsus, «daß man verpflichtet sei, (...) zu gehorchen».[16]

Die wohl berühmteste Bekehrungsszene der antiken christlichen Literatur hat der nordafrikanische Bischof Augustinus geschrieben, als er kurz nach seiner Bischofsweihe am Ende des vierten Jahrhunderts seine auf August 386 zu datierende «Bekehrung» schilderte (eigentlich der letzte Abschnitt einer dreiteiligen Serie von Bekehrungen bzw. Bekehrungsprozessen). Über die Historizität dieser etwa zehn Jahre *post festum* erzählten «Gartenszene» ist lange gestritten worden, aber die Mehrzahl der Arbeiten plädiert gegenwärtig aus guten Gründen dafür, sie für eine Wiedergabe dessen zu halten, was wirklich passiert ist. Augustinus lebte seit zwei Jahren in der kaiserlichen Residenz Mailand als städtischer Rhetor, hatte – zunächst aus rein rhetorischen Gründen – Gefallen an den Predigten des Bischofs Ambrosius gefunden, der seit 374 der Ortskirche vorstand und zuvor Statthalter der Provinz gewesen war. Augustinus hatte aber auch Kontakte zu einem Kreis von christlichen Neuplatonikern aufgenommen, die ihn mit «platonischen Büchern»[17] versorgten. Die intellektuelle «Bekehrung» zum Christentum ging also der berühmten «Bekehrungsszene» teilweise voraus, sie vermochte aber die Unsicherheit des Nordafrikaners nicht zu beenden. Ein Geistlicher aus Mailand und ein hoher Beamter aus der afrikanischen Heimat vertieften die innere Unruhe noch durch Beispielgeschichten von anderen prominenten Konvertiten aus philosophischem und asketischem Umfeld. Augustinus geriet durch diese Vorbilder in einen starken inneren Konflikt mit seinem eigenen Lebensweg, den er zunehmend als unbefriedigend und unmoralisch empfand. Auf dem Höhepunkt solchen innerlichen Ringens befand sich Augustinus im Garten eines Mailänder Hauses und berichtete später selbst so: «Ich aber warf mich unter einen Feigenbaum, ich weiß nicht, wie es kam, und ließ den Tränen ihren Lauf, und Ströme brachen aus meinen Augen (...). Da auf einmal hörte ich aus einem benachbarten Haus die Stimme eines Jungen oder Mädchens, die in singendem Ton immer wiederholte: ‹*tolle, lege; tolle, lege*›.» Die berühmten lateinischen Worte bedeuten zunächst: «Nimm, lies»;

aber sie sind auch im Kontext eines Kinderspieles gedeutet worden. Augustinus berichtete weiter: «Augenblicklich faßte ich mich und begann mit größter Aufmerksamkeit darüber nachzudenken, ob die Kinder bei irgendeinem Spiel etwas derartiges herunterzuleiern pflegen; aber ich entsann mich nicht, diese Worte jemals irgendwo gehört zu haben. Ich unterdrückte die Gewalt der Tränen, erhob mich; ich wußte keine andere Deutung, als daß Gott mir befehle, das Buch zu öffnen und die Stelle zu lesen, auf die ich zuerst stoßen würde (...). Daher ging ich eilig an den Platz, wo Alypius noch saß; denn dort hatte ich das Buch des Apostels (Paulus) hingelegt, als ich von dort aufgestanden war».[18] Augustinus erzählte darauf, wie durch diese besondere Form des «Buchorakels» (er schlug Röm 13,13 f. auf) «ruhige Sicherheit wie ein Lichtstrom in mein kummervolles Herz flutete und alle Nacht des Zweifels verschwand». Die «Bekehrung» äußerte sich vor allem in der veränderten Einstellung zu Ehe und Sexualität (Augustinus verzichtete hinfort darauf) und zum Beruf (er legte die Mailänder Stelle nieder und wurde ein Asket). Durch die Ereignisse im Garten gewann er Gewißheit und die Kraft, das für richtig Erkannte nun auch im eigenen Leben umzusetzen. Die ethischen Implikationen des christlichen Glaubens erschienen ihm nicht mehr als Last, sondern waren ihm selbstverständlicher Teil einer neuen Existenz. Dem Stil seiner «Bekenntnisse» entsprechend, schloß der Bischof von Hippo den Bericht über die Szene im Garten mit einer direkten Anrede Gottes in Gebetsform: «Also hast du mich zu dir bekehrt.»[19] Diese Bemerkung verrät, daß ihr Autor sich inzwischen nicht nur mit zwei Versen des Paulus, sondern ausführlich mit dem Apostel und seiner Theologie beschäftigt hatte: Bekehrung verstanden beide nicht als den selbstgefaßten Entschluß eines Menschen, sondern als Wirkung göttlicher Gnadenwahl. Augustinus predigte diese Theologie auch am Beispiel des eigenen Lebens in der eigenen Biographie.

Bis weit in das vierte Jahrhundert gewann die christliche Kirche mehr Mitglieder von außen als durch den Nachwuchs «von innen», also durch die Erziehung von Kindern durch ihre christlichen Eltern. Mit der offiziellen Tolerierung dieser Religion und noch mehr mit ihrem Aufstieg zur Staatsreligion (s. o. S. 40) stellt sich natürlich verstärkt die Frage, ob der Glaubenswechsel nicht des öfteren aus politischen, militärischen oder wirtschaftlich-sozialen

Gründen erfolgte. Denn unter Umständen war es durchaus von Vorteil, Christ zu sein: In Phrygien bat eine Ortschaft namens Orkistos zwischen 324 und 326 Kaiser Konstantin um die Erneuerung des verlorenen Stadtrechtes und erlangte diese unter anderem mit der Begründung, daß jedermann Christ sei.[20] Da allerdings das Militär im vierten Jahrhundert noch weitgehend aus «Heiden» bestand, sollte man diesen «Anreiz» zur Bekehrung auch nicht überschätzen. Das Thema der Zwangsbekehrung war umstritten, wie sich wieder an Augustinus sehen läßt: «Nie hat er (sc. Christus) Gewalt gebraucht, immer nur überredet und ermahnt», schreibt er zu Beginn der neunziger Jahre.[21] Daß Augustinus im Laufe des Lebens seine Position geändert hat, merkt man an seinen *Retractationes*, einer Schrift, die er im dreiundsiebzigsten Lebensjahre, nämlich 427, geschrieben hat. Er zitierte dort die frühere Passage über Christus und vermerkte kritisch, ihm sei damals die Austreibung der Wechsler und Händler nicht in den Sinn gekommen, die Jesus ja mit Gewalt durchgeführt habe. Aber das sei ja nichts gegen die Gewalt, mit der Dämonen Menschen zu plagen vermöchten. Schon in einem Brief aus dem Jahr 407 hatte er dagegen argumentiert, Häretikern freien Lauf zu lassen, und das unter anderem mit einem neutestamentlichen Vers begründet: «Alle, die ihr findet, zwingt einzutreten.»[22] Er sei einst anderer Meinung gewesen, habe gedacht, «es solle niemand zur Einheit Christi gezwungen werden; man müsse das Wort wirken lassen, (...) damit wir nicht an denen, die wir als aufrichtige Häretiker kannten, gezwungene Katholiken bekämen». Ganz auf dieser alten Linie Augustins hatte ihm der Briefpartner geschrieben, was heute Konsens ist: «Man dürfe niemanden zur Gerechtigkeit zwingen», also niemanden zum Eintritt in die katholische Kirche. Aber Augustinus war durch die Mitbischöfe vom Gegenteil überzeugt worden und kannte nun auch keine Kompromisse mehr, wenn es um Heil oder Verdammnis ging: Es komme nicht darauf an, «ob jemand überhaupt gezwungen wird oder nicht, sondern wozu er gezwungen wird, mag es gut oder böse sein».[23]

Wie funktionierte «Bekehrung» unter den staatskirchlichen Bedingungen des vierten Jahrhunderts? Eine Antwort am Beispiel und zugleich einen interessanten Einblick in Bekehrungsprozesse dieser Epoche gibt die Lebensbeschreibung des Bischofs Porphyrius von Gaza, die angeblich sein Diakon Markus verfaßt haben soll. Selbst wenn Details bei einer späteren redaktionellen Überarbeitung verändert oder hinzuerfunden worden sind,[24] läßt sich ein lebendiger Eindruck von der Atmosphäre der Konversion zum Christentum am Ende des vierten Jahrhunderts gewinnen. Der Grieche und Asket Porphyrius übernahm im Jahre 395 in dieser Stadt, die besonders durch den Kult des Stadtgottes Marna(s) (d. h. «unser Herr») geprägt war, die Bischofswürde. Die mehrheitlich pagane Einwohnerschaft hielt seinen Aufzug allerdings für ein schweres Unglück. Aber als die zweihundertachtzig Christen des Ortes (das entspräche einem Prozent der geschätzten Bevölkerungszahl) zu Dürrezeiten einen Bittgang um Regen durchführten und es tatsächlich regnete, konvertierten achtundsiebzig Männer, fünfunddreißig Frauen und vierzehn Kinder.[25] Dieses schon im Neuen Testament bezeugte Motiv von Konversionen aufgrund von Wundern hat sich also bis in die Spätantike gehalten. Um die Jahrhundertwende half der Bischof einer Frau, die ihr Kind wegen dessen unglücklicher Lage im Mutterleib nicht ohne Komplikationen zur Welt bringen konnte. Als unter den Fürbitten des Porphyrius nach einer knappen Woche das Baby endlich lebend zur Welt gekommen war, baten die «Eltern der Frau, ihr Mann und alle Verwandten und Angehörigen» um die Taufe. Der Autor resümiert: «Und die Zahl derer, die bei diesem Anlaß getauft wurden, war vierundsechzig.»[26] Neununddreißig Männer und Frauen bekehrten sich, als – angeblich im Angesicht einer Prozession – ein Aphroditestandbild zerbarst. Und als nach langer Mühe endlich das Marneion, der berühmte Haupttempel der Stadt, mit «flüssigem Pech, Schwefel und Schweinefett» angezündet wurde und «viele Tage lang brennt», «traten viele dem heiligen Glauben bei, die einen aus Furcht, andere, weil sie ihr früheres Leben verurteilten».[27] Bemerkenswerterweise überliefert der Text auch eine innergemeindliche Diskussion über solche Bekehrungen unter Zwang (immerhin hatten Soldaten die Häuser nach paganen Kult- und Götterbildern und paganer Literatur durchsucht): «Einige von den Glaubenden aber sagten dem heiligen Bischof, er hätte diejenigen, die aus Furcht beigetreten waren, nicht aufnehmen sollen, sondern nur diejenigen, die aus gutem Vorsatz kamen.» Da der Bischof aber auch die anderen aufnahm – in der Hoffnung, es werde hier «die Zeit ihr Herz erweichen» –, steigerte sich die Zahl der Taufbewerber nochmals: «Es kamen nun in jedem Jahr zu der Herde Christi etwa dreihundert Namen hinzu.»[28] Den übriggebliebenen Heiden setzte der Bischof auf drastische Weise zu: «Als nun die Asche des verbrannten Haupttempels beseitigt war (...), da beschloß der heilige Bischof, die von dem Marmorbelag des Marneions übriggebliebenen Stücke (von denen die Rede ging, sie seien heilig und befänden sich an einer zumal von Frauen nicht zu betretenden Stelle) zur Pflasterung des Platzes draußen vor dem Tempel zu verwenden, damit sie nicht nur von Männern, sondern auch von Frauen, Hunden, Schweinen und jeglichem Vieh betreten würden. Dies aber kränkte die Götzenanbeter mehr als das Anzünden des Tempels. Daher haben auch die meisten von ihnen, insbesondere die Frauen, bis zum heutigen Tage den Marmor nicht betreten.»[29] Neue Ausgrabungen im kleinasiatischen Aphrodisias und andernorts haben archäologische Belege für diese offenbar weitverbreitete Praxis erbracht,[30] die sowohl Anforderungen an wirtschaftliches Bauen wie den Revancheforderungen einer nun endlich triumphierenden Minderheit genügte. Als im Gegenzug in Gaza einige Mitglieder des Rates einen kleinen Aufstand gegen den Bischof anzettelten und der Mob dabei sieben Menschen umbrachte, mußte der Provinzialstatthalter mit Truppen eingreifen. So hatte sich – wenn man den überraschend präzisen Zahlenangaben wirklich trauen sollte, denn schließlich vermögen gerade sie einem «historischen Roman» Authentizität zu geben – durch die Aktivitäten des Bischofs die Gemeinde in fünf Jahren fast verdoppelt; nach dem Abbruch des Haupttempels wurden innerhalb eines Jahres noch einmal so viele Christen hinzugewonnen. Trotzdem war nach fünf Jahren Bauzeit die Kirche für die städtische Christengemeinde offenbar doch etwas groß geraten: «Dies war auch der Grund, weshalb einige von den Gläubigen dem heiligen Porphyrius (...) Vorwürfe machten, daß er die Kirche so groß gezeichnet hätte, obwohl die Zahl der Christen in der Stadt nur gering sei.»[31] Wirkliche Massenkonversionen innerhalb der – vorsichtig geschätzt – fünfzehn- bis zwanzigtausend Einwohner der Stadt hat es also nicht gegeben.[32]

Selbstverständlich existierten nach 380, als das Christentum zur Staatsreligion erklärt worden war, auch anderswo Anhänger von paganen Kulten, die sich nicht bekehrten – vor allem in der Stadt

Rom fanden sich energische und hochbegabte Anhänger der traditionellen Religion, die klug und geschickt, aber letztlich erfolglos für die Beibehaltung ihrer angestammten Rechte argumentierten. Als 382 Kaiser Gratian zum zweiten Mal den Altar der Siegesgöttin aus dem römischen Senat entfernen ließ (Julian hatte ihn restituieren lassen), schickten diese Kreise gebildeter paganer Senatoren einen hochangesehenen Rhetor und Beamten, Quintus Aurelius Symmachus, an den Hof nach Mailand, um die Aufhebung der Maßnahme zu erwirken. Nach dem völligen Fehlschlag dieser Mission, der wahrscheinlich auch durch die energische Intervention der Bischöfe von Rom und Mailand, Damasus und Ambrosius, bedingt war, unternahm man einen zweiten Versuch (384). Symmachus war inzwischen zum *praefectus urbi* aufgestiegen; außerdem konnte man damit rechnen, daß der Nachfolger Gratians, Valentinian II., wegen seines jugendlichen Alters von zwölf Jahren stärker von Ratgebern abhängig war. Das bewahrheitete sich auch, allerdings im umgekehrten Sinne, als der Symmachus-Kreis erhofft hatte: Ambrosius stimmte den Herrscher durch zwei Briefe gegen die Restitution des Altars, der wie ein Symbol für Sieg oder Niederlage der traditionellen Religion stand. In ihrer berühmten Bittschrift an den Kaiser aus dem Jahre 384 argumentiert jene pagane Gruppe auf höchstem Niveau: «Wir bitten also, daß Ihr die Religion in der Form wieder einführt, wie sie dem Staat so lange nützlich war.»[33] In mehreren Argumentationsgängen wird zuerst ganz unverfänglich dafür geworben, dem Gebäude sein traditionelles Ausstattungsstück zurückzugeben, den Ort, an dem seit Jahrhunderten die Eide abgelegt worden sind. Dann streitet man für religiöse Toleranz: «Jeder hat seinen eigenen Brauch, jeder seine eigene Glaubensüberzeugung. Verschiedenartige Kulte hat der göttliche Geist den Städten zu ihrem Schutz zugeteilt (...). Diese Form der Götterverehrung hat den Erdkreis meinen (sc. Roms) Gesetzen unterworfen (...). Deshalb bitten wir um Frieden für die Götter unserer Väter und für die Götter unserer Heimat (...). Wir sehen die gleichen Sterne, der Himmel ist uns gemeinsam, das gleiche Weltall schließt uns ein. Warum ist es so wichtig, nach welcher Lehre jeder die Wahrheit sucht? Man kann nicht nur auf einem einzigen Weg zu einem so erhabenen Geheimnis finden.»[34] Das Niveau der christlichen Reaktion in Rom fällt dagegen ab (offenbar gab es in der dortigen

Gemeinde nach dem Tode des Bischofs Damasus im Jahre 384 n. Chr. nur wenige poetische und theologische Kapazitäten). Ein kleines Gedichtlein hält dem stadtrömischen paganen Kreis in schlechtem Latein den Tod eines ihrer Mitglieder vor: «Was nützt es, die Laren verehrt zu haben und den doppelgesichtigen Janus? Was (nützt) die mächtige Erde, die schöngestaltige Mutter der Götter?»[35] Natürlich bestand der heidnische Widerstand gegen die (mindestens teilweise) massenhafte Bekehrung nicht nur aus wenigen hochgebildeten Intellektuellen; ganze Landstriche wechselten ihre Religion nicht oder nur sehr zögerlich – man hat für die sechziger Jahre des vierten Jahrhunderts den Anteil von Christen an der Bevölkerung mit dreißig bis vierzig Prozent beziffert (aber solche Zahlen bleiben äußerst unsicher). Um 400 schreibt eine Jerusalemer Synode an den alexandrinischen Patriarchen,[36] daß «ganz Palästina dank der Gnade Christi keine Zwietracht durch Häretiker» erdulden müsse. Aber mit der Christianisierung scheint es nicht recht voranzugehen: «Dank der Fürbitte der Heiligen ängstigen uns die jüdischen Schlangen, die unglaubliche Dummheit der Samaritaner und die ganz offensichtlichen Gottlosigkeiten der Heiden nicht, deren außerordentlich zahlreiche Schar ihre Ohren vor der Verkündigung der Wahrheit verschließt und, da sie gleich Löwen die Herde Christi umkreist, uns nicht wenig Aufmerksamkeit und Mühe abverlangt.» Einwohner solcher paganer palästinischer Dörfer streuen dem neuen Bischof von Gaza, Porphyrius, als er im März 395 von Caesarea in «seine» Stadt einziehen will, «Dornen und Splitter auf den Weg, so daß niemand vorübergehen konnte, und hatten Jauche ausgegossen und räucherten mit üblen Dünsten, so daß wir in dem Mißgeruch beinahe erstickten und unsere Augen zu erkranken drohten»[37] – sozusagen ein umgekehrter *adventus*.

Zuletzt ist auf ein Phänomen hinzuweisen, das man «Halbchristentum» genannt hat: Menschen, «die, obwohl sie Christen sind, heidnische Festveranstaltungen mitfeiern, (...), die, die aus dem Lauf der Gestirne das menschliche Leben und seine Ereignisse erforschen wollen oder den Vogelflug oder dergleichen, was man so in der Welt beobachtet, erkunden».[38] Der karthagische Bischof Cyprian polemisierte kurz nach der Mitte des dritten Jahrhunderts gegen einen spanischen Kollegen, der «schändliche und schmutzige Gelage in Gesellschaft der Heiden besucht und seine Söhne in der gleichen Gesellschaft nach heidnischer Sitte in ungeweihten Gräbern beigesetzt und neben Andersgläubigen bestattet» hat.[39] Offenbar gehörte der Bischof von Saragossa einem paganen Verein oder Kollegium an, das sich an festgelegten Tagen zu Mahlzeiten traf, in deren Rahmen es natürlich auch zu religiösen Handlungen gekommen ist. Und die Synode im spanischen Elvira wendet sich irgendwann zu Beginn des vierten Jahrhunderts gegen Priester des Kaiserkultes (*flamines*), die sich hatten taufen lassen und trotzdem noch pagane Opfer vollzogen. Solche Menschen wurden bis zum Tode vom Abendmahl ausgeschlossen (exkommuniziert).[40] Gewisse Formen von «Halbchristentum» waren spätestens seit dem dritten Jahrhundert kaum mehr zu vermeiden, wollte man nicht aus der Öffentlichkeit emigrieren: Selbst die Synode von Elvira rechnete mit christlichen Kaiserpriestern, also Gliedern der Gemeinde, die ihr Amt – ein jährlich neu vergebenes, städtisches Spitzenamt mit großen Repräsentationspflichten – ausüben konnten, ohne zu opfern oder an anderen paganen religiösen Vollzügen teilzunehmen; solche *flamines* wurden keineswegs endgültig aus der christlichen Gemeinschaft ausgestoßen, sondern durften nach zweijähriger Pause wieder zugelassen werden, also nach Ablauf ihrer Tätigkeit. Offenbar hatten damals auch schon viele pagane Festlichkeiten ihren ursprünglichen kultischen Charakter weitgehend verloren. Nur der Rückfall in pagane Kultpraktiken galt den spanischen Bischöfen gleich viel wie ein Mord.[41] Auch noch an einem weiteren Punkte versuchte die Synode, solches «Halbchristentum», das im ersten und zweiten Jahrhundert wohl noch kaum vorstellbar gewesen wäre, von den Grundzügen christlicher Ethik her zu regulieren: Von den Inhabern solcher städtischen Ämter wurde gewöhnlich «Sponsoring» auf relativ hohem Niveau erwartet – von den *flamines* beispielsweise, daß sie Spiele und Theateraufführungen stifteten. Die Synode aber untersagte das ihren Gemeindegliedern; weder der Mord an Mitmenschen beim Gladiatorenspiel noch anrüchige Szenen beim Theaterspiel sollten durch Gelder von christlichen Amtsträgern unterstützt werden.[42] Vor der Vorstellung, jenes «Halbchristentum» sei nur auf vermögende und dann noch auf einfache Schichten ungebildeter oder mindestens wenig gebildeter Christen beschränkt gewesen, die die Reste paganer Religiosität aus Gründen öffentlichen Prestiges oder geistiger Schlichtheit nicht abstreifen konnten, muß allerdings gewarnt werden. Der hochgebildete christliche Militärstratege, Architekt und Universalgelehrte Julius Africanus berichtete Anfang des dritten Jahrhunderts in seinem vierundzwanzigbändigen und leider weitgehend verlorenen Sammelwerk «Stickereien» («*kestoi*») über eine ganze Reihe von magischen Praktiken. So stellte er beispielsweise eine Technik, um im Kriegsfall die Luft zu vergiften, als äußerst erfolgreich vor: Zwei genau spezifizierte Schlangen solle man in einen wasserdichten Topf stecken und die stechende Mittagssonne darauf scheinen lassen. Wenn dann die Schlangen durch gegenseitige Angriffe, Hitze und Zeit zerstört seien, solle man die Gerüche bei günstigem Wind in die Richtung der Feinde treiben lassen. Und weiter wörtlich: «Nun Beispiele für die Wirkung: Ein Pferd wird, während es herbeigaloppiert, umfallen und ein dabeistehender Mann; und ein Vogel wird nicht darüber kommen, sondern aus der Luft tot herunterfallen.»[43] In der Geoponica, einer byzantinischen Sammlung älterer antiker landwirtschaftlicher Schriften, wird davon berichtet, daß ein Psalmvers auf einem Weinfaß den Inhalt vor Verderbnis schütze (Ps 34,8: «Der Engel des Herrn umschirmt alle, die ihn fürchten und ehren») und ein Homervers, über dem ersten Becher gesprochen (Ilias VIII 170: «Dreimal donnerte Zeus, der waltende, nieder vom Ida»), vor Trunkenheit bewahre.[44]

Bekehrung zum Christentum hat also – entgegen aller Versicherung in der christlichen Literatur – nicht in jedem Falle den radikalen Bruch mit allen paganen Lebens- und Denkformen bedeutet.

Geburt, Taufe und Tod

Für die vorkonstantinische Zeit gilt bei einer überwiegenden Mehrheit, was Tertullian so formuliert: «Wir gehören zu euch – zu einem Christen wird man, ist dazu nicht geboren.»[45] Eine überwiegende Mehrheit derer, die zur christlichen Gemeinde zählten, wurde in den ersten Jahrhunderten noch in paganen Kontexten geboren, obwohl wir immer wieder auch von berühmten Kindern christlicher Eltern hören. Schon in der Antike war beispielsweise umstritten, ob der alexandrinische Theologe Origenes als Sohn eines christlichen oder eines heidnischen Vaters geboren wurde, der kurz nach dessen

Geburt zum Christentum übertrat: Der griechische pagane Neuplatoniker Porphyrius, der Origenes in seiner Jugend kennengelernt hatte, behauptete,[46] Origenes sei Sohn eines heidnischen Vaters gewesen; der palästinische Kirchenhistoriker Eusebius das Gegenteil. Für die «heidnische» Variante wurde gern die Bedeutung seines Namens «Origenes», «Sproß des Or», d. h. «Kind des Horus», angeführt. Freilich finden sich solche pagane Namen bis weit ins vierte Jahrhundert bei Christen immer wieder, wie schon ein Blick in eine Literaturgeschichte der christlichen Antike zeigt: Apollonius nach Apollon (Apolinarius hängt mit dem griechischen Gott etymologisch nicht zusammen); Dionysius (ein unter Christen vergleichsweise häufiger Name, den man zur Not mit dem Athener Dionysius aus Apg 17,34 erklären konnte); Hippolyt nach dem göttlich verehrten Heros gleichen Namens in Troizen oder Serapion nach dem synkretistischen Gott Alexandrias, Serapis. Offenbar bestand also kein Zwang für christliche Eltern, ihrem Kind bei der Geburt einen biblisch belegten Namen oder den eines bekannten Märtyrers oder Heiligen zu geben. Im Gegenteil: Solche Namen wurden nicht gerade extrem häufig gegeben. In den ältesten Synodalakten einer nordafrikanischen Synode von 256 n. Chr. tauchen unter siebenundachtzig Bischöfen gerade zwei «christliche» Namen auf: Petrus und Paulus. Adolf von Harnack hat einmal zugespitzt geschrieben: «Die Märtyrer starben, weil sie sich weigerten, den Göttern zu opfern, deren Namen sie trugen»,[47] und darauf hingewiesen, daß seit dem Jahre 212 n. Chr. jedem Freien die Namensänderung gesetzlich möglich war. Er erklärte die offensichtliche Gleichgültigkeit der Christenheit gegenüber den paganen Namen damit, daß «die allgemeine Sitte der Welt, in der man lebte, zunächst stärker gewesen ist als jede Reflexion». Erst im vierten Jahrhundert wurde es in weiteren Kreisen üblich, den heidnischen Namen bei der Taufe abzulegen und einen «christlichen» Namen anzunehmen. Eusebius berichtet über fünf Personen, die Anfang des vierten Jahrhunderts ihre «von den Eltern beigelegten, wahrscheinlich von Götzen entlehnten Namen» abgelegt und die alttestamentlicher Propheten angenommen hatten: Elia, Jeremia, Jesaja, Samuel und Daniel[48] – das entsprach einer Praxis von Proselyten, die zum Judentum übergetreten waren.[49] Der Bischof des nordsyrischen Wallfahrtsortes Kyrrhos, Theodoret, sagt etwa ein Jahrhundert später, wer sich anstrenge, seinen Kindern die Namen von Märtyrern und Heiligen zu geben, erreiche Sicherheit und Schutz für sie[50] – und macht wenig später indirekt auch ein paar Vorschläge: Petrus, Paulus, Thomas, Sergius, Marcellius, Leontius; Namen von Aposteln, Märtyrern und Heiligen. Die Allgemeingültigkeit seiner Ansichten bestätigen auch die Inschriften: Bei der Ausgrabung einer außerhalb des antiken Karthago (in der Nähe der Residenz des tunesischen Staatspräsidenten) gelegenen siebenschiffigen Basilika fanden sich über vierhundert publizierbare Inschriften vor allem aus frühbyzantinischer Zeit. Dabei treten die Namen von karthagischen Märtyrern auf (Cyprian, Felicitas, Perpetua – der Ausgräber hielt die Kirche für die *basilica Cypriani*, in der man den Ortsbischof Cyprian nach seiner Hinrichtung 258 n. Chr. begraben hatte); neutestamentliche Namen wie Johannes, Maria, Paulus und Petrus; Namen, die sich auf Topoi der christlichen Lehre beziehen (Anastasia als Hinweis auf den Auferstehungsglauben; Rederaptus, Reparatus, Renovatus mit Bezug auf die Erneuerung des Menschen durch die Taufe), und solche, die auf religiöse Feste anspielen (Pascasius [Pascha = Ostern], Sabbatius). Die theophoren und religiöse Sentenzen abkürzenden Namen (Dominicus, Cyriacus, Adeodatus, Deogratias, Deusdedit, Habetdeus, Quodvultdeus, Spesindeo) sind ebenso verbreitet wie gewöhnliche afrikanische, germanische und griechische Namen.

Daß die Kinder nach ihrer Zeugung überhaupt geboren wurden, war in der kaiserzeitlichen Umwelt keineswegs selbstverständlich. Die christliche Verkündigung wandte sich von Anfang an gegen Abtreibung, die in der Antike unter Nichtchristen vergleichsweise häufig durchgeführt wurde, vor allem in allen nicht- bzw. halbehelichen Verbindungen wie etwa dem Konkubinat (vgl. S. 149 f.). Der frühkaiserzeitliche Satiriker Juvenal spottete: «Doch als Wöchnerin liegt kaum eine im Lager. So viel bewirken die Künste, so viel auch die Tränke von jener, die sie unfruchtbar macht und, um Menschen im Leibe zu töten, mieten sich läßt.»[51] Da der Fötus den allermeisten Menschen nicht als beseeltes Lebewesen galt, wurde Abtreibung auch nicht als Mord empfunden; sie stand allerdings seit dem zweiten nachchristlichen Jahrhundert unter der Strafe zeitweiliger Verbannung. Dagegen bestimmt schon die erste erhaltene christliche Kirchenordnung, die sogenannte «Lehre der zwölf Apostel»: «Du sollst ein Kind nicht abtreiben und das Geborene nicht töten.»⁵² Entsprechend streng fiel die angedrohte Strafe aus: Eine in Ägypten noch im zweiten Jahrhundert entstandene und Petrus zugeschriebene Apokalypse schildert einen Abschnitt der Hölle so: «Nahe bei diesem Ort sah ich eine andere Schlucht, in welche Eiter und der Unrat der Gequälten niederrann und dort zu einem See wurde. Und dort saßen Frauen, denen der Eiter bis zum Halse ging. Und ihnen gegenüber saßen viele Kinder, die vorzeitig geboren waren, und weinten. Und von ihnen gingen Feuerflammen aus und trafen die Frauen in die Augen. Das waren die, die unehelich die Kinder empfangen und abgetrieben hatten.»⁵³ Die Bischofssynode von Elvira dekretierte (vermutlich Anfang des vierten Jahrhunderts), daß eine Abtreibung nach einem Ehebruch den lebenslänglichen Ausschluß von der Kommunion zur Folge haben solle – wohlgemerkt nur für die Frau. Allerdings wurde diese strenge Regel bald aufgeweicht: Auf der Synode von Ankyra (Ankara) wurde noch im vierten Jahrhundert eine Bußzeit von zehn, auf der von Lerida im Jahre 546 n. Chr. eine von sieben Jahren verordnet.⁵⁴ An vielen Stellen findet sich in der antiken christlichen Literatur die Vorstellung, daß ein Schutzengel die abgetriebenen Kinder aufnimmt und diese so lange aufzieht, bis sie im Jüngsten Gericht gegen ihre Eltern zeugen: «Herr, du hast uns das gemeinsame Licht nicht mißgönnt. Diese Menschen da aber haben uns zum Tode hingebracht, weil sie dein Gebot verachteten» (so ein christlicher Lehrer aus Lykien namens Methodius, vielleicht im späten dritten Jahrhundert, in seinem «Gastmahl»⁵⁵). Diese Ethik gründet auf der Ansicht, daß schon der Fötus «Geschöpf Gottes» und als solcher beseelt sei – entsprechend sagen es jedenfalls die Didache und die Petrus-Apokalypse.⁵⁶ Clemens von Alexandrien hat sich daher bemüht, das christliche Abtreibungsverbot auf dieser Basis durch eine philosophische Überlegung zu stützen und dazu einen «Alten», d.h. einen platonisierenden christlichen Lehrer des zweiten Jahrhunderts, zitiert, der gesagt habe, «daß der Embryo im Mutterleib ein Lebewesen sei». Diese Theorie vertraten auch einige Platoniker und begründeten sie mit der Bewegung des Fötus, während Stoiker von einem Teil des Mutterleibes sprachen und ihn mit der Frucht als Teil der Pflanze verglichen. Die Seele sei, so schreibt der von Clemens zitierte anonyme christliche Lehrer, «von einem über die Zeugung gesetzten Engel, der den Zeitpunkt der Empfängnis im voraus kennt», «zubereitet und eingeführt».[57] Auch Tertullian meinte, daß «den ganzen Vorgang (...), den Menschen in die Gebärmutter zu säen, dort aufzubauen und auszubilden, jedenfalls irgendeine dem göttlichen Willen dienstbare Macht reguliert». «Wir aber glauben, daß die Engel hier die Diener Gottes sind.»[58] Durch diese Vorstellung hatten christliche Theologen die paganen medizinischen und philosophischen Theorien über die pränatale Phase sozusagen «an der Wurzel» christianisiert und konnten dann viele andere Elemente einfach übernehmen: Clemens schrieb, daß die im Samen enthaltene ‹Kraft› – eine stoische Vorstellung – sich mit dem vermische, «was bei der monatlichen Reinigung als rein zurückgeblieben ist». Das Blut gerinne durch die Kraft des Samens, «wie Lab die Milch gerinnen macht, bewirkt so die Entstehung des Grundstoffes für die Gestaltung. Denn die richtige Mischung führt zu fröhlichem Wachstum.»[59] Seine eigenen, recht detaillierten Ratschläge zum Thema «Was man über das Kinderzeugen besprechen muß», zur «rechten Zeit der geschlechtlichen Vereinigung» und zur Schwangerschaftsverhütung verpackte Clemens in seiner Erziehungsschrift züchtig in die Metaphorik von einem Landmann, der entweder den Acker oder Felsen mit Samen bestreut. Klar ist das aus der Bibel gewonnene und mit stoischer Ethik konvergierende Leitgesetz: «Gott hat befohlen: Vermehrt euch! (Gen 1,28) Und man muß ihm gehorchen.» Der Stoizismus prägte für Clemens auch die Vorstellung davon, was zwischen Eheleuten passieren dürfe und was lieber nicht passieren sollte. Wieder wird eine Metapher – dieses Mal aus dem Tierreich – verwendet: Die Hyäne gehöre zu den Tieren, die «maßlos auf die Begattung aus sind». Man sage von ihr, «daß sie jedes Jahr abwechselnd das männliche mit dem weiblichen Geschlecht vertausche» – so solle man es nicht halten.[60] Sexualität vor allem im Dienste der Kinderzeugung zu sehen entsprach der stoischen Vorstellung von ihr als einer dienstbaren Handlung.[61] Dementsprechend warnte Clemens: Wenn das «Nützliche» in das «Ergötzliche» umschlage, wenn die Lust dominiere, würden vernünftige Menschen zu Tieren. Diese Reversion der Schöpfung Gottes könne nicht intendiert sein. Der Geschlechtsverkehr sei an und für sich nichts Tadelnswertes – allerdings gelte das nicht für die Zeit der Menstruation, der Schwangerschaft, des Stillens⁶² und für außereheliche Verbindungen. Clemens versicherte sich für seine Ansichten sogar der Autorität Platons: «Und berühre überhaupt keine Frau als dein eigenes Eheweib.»⁶³ Diese vergleichsweise direkten und deutlichen Ratschläge des Clemens richten sich eher an ein gebildetes Publikum; was weite Kreise bewegte, hat zu Beginn des dritten Jahrhunderts Julius Africanus in seinem «Stickereien» betitelten Sammelwerk so niedergelegt: «Wenn jemand ein Kind zu zeugen wünscht, soll er, bevor er mit der Frau zusammenkommt (…), sein Glied einschmieren mit Hasenblut, und er wird ein männliches Kind zeugen, aber wenn er es mit Gänsefett einschmiert, wird er ein weibliches Kind zeugen.»⁶⁴ Ein Amulett mit der Aufschrift «Was krumm ist, soll gerade werden! (Das Junge) soll ans Licht kommen! (…) Ich bin es, der spricht, der Herr Jesus, der die Heilung gibt»⁶⁵ solle der Gebärenden auf den Bauch gelegt werden oder der Vers über einem Trank für sie gesprochen werden, damit die Geburt reibungsloser verlaufe. Zum Schutz vor dem bösen Blick wurden die Kinder mit Badeschlamm beschmiert.⁶⁶ Auch die reichen astrologischen Mittel und Techniken der Antike wurden von einzelnen Christinnen und Christen gern angewendet.

Die zunehmend kritische Einstellung der christlichen Theologen gegenüber Ehe und Sexualität im vierten Jahrhundert äußert sich auch in wesentlich harscheren Stellungnahmen zur Geburt: Der Mailänder Bischof Ambrosius beschrieb ausführlich die Mühen auf dem Wege zum Kindersegen, um so für die Option der Nonne zu werben: Die Frau heirate und weine, sie empfange und werde schwanger, sie gebäre und sei krank. Die erste Regung des Kindes bedeute Gefahr, Gefahr auch seine Ankunft; Geburt bedeute also Schmerz und Beschwerlichkeit, Jungfräulichkeit sei daher zu empfehlen.⁶⁷ Man hat zugespitzt gesagt, Ambrosius müsse, da im fruchtbaren Norditalien die Wüste der ägyptischen und syrischen Asketen fehle, das Schlafzimmer zur mönchischen Wüste machen,⁶⁸ und von einer «sorgfältig aufrechterhaltenen Belagerungsmentalität»⁶⁹ gesprochen, die sich gegen den Leib, seine Bedürfnisse, ja gegen die Zeitläufte überhaupt richte. Auf der anderen Seite könnte einmal versucht werden, diese Texte auch als den Versuch zu lesen, einen vor dem Hintergrund gemeinantiker Leibfeindlichkeit gedeuteten Paulus unter den Bedingungen einer norditalienischen Stadtgesellschaft in die Praxis umzusetzen.

Mönche und Asketen übernahmen seit dem vierten Jahrhundert teilweise die Rolle bei der Geburt, die vorher Astrologen, Magier und Hebammen innegehabt hatten. Die *Historia Lausiaca*, eine vom Bischof Palladius von Helenopolis (Hersek)/Bithynien im frühen fünften Jahrhundert abgefaßte und einem Lausus gewidmete Sammlung von Mönchsbiographien, erzählt mehrfach von solchen Fällen – zum Beispiel über Poseidonius von Theben, der auf dem Hirtenfeld vor Bethlehem lebte. Dort war eine «schwangere Frau von einem unreinen Geist besessen und bekam, als sie gebären sollte, furchtbare Wehen, weil der Geist sie quälte. Da begab sich ihr Mann zu jenem Heiligen und bat ihn zu kommen. Nachdem er stehend gebetet hatte, trieb er nach der zweiten Kniebeugung den Teufel aus.»[70] Die heilige Melania die Jüngere, die einer römischen Senatorenfamilie entstammte, auf dem Jerusalemer Ölberg ein Kloster gegründet hatte und dort bis 439 n. Chr. lebte, heilte einmal eine Frau, deren Kind im Mutterschoß gestorben war – man hätte es nach dem Brauch antiker Medizin mit entsprechendem Werkzeug im Mutterleib zerstören müssen, aber hier kam es nun wunderbarerweise, nachdem Melania einen Gürtel aufgelegt hatte, aus dem Leib, und die Mutter gesundete. Dieser magische Gürtel wird dann übrigens auch unter den Kleidungsstücken genannt, die Melania in ihr Grab mitnimmt.[71]

Den Geburtstag eines Menschen hat die antike Christenheit möglicherweise gar nicht eigens gefeiert. Vielleicht hat sie aber auch den paganen Brauch, ihn zu begehen, einfach übernommen, ohne ihn «christlich» zu begründen – hier bleibt eine Unsicherheit, weil eindeutige Nachrichten fast vollständig fehlen. Da der pagane Geburtstag mit der Anrufung des «guten Dämons» (so in Griechenland) beziehungsweise des Genius oder der Iuno (so in Rom) begann und endete, der beziehungsweise die das ganze Leben begleitete, werden die ernsthafteren Mitglieder der Christengemeinden aber ihre Schwierigkeiten mit diesem Termin gehabt haben. «Von Anfang bis Ende sind die Gebete passenderweise dargebracht worden den Göttern von Geburt und Familie und davor und danach dem Retter und Führer des Lebens (sc. Asclepius)» – so beginnt 147 n. Chr. der kleinasiatische Rhetor Aelius Aristides seine Ansprache zum Geburtstag des vornehmen römischen Senators C. Iulius Apellas aus der Quadratusfamilie in Pergamon. Und auch der Schluß seiner

Rede handelt wieder von einem Gott, von Zeus und der Herrscherfamilie, der Zeus die Herrschaft verliehen hat.[72] So betont religiös feierte man in der Regel «Kaisers Geburtstag», und auch zu diesem Anlaß sind entsprechende Reden erhalten. Für Christen, die dennoch an solchen Feiern teilgenommen haben, dürfte diese Verbindung des Geburtstags mit den individuellen Schutzgottheiten des Lebens ein erhebliches Problem dargestellt haben. Allerdings sind auch für die Frühzeit keine großen Polemiken gegen Geburtstagsfeiern erhalten; eine ablehnende Haltung läßt sich allenfalls daraus schließen, daß Tertullian das Totengedächtnis am Todes- und nicht am Geburtstag gefeiert sehen möchte.[73] Erst im dritten Jahrhundert beginnt eine kritische Wendung gegen Geburtstagsfeiern literarisch greifbar zu werden. Origenes erklärt in seinem vielbändigen Kommentar zum Matthäus-Evangelium: «Einer von unseren Vorgängern hat beobachtet, was in der Genesis über den Geburtstag des Pharao aufgeschrieben ist (sc. Gen 40,20), und dargelegt, daß nur der schlechte Mensch, der liebt, was mit Zeugung zusammenhängt, Geburtstag feiert. Wir aber haben uns durch jenen Ausleger anregen lassen und gefunden, daß nirgendwo in der Schrift von der Geburtstagsfeier eines Gerechten die Rede ist.»[74] Christliche Theologen konnten sogar die pagane Wertung von Geburts- und Todestag umdrehen: Augustinus predigt als Bischof von Hippo um 417 zum Fest der makkabäischen Märtyrer und erklärt dabei, am Geburtstag habe sich Cyprian von Karthago die Erbsünde zugezogen, am Todestag habe er sie besiegt.[75] Von daher versteht sich auch die Sitte vor allem des vierten Jahrhunderts, den Todestag von Märtyrern als «Geburtstag» (*dies natalis*) zu bezeichnen. In diesem Jahrhundert häufen sich aber zugleich Zeugnisse dafür, daß in den Gemeinden Geburtstage gefeiert werden. Entsprechend beginnen auch Theologen mit der Rechtfertigung dieser Praxis, die schlicht mit der zunehmenden gesellschaftlichen Integration des Christentums zusammenhängen dürfte. Ein anonymer Bibelkommentator des späten vierten Jahrhunderts behandelt in einer Fragenserie zu biblischen Texten das Problem des Geburtstages: In Jerusalem feierte man einstens das Tempelweihfest; der Tempel sei untergegangen, der Leib dagegen aber Tempel Gottes (1 Kor 3,17). Da der Leib aber zur Ewigkeit bestimmt sei, solle man Gott für die Geburt dankbar sein und sich seiner Geburt freuen:

«Wir würden nicht wiedergeboren, wenn die Geburt nicht nützlich wäre.»[76]

Außerdem wurde – wohl wieder seit dem vierten Jahrhundert – der Geburtstag Jesu Christi gefeiert, allerdings zunächst an zwei unterschiedlichen Daten: Das früheste Zeugnis dafür ist ein Bericht des Mailänder Bischofs Ambrosius über eine Predigt des römischen Bischofs Liberius am «Tag der Geburt des Erlösers»,[77] am 25.12.353 oder 354 n. Chr. Und für einen wenig später gelegenen Zeitpunkt, nämlich für den 6.1.361, existiert ein erster Beleg für das «Epiphaniasfest» in Paris, ein Tag, an dem im Osten die christlichen Gemeinden teilweise bis ins fünfte Jahrhundert Taufe *und* Geburt Jesu feierten.[78] Man hat vor allem zu Anfang des letzten Jahrhunderts angenommen, daß beide Feiern einfach nur zwei pagane Feste «christianisieren» sollten: den 25.12. als *dies natalis solis invicti*, als Tag der unbesiegbaren Sonne, und den 6.1. als Geburtstagsfest eines alexandrinischen Gottes Aion (griechisch: «*aion*» = Zeit, Ewigkeit) beziehungsweise als eine Nil-Festivität. Allerdings gibt es auch Belege dafür, daß man die beiden Daten einfach durch Rechenoperationen gewonnen hat. Solche gelehrten Berechnungen wurden schon sehr früh vorgenommen (wenngleich mit völlig unterschiedlichen Ergebnissen): Eine nordafrikanische Schrift über die Ausrechnung des Ostertermins von 243 nannte als Termin der Geburt Jesu noch den Tag, an dem einst die Sonne geschaffen worden sei, den 28. März.[79] Die Parallelisierung zwischen Christus und der Sonne war also schon längst vor der Usurpation des paganen Sonnenfestes am 25.12. vorgenommen worden.[80] Clemens von Alexandrien legte dagegen zu Anfang des dritten Jahrhunderts die Geburt Jesu durch eine indirekte Datierung («von der Geburt des Herrn bis zum Tode des Commodus», d.h. 31.12.192, «194 Jahre 1 Monat 13 Tage») auf den 18.11. des Jahres 2 v. Chr. fest – und distanzierte sich gleichzeitig von solchen Berechnungen, womit er zeigte, daß der wirkliche Geburtstag Jesu damals schon nicht mehr bekannt war: «Manche wollen mit übertriebener Genauigkeit bei der Geburt unseres Heilandes nicht nur das Jahr, sondern auch den Tag angeben» (diese Menschen favorisieren den 20.5.).[81] Den 25.12. schließlich errechnete ein hinsichtlich Datierung und Lokalisierung umstrittener Traktat und schloß: «Sie nennen (diesen Tag) aber auch ‹Geburtstag der unbesiegbaren Sonne›. Wahrlich, wer ist so unbesiegt wie unser Herr, der den Tod niederwarf und besiegte? Und wenn sie diesen Tag den Geburtstag der Sonne heißen: Er ist die Sonne der Gerechtigkeit!»[82] Zunächst unterschieden sich Osten und Westen noch hinsichtlich des Datums der Weihnachtsfeier, aber dann wechselten die meisten Landstriche des Orients zur römischen Praxis über, am 25.12. zu feiern – Kappadozien noch im vierten, Jerusalem erst im sechsten Jahrhundert. Nur die armenische Kirche hat bis heute am alten Brauch festgehalten, die Geburt Christi am 6.1. zu feiern. Entsprechend führte der Westen ein eigenes «Epiphaniasfest» ein; in Mailand wurden schon unter dem Episkopat des Ambrosius im letzten Drittel des vierten Jahrhunderts am 25.12. die Geburt und am 6.1. der Besuch der drei Magier aus dem Morgenland, die Taufe Jesu und die Hochzeit zu Kana (Joh 2,1–11) gefeiert. Ein interessantes Zeugnis für die unterschiedliche Praxis der beiden Reichshälften ist in einer Weihnachtspredigt erhalten, die der westliche Theologe, Bibelübersetzer und Asket Hieronymus zu Beginn des fünften Jahrhunderts in Jerusalem gegen die dortige Praxis, am 6.1. die Geburt Jesu zu feiern, gehalten hat. Er votierte für den 25.12.: «Einige meinen, daß seine Geburt auf Epiphanie fällt. Wir verurteilen nicht die Meinung anderer, bestehen aber auf unserer Ansicht.» Zur Begründung führte er seinen Hörern in einem kleinen historischen Exkurs vor, daß sich ununterbrochene apostolische Traditionen nur in Rom, nicht aber in Jerusalem fänden. Bei den Ereignissen im Gefolge der jüdischen Aufstände seien «alle, die Juden und Christen waren, ohne Ausnahme» verjagt worden. Auch Hieronymus bestätigte das Datum sowohl mit der Sonnenwende als auch mit chronographischen Erwägungen: «Vergleicht den Geburtstag des Johannes mit dem heutigen Tage, dann werdet ihr sehen, daß es nur sechs Monate sind.»[83]

Durch die Praxis der Gemeinden des vierten Jahrhunderts, den Geburtstag Jesu so stark mit solarer und kosmologischer Mythologie in Verbindung zu bringen, erinnerte dieser kirchliche Feiertag vermutlich schon damals sehr an die Kaisergeburtstage. Wir wissen aus einer berühmten Inschrift des Jahres 9 v. Chr., die in der Nordhalle des Marktplatzes der kleinasiatischen Stadt Priene auf zwei Pfeilern angebracht war (sogenannte «Kalenderinschrift»), daß man in der Provinz Asia meinte, den «Geburtstag des göttlichsten Kaisers (sc. Augustus) (...) mit Recht dem Anfang aller Dinge gleichsetzen» zu dürfen. Er habe «alles Zerfallene und in glücklose Gestalt Verkehrte wieder aufgerichtet»; sein Geburtstag wurde von den Provinzialen «als Anfang des eigenen Lebens und der Existenz» betrachtet.[84]

Neben die leibliche Geburt trat für die antike Christenheit eine «zweite Geburt» oder auch «Wiedergeburt», die *Taufe*, als der eigentliche Beginn des Lebens, in der göttliches Heil vermittelt, die Sünde abgewaschen und die Überwindung des Todes zugesagt wurde. Diese beiden Funktionen der Taufe als Schutz und Übereignung an einen neuen Herrn wurden durch ihre verbreitete Bezeichnung als «Siegel» kurz zusammengefaßt. Hätte man einen Christen im dritten Jahrhundert nach der zentralen gottesdienstlichen Handlung der Kirche gefragt, hätte er auf die Taufe, nicht auf die Gottesdienste und die Eucharistie hingewiesen. Daß Taufe als Wiedergeburt («*anagennesis*»/*regeneratio*) verstanden werden konnte, hängt mit den Ansichten des Apostels Paulus über die Taufe zusammen. Er verwendete das Wortfeld selbst zwar nicht (erstmals 1 Petr 1,3 «Gott, [...] der uns [...] wiedergeboren hat zu einer lebendigen Hoffnung»), hat aber Taufe und Jesu Tod verbunden und dadurch die spätere Terminologie theologisch erst möglich gemacht: «Wißt ihr nicht, daß wir alle, die wir auf Christus Jesus getauft sind, in seinen Tod getauft sind? So sind wir ja mit ihm begraben durch die Taufe in den Tod, damit, wie Christus auferweckt ist von den Toten durch die Herrlichkeit des Vaters, auch wir in einem neuen Leben wandeln.» (Röm 6,3 f.) Mit antiken Mysterienkulten kann man diese Vorstellungen kaum vergleichen: Der Apostel wollte der römischen Gemeinde mit diesen Bemerkungen gerade nicht nahebringen, daß die Taufe ein mystisches Vorspiel (bzw. Nachspiel) ihres eigenen, je individuellen Todes sei. Die Taufe gibt vielmehr den Getauften Anteil am Tod Christi, der für Paulus weltgeschichtliche und zeitenwendende Bedeutung hatte. Christi Tod erschließt – um die Gedankengänge des Apostels hier lediglich auf ihr Ziel konzentriert wiederzugeben – den Zugang zu Gott (Röm 5,2). Freilich stand bei Paulus noch ein interessanter sprachlicher Vorbehalt in Gestalt eines Futurs: «Sind wir aber mit Christus gestorben, so glauben wir, daß wir auch mit ihm leben werden.» (Röm 6,8) Das «Mitauferstehen», d. h. der Anteil an Jesu Auferstehung, ist erst der Zukunft vorbehalten, aber das Leben der Glaubenden hat durch die Taufe eine neue Richtung bekommen, aus Sünde und Tod in die «beständige Richtung auf Gott».[85] Der erheblich spätere, Petrus zugeschriebene neutestamentliche Brief verband diese paulinischen Theologumena nun – ebenso wie das vierte Evangelium (Joh 3,3–5; auch 1Joh 3,9 u.ö.) – mit der «Wiedergeburtsterminologie», die sich mit sehr unterschiedlichen Inhalten und Pointen an den verschiedensten Orten der antiken religiösen Landschaft findet. Der johanneische Satz, daß keiner, der nicht «aus Wasser und Geist geboren» (bzw. «von oben geboren») sei, in das Reich Gottes kommen könne, wird beim Apologeten Justin in der Mitte des zweiten Jahrhunderts zitiert und gleichzeitig präzisiert: «Wenn ihr nicht *wieder*geboren werdet, werdet ihr nicht in das Himmelreich eingehen.»[86] Irenäus, ein aus Kleinasien stammender Bischof von Lyon, beschreibt gegen Ende des zweiten Jahrhunderts in seiner Schrift gegen die Häresien Jesu Werk so: «Er ist (...) gekommen, um alle durch sich zu retten; alle heißt, die durch ihn zu Gott wiedergeboren werden, Säuglinge, kleine Kinder, Knaben, junge Männer und reife Männer»[87] – diese und weitere Stellen spielten übrigens eine gewichtige Rolle in einer heftigen Forschungsdiskussion über die Frage, ob die frühe Kirche vor Mitte des zweiten Jahrhunderts Kinder getauft habe[88] oder nicht.[89] Die Quellenlage läßt grundsätzlich beide Antworten zu, obwohl eine von Anfang an praktizierte Kindertaufe im Rahmen von Taufen ganzer Familien mindestens möglich ist. Die Interpretation der Taufe als einer Wiedergeburt oder zweiten Geburt hatte sich dagegen bereits eindeutig im zweiten Jahrhundert in der christlichen Theologie durchgesetzt. Vermutlich konnte sie das, weil diese Verbindung auch jüdischer Konversionstheologie entsprach: «Der Proselyt gleicht bei seinem Übertritt (zum Judentum) einem eben geborenen Kinde.»[90]

Aus dem Judentum stammt vermutlich auch die christliche Taufe: Proselyten hatten sich seit neutestamentlicher Zeit (neben Beschneidung und Opfer) einem obligatorischen Tauchbad zu unterziehen, nachdem sie sich zuvor zu diesem Behufe angemeldet hatten, geprüft worden waren und eine ausführliche Unterweisung erhalten hatten. Das Tauchbad besiegelte die Konversion und tilgte die zuvor begangenen Sünden. Sowohl den Vorgang der Zulassung wie die Taufunterweisung (= Katechese) als auch die theologische Deutung hat das Christentum vom Judentum übernommen. Direkt geht die urchristliche Taufe aber auf eine innerjüdische Täuferbewegung um den Bußprediger Johannes zurück, der im frühen ersten Jahrhundert am Jordan (auf halber Strecke zwischen Jerusalem und Amman) wirkte. Jesus und zumindest einige seiner Jünger stammten aus dem Kreis der von Johannes Getauften. Sie tauften aber selbst zunächst nicht, sondern griffen nur die Bußpredigt des Täufers auf. Erst nach der Hinrichtung Jesu beginnt die Gemeinde mit Taufen «auf den Namen Jesu» (Apg 2,38); sie organisiert sich also in diesem Punkte nach dem Vorbild der Gruppe um Johannes und anderer täuferischer Gruppen der Umwelt Jesu. Die Tatsache, daß «auf den Namen Jesu» getauft wurde, zeigt, daß man – im Gegensatz zu den anderen Gruppen – in der Taufe nicht nur ein Reinigungsritual bzw. einen Initiations- und Aufnahmeritus sah, sondern den Rückbezug auf die Person Jesu für konstitutiv hielt. Entsprechendes drückte auch Paulus in seinen oben zitierten Überlegungen zur Taufe aus.

Aus ebenso früher Zeit, nämlich spätestens aus dem zweiten Jahrhundert, stammt ein erstes explizites Zeugnis für die praktische Durchführung der christlichen Taufe. Die sogenannte «Didache» bezieht sich auf die schon beim Evangelisten Matthäus (28,19) genannte trinitarische Taufformel, wenn sie bestimmt: «Tauft auf den Namen des Vaters, des Sohnes und des heiligen Geistes in lebendigem (d. h. fließendem) Wasser. Wenn du aber kein lebendiges Wasser hast, taufe in anderem Wasser. Wenn du es nicht in kaltem Wasser kannst, dann in warmem. Wenn du aber beides nicht hast, gieße über den Kopf dreimal Wasser aus auf den Namen des Vaters, des Sohnes und des heiligen Geistes. Vor der Taufe sollen fasten der Täufer, der Täufling und andere, die können. Gebiete aber, daß der Täufling vorher ein oder zwei Tage fastet.»[91] Die Didache bezeugt also zum ersten Mal die sogenannte «Infusionstaufe» und Tauffasten; allerdings fehlen Nachrichten über die Handauflegung nach der Taufe, die mit ihr verbundene Geistesgabe und die bisweilen übliche Salbung – auch Bemerkungen zur Person des Taufspenders finden sich nicht. Wollte man aus diesem Schweigen nun aber Schlüsse über das Fehlen von kirchlichen Amtsträgern oder über ein «Priestertum aller Gläubigen» ziehen, wäre damit eine auf die Taufliturgie konzentrierte Stelle überinterpretiert.[92]

Schon früh zeigen die Nachrichten, wie stark Taufe und ein wie auch immer geartetes Glaubensbekenntnis zusammengehören: Taufe besiegelt den Akt der Bekehrung, und der Täufling wird nach seinem neuen Bekenntnis gefragt. Irenäus von Lyon hat in einer kleinen Schrift kurz vor dem Ende des zweiten Jahrhunderts von «drei Punkten unseres (Tauf-)Siegels» gesprochen: Darunter verstand er Gott Vater, vor allem als Schöpfer, den Sohn, besonders die «Heilsordnung seiner Fleischwerdung», und den Geist, in Sonderheit als Stifter der prophetischen Gabe, «durch deren Empfang der Mensch das Leben in Gott hervorbringt».[93] Das wirkt alles noch vergleichsweise frei und individuell, spielt auf sprachlich recht variable, inhaltlich grob normierte Kurzformeln des Glaubens an, die man *regula fidei* («Glaubensregel») oder «*kanon tes aletheias*» («Richtschnur der Wahrheit») nennt. Die Entwicklung verläuft hier – wie auch anderswo in liturgischen Zusammenhängen – «from freedom to formula»,[94] d. h. zu stärker festgelegten Texten hin. Für den Taufakt hieß dies konkret, daß der Täufling auf festgelegte Fragen zu antworten hatte. Unsere ersten sicheren Belege dafür, daß im Rahmen des Taufaktes der Bewerber oder die Bewerberin direkt gefragt werden, stammen allerdings erst aus dem dritten Jahrhundert. Der nordafrikanische Bischof Cyprian nennt um die Mitte des dritten Jahrhunderts eine solche Frage: «Glaubst du an das ewige Leben und an die Vergebung der Sünden durch die heilige Kirche?» An anderer Stelle wird deutlich, daß man die Fragen *symbolum* nennt, sie wie der sogenannte «Taufbefehl» (Mt 28,19) trinitarisch strukturiert sind und man mit dem «Ich glaube» antwortet.[95] Sicherheit ist – mangels älterer und eindeutiger Quellen – erst im vierten Jahrhundert zu gewinnen. Denn aus dieser Zeit stammt der überarbeitete Text einer ursprünglich wohl ägyptischen Kirchenordnung, die man «Apostolische Tradition» (*Traditio Apostolica*) nennt und in ihrer Grundschrift dem römischen Theologen Hippolyt zuschreibt – wohl doch zu Unrecht. Diese Ordnung bestimmte, daß «zur Zeit des Hahnenschreis» zunächst über dem fließenden (Quell-)Wasser gebetet wird, dann die entkleideten Täuflinge in das Wasser steigen, zuerst Kinder, darauf Männer und schließlich Frauen, «nachdem sie ihr Haar aufgelöst und ihren Gold- und Silberschmuck abgelegt haben».[96] Dadurch sollte wohl vermieden werden, daß sich Dämonen darunter versteckten. Jedenfalls waren

Frauen in der Kirche normalerweise gehalten, die Haare aufzubinden (so entsprach es auch über die längste Zeit der allgemeinen Mode).[97] Der Bischof bereitete zwei Sorten Öl vor, und der Priester leitete den Täufling an, dem Teufel zu widersagen. Nach einer Salbung stiegen der Täufer, ein Diakon und der Täufling in das Wasser hinunter (es handelte sich in der Regel um ein mit Treppen versehenes Becken). Der Täufer stellte dann unter Auflegung der Hand die schon erwähnten Fragen: «Glaubst du an Gott, den allmächtigen Vater?» – «Glaubst du an Christus Jesus, den Sohn Gottes [etc.]?» – «Glaubst du an den Heiligen Geist in der heiligen Kirche und an die Auferstehung des Fleisches?» Der Diakon übergoß den Täufling nach jeder Antwort mit Wasser, danach erfolgte eine weitere Salbung (unter Umständen sogar zwei Salbungen), Bekreuzigung und Kuß durch den Bischof. Zum Abschluß nahmen die Getauften an der Eucharistie teil. Bevor aber in der Osternacht diese Zeremonie vollzogen wurde, hatten die Bewerberinnen und Bewerber einen Taufunterricht zu absolvieren; daher bildete sich auch ein eigener «Stand» von Menschen innerhalb der christlichen Gemeinden aus, die Katechumenen (von griechisch: «katechoumenos» = einer, der ausgebildet oder belehrt wird). Vor der Zulassung stand eine Eingangsprüfung, deren Gestalt interessante Rückschlüsse auf die soziale Wirklichkeit der Gemeinden zuläßt. Nach der «Apostolischen Tradition» waren die «Lehrer» gehalten, sich nach der Lebensweise der Taufbewerber zu erkundigen, «ob einer eine Frau habe oder ob er Sklave sei».[98] Die Bewerber mußten Paten mitbringen; Sklaven wurden nur zum Taufunterricht zugelassen, wenn der Herr es gestattete beziehungsweise ihnen ein gutes Zeugnis ausstellte. Unverheiratete wurden darauf hingewiesen, entweder enthaltsam in diesem Stand zu bleiben oder «eine Frau nach dem (römischen, profanen) Gesetz» zu nehmen. Auch hinsichtlich der Berufe sollte eine Überprüfung durchgeführt werden – wir werden auf diese Frage zurückkommen (s. u. S. 134–136). Die Aufnahme wurde durch ein Kreuzeszeichen «besiegelt», seit dem sechsten Jahrhundert folgten auch noch andere Handlungen, darunter die Übergabe von Salz als Zeichen der neuen Gemeinschaft. Drei Jahre dauerte die Unterweisung, «ist aber einer besonders eifrig und befleißigt er sich der Sache sehr, dann soll nicht allein die Zeitdauer, sondern allein die Lebensführung berücksichtigt werden».[99] Der

Unterricht bestand aus zwei Hälften, der eigentlichen Katechumenatszeit und der unmittelbaren Taufvorbereitung während der Fastenzeit, die in der Regel der Bischof selbst vornahm. Die Zulassung zur zweiten Hälfte war abhängig davon, ob die Katechumenen «ehrenwert lebten, ob sie die Witwen unterstützt haben, ob sie die Kranken besuchten, ob sie alle guten Werke ausführten».[100] Mithin wurde also festgestellt, ob es den Bewerbern gelungen war, das Gelernte in die Praxis eines «christlichen Lebens» umzusetzen. Später wurde auch terminologisch zwischen den Katechumenen und Photizomenen («*photizomenoi*» = «die Erleuchteten») beziehungsweise den Hörern und *competentes* bzw. *electi* unterschieden. Eine aquitanische Nonne nennt in ihrem Bericht über eine Pilgerreise der Jahre 381–384 auch die Themen des zweiten Unterrichtsteiles: eine Auslegung der Schrift, die bei der Genesis beginnt und sowohl den literalen als auch den geistlichen Sinn der Texte erklärt, ferner Bemerkungen über die Auferstehung und den Glauben: «Das aber wird Katechese genannt.»[101] Während der voraufgehenden Zeit ihres dreijährigen Unterrichts nahmen die Katechumenen teilweise am Gemeindegottesdienst teil, waren aber noch nicht zur Eucharistie zugelassen. Wenn ein Katechumene, bevor er die Taufe empfangen konnte, um des christlichen Bekenntnisses willen verfolgt wurde, bestimmt die Ordnung: «So wird er gerechtfertigt werden, auch wenn seine Sünden noch nicht (sc. durch die Taufe) nachgelassen sind. Denn er hat die Taufe in seinem Blut empfangen.»[102] Neben dieser «Bluttaufe» stand die «Klinikertaufe», eine Nottaufe im Falle von schwerer Krankheit mit unter Umständen erheblich reduziertem Ritus. Hier mußten eventuell die Angehörigen die Entscheidung des Kranken zur Taufe bezeugen, falls dieser wegen Bewußtlosigkeit oder anderer Probleme nicht in der Lage war, den eigenen Willen auf dem Krankenbett (griechisch: «*kline*») auszudrücken. Die «Möglichkeit» der Klinikertaufe gewann in dem Maße an Attraktivität, wie das Christentum in das öffentliche Leben vorstieß und staatstragende Schichten erfaßte.[103] Diese konnten nämlich auf einschneidende Veränderungen ihres beruflichen und gesellschaftlichen Status verzichten und die Taufe, die ihnen solches zumutete, bis kurz vor ihren Tod verschieben. Zwei Kaiser des vierten Jahrhunderts, Konstantin und Theodosius, sind die wohl prominentesten Zeugen für die Praxis eines solchen Taufaufschubes;

sie empfingen ihre Taufe erst anläßlich einer lebensbedrohlichen Krankheit, obwohl sie längst vorher Christen geworden waren und entsprechend zu handeln versuchten. Trotzdem trug Konstantin zeitlebens noch den Titel *pontifex maximus*, amtierte also formell als oberster paganer Priester Roms.

Nicht nur auf einen neuzeitlichen Betrachter wirkt diese Form eines «Christseins ohne Taufe», wie sie im reichskirchlichen Christentum des vierten Jahrhunderts offenbar verbreitet war, merkwürdig: Viele prominente Theologen dieser Zeit hielten Predigten gegen den Mißstand des Taufaufschubes. So mahnt der spätere Metropolit der kappadozischen Kirchenprovinz, Basilius von Caesarea, noch als Presbyter seine Gemeinde in den sechziger Jahren des vierten Jahrhunderts zur Taufe: «Du, von Kindheit an im Glauben unterrichtet, stimmst der Wahrheit noch nicht bei? Immer lerntest du und bist doch noch nicht zur Erkenntnis gekommen? Du prüfst dein ganzes Leben lang, forschst bis zum Greisenalter. Wann wirst du ein Christ werden? Wann dürfen wir dich als den Unsrigen begrüßen?»[104] Im Laufe seiner Predigt wurde der Ton zunehmend gereizter: «Wenn ich in der Kirche Gold austeilen würde, dann würdest du nicht sagen: ‹Ich werde morgen kommen, gib mir morgen.› Du würdest es sofort nehmen, würdest auf Verteilung dringen und über etwaige Verzögerung unwillig werden. Da aber der hochherzige Geber dir kein blinkendes Metall, sondern Reinigung der Seele anbietet, suchst du nach Ausreden.» Und die Tirade gipfelt: «Wir haben doch schon lange genug für die Welt gelebt; laßt uns nunmehr für uns leben.» «Hierher also – zu mir! Stelle dich ganz zum Herrn! Gib deinen Namen an! Laß dich in die Kirche einschreiben!»[105] Basilius und andere kritisierten den Taufaufschub auch deswegen, weil sie befürchteten, hier würden sich Menschen um die sozialen und ökonomischen Konsequenzen des Beitritts zur christlichen Gemeinschaft drücken.[106]

Vor allem aus dem vierten Jahrhundert sind von einer ganzen Reihe östlicher und westlicher Bischöfe katechetische Ansprachen erhalten. Sie zeigen, daß es den Predigern besonders um die praktische Umsetzung christlicher Lehren ging und die Predigten also gelegentlich einem durch biblische Texte motivierten «Benimmkurs» ähneln. Johannes Chrysostomus, Priester im syrischen Antiochia, erklärte 387 n. Chr.: «Mit eurem Zuhören ist der Zweck meines Redens noch nicht erreicht; ihr sollt das Gesagte vielmehr auch im Gedächtnis bewahren und mir dafür durch euer Tun den Beweis liefern.»[107] Dem Wohltäter Christus – hier steht im Griechischen jene Bezeichnung «*euergetes*», mit der man in der Antike den Sponsor zu bezeichnen pflegte, auf dessen Gaben jede Kommune angewiesen war – soll die Gemeinde «durch einen einwandfreien Lebenswandel vergelten». Und solche Predigten wurden ganz konkret: «Einer eurer Hausgenossen hat euch beleidigt und gereizt? Dann überwindet euren Zorn!» (110) «Du bist ein Handwerker? Dann singe Psalmen, wenn du bei der Arbeit sitzt. Mit dem Mund willst du nicht singen? Dann singe im Herzen!»[108] Die ständige Präsenz der Bibeltexte verhindert, daß die Christen untereinander «weltliche, unvernünftige und fruchtlose Gespräche» führen und ihr Wort nicht im Zaume halten: Man soll den Mund «allein zum Hymnengesang und zum Lobpreis, zur Schriftlesung und zu geistlichen Gesprächen benutzen». «Wenn wir auf den Marktplatz gehen, soll unser Gang so ruhig und beherrscht sein, daß er die Blicke aller, die uns begegnen, auf sich lenkt. Auch soll das Auge nicht überall umherblicken; die Füße sollen nicht undiszipliniert herumlaufen, und der Mund soll ruhig und anständig seine Worte hervorbringen. Kurz: Das ganze Äußere soll die gute innere Einstellung der Seele kundtun.» Das Leben nach der Taufe ist ein Kampf, die Katechumenatszeit «ein Übungsplatz, eine Kampfschule».[109]

Ein Wort zu den Baulichkeiten, in denen die Taufe vor allem seit dem vierten Jahrhundert vollzogen wurde: Vorher reichte fließendes Wasser; seit dem vierten Jahrhundert machte wohl schon allein die Menge der nun zu unterweisenden Taufbewerber eigene Räumlichkeiten notwendig. Allerdings variieren die Gebäude hinsichtlich des Grundrisses und der Lage beträchtlich; ein Taufbecken ist immer die sicherste Möglichkeit, Taufräumlichkeiten bei Ausgrabungen zu identifizieren. Obwohl sich die Bauten an vorhandene Typen anlehnten, bemühte man sich um sinnfällige Beziehungen zwischen dem Bau und der dort stattfindenden kultischen Handlung. So ließ der Mailänder Bischof Ambrosius ein oktogonales Baptisterium südöstlich vor seiner Kathedrale errichten, dessen Strebepfeiler an den äußeren Ecken ebenso wie die inneren Nischen an das Mausoleum Diokletians in Spalato (Split) und an die gewöhnliche Form für den Heißbaderaum der römischen Thermen (*caldarium*) erinnern (Abb. 2). Er folgte damit dem Vorbild anderer Baptisterien; hier verband sich also die funktionale Form eines Baderaumes und seines Wasserbeckens im Zentrum mit der Bedeutung so gestalteter Räume, vor allem der der kaiserlichen Mausoleen, die die Unsterblichkeit des vergöttlichten Herrschers repräsentierten.[110] Ambrosius verfaßte für den Mailänder Achteck-Bau eine Inschrift, die die achteckige Struktur in Bezug zum Geschehen der Taufe setzte: «Mit acht Nischen erhebt sich der Tempel zu heiligem Brauch./Oktogonal ist der Brunnen gefaßt, würdig der (heiligen) Gabe./In der Achtzahl mußte das Haus der heiligen Taufe entstehen,/in der den Völkern heimkehrte in Wahrheit das Heil/im Licht des erstehenden Christus, der löset die Riegel/des Todes und aus den Gräbern die Toten erweckt/und von dem Makel der Sünde befreit die reuig bekennenden Sünder,/da er sie reinigt im Wasser des kristallhell fließenden Taufquells.»[111]

Nicht zuletzt die Taufe mit ihrer Neudefinition von Geburt und Leben dürfte dafür verantwortlich gewesen sein, daß der irdische *Tod* im antiken Christentum eine andere Rolle als in der paganen Umwelt spielte – oder man jedenfalls bemüht war, diesen Eindruck zu erwecken. Natürlich läßt sich hier noch weniger als sonst generalisieren. Eine gewisse Gleichgültigkeit, ein gewisser resignativer Pessimismus gegenüber dem Tode läßt sich in der frühen Kaiserzeit dennoch nachweisen: «Überwiegend (...) war man der Meinung, daß der Tod ein Nichts sei, ein ewiger Schlaf. Die vage Vorstellung von Schatten, die nach dem Tode unbestimmt weiterlebten, war lediglich eine Fabel, wie immer wieder betont wurde. Gewiß gab es zahlreiche Spekulationen, die detailliert über das Fortleben der Seele nach dem Tode und über ihr Schicksal im Jenseits sprachen, aber sie waren nur ein paar kleinen Gruppen bekannt. Keine allgemein anerkannte Lehre behauptete etwas anderes, als daß nach dem Tode ein unbeseelter Leichnam übrigbleibt.»[112] So rief der römische Geschichtsschreiber Tacitus seinem Schwiegervater im Jahre 93 n. Chr. nach: «Wenn es einen Wohnort für die abgeschiedenen Seelen der Frommen gibt, wenn, wie die Philosophen annehmen, große Seelen nicht zusammen mit dem Leibe der Vernichtung anheimfallen, dann mögest du in Frieden ruhen.»[113] Etwa dreißig Jahre vorher schrieb Seneca an seinen Freund Lucilius anläßlich des Todes eines Freundes: «Jetzt denke ich, alles ist sterblich

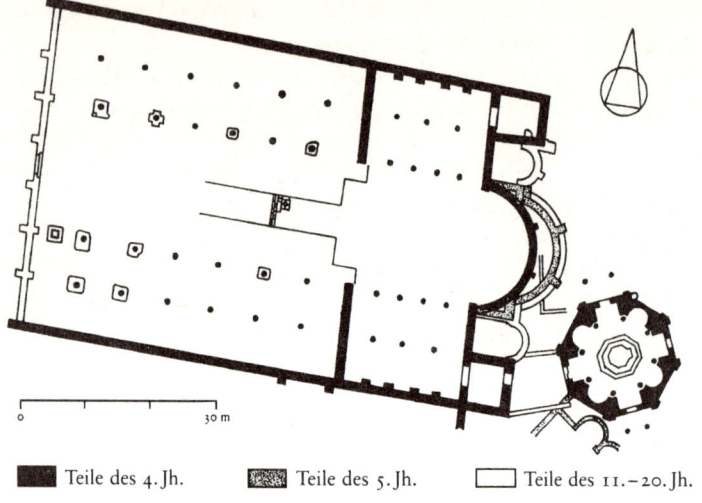

■ Teile des 4. Jh.   ▨ Teile des 5. Jh.   □ Teile des 11.–20. Jh.

Abb. 2: Mailand, S. Thecla mit dem Baptisterium des Ambrosius

und nach gewissem Gesetze sterblich: Heute kann geschehen, was immer jemals geschehen kann (...). Und vielleicht, wenn nur die Rede der Weisen wahr ist und uns ein Ort aufnimmt, dann wurde der, von dem wir meinen, daß er zugrunde gegangen sei, nur vorausgeschickt.»[114] Ein paganer Beileidsbrief aus dem zweiten Jahrhundert formulierte: «Aber freilich, nichts kann man gegen so etwas machen. So tröstet euch denn gegenseitig.»[115] Die christlichen Schriftsteller haben diese Unsicherheiten gern polemisch zugespitzt: «Nach dem Tode gibt es nichts mehr, sagt die Schule Epikurs; auch Seneca behauptet, daß nach dem Tode alles aus sei, sogar der Tod selber.»[116] Aber ihre Texte zeigen wie andere Nachrichten, daß die Vorstellung einer allgemeinen Unsterblichkeit zunehmend immer breitere Kreise der spätantiken Gesellschaft erfaßte. Das lag unter anderem daran, daß neben dem Christentum auch andere Kulte die Idee eines auferstandenen (bzw. revitalisierten) Heros propagierten, so beispielsweise in Syrien der Adoniskult; im zweiten Jahrhundert berichtete der Satiriker und Sophist Lukian von entsprechenden Feiern in Byblos.[117]

In der frühen Kaiserzeit wirkte die christliche Botschaft von der allgemeinen Totenauferstehung freilich noch nicht derartig attraktiv; selbst in den ersten Gemeindegründungen gab es Menschen, die sie ablehnten. Der Apostel Paulus versuchte daher, in seinen Gemeinden die (auch in bestimmten Kreisen des antiken Judentums verbreitete) Hoffnung auf eine allgemeine Totenauferstehung zu befestigen: «Gibt es keine Auferstehung der Toten, so ist auch Christus nicht auferstanden. Ist aber Christus nicht auferstanden, so ist unsere Predigt vergeblich, so ist auch euer Glaube vergeblich (...). Hoffen wir allein in diesem Leben auf Christus, so sind wir die elendesten unter allen Menschen.» (1 Kor 15,13 f.) Im Fortgang zeigte er – auch hier in deutlichem Gegensatz zu seiner Umwelt –, daß nach Vorstellung der ersten Christen die Auferstehung den ganzen Menschen mit Seele *und* Leib beträfe. Da der ganze Mensch sterblich ist, konnte sich Paulus Auferstehung nicht als Erlösung eines unvergänglichen Teils von einem vergänglichen Leib vorstellen, sondern nur als Erlösung und Verwandlung eines ganzen leibhaftigen Menschen. So formulierte Tertullian etwa hundertfünfzig Jahre nach Paulus die christliche Hoffnung: «Die Zuversicht der Christen gründet in der Auferstehung von den Toten. Was wir sind, sind wir im Glauben daran.»[118] Gleichzeitig brach er in heftige Polemik gegen die aus, «die die Auferstehung nur zur Hälfte anerkennen, nämlich bloß die der Seele»; und das, obwohl er zugeben mußte: «An die Auferstehung des Fleisches glaubt es sich schwerer als an einen Gott.»[119] Vor allem philosophische und popularphilosophische Kreise haben gegen die Vorstellung einer Auferstehung des Fleisches argumentiert: «Das ist eine Hoffnung, die geradezu für die Würmer passend ist! Denn welche menschliche Seele dürfte sich wohl noch nach einem verwesten Leibe sehnen?» (So fragte der platonische Philosoph Celsus.[120]) In schlichteren Kreisen dürfte sie verbreiteter gewesen sein, wie eine schöne Erzählung aus einem in der christlichen Antike außerordentlich beliebten Paulusroman zeigt – ein kleinasiatischer Priester schrieb ihn gegen Ende des zweiten Jahrhunderts: Als Paulus vor Nero geführt wurde und dieser ihm die Enthauptung androhte, warnte der Apostel nach dieser Legende: «Ich werde auferstehen und dir erscheinen (als Beweis dafür), daß ich nicht gestorben bin, sondern meinem Herrn Jesus Christus lebe, der da kommt, zu richten den Erdkreis.» Gesagt, getan: Nach der Hinrichtung «kam Paulus um die neunte Stunde, während viele Philosophen und der Centurio bei dem Kaiser standen, trat vor alle hin und sprach: ‹Kaiser, da bin ich, Paulus, der Streiter Gottes; ich bin nicht gestorben, sondern lebe meinem Gott.›»[121]

Die Zuversicht, leiblich aufzuerstehen, prägte offenbar die Einstellung vieler früher Christen gegenüber dem Tod und unterschied sie von Lebensverneinung und -müdigkeit: «Ich habe Lust, aus der Welt zu scheiden und bei Christus zu sein, was auch viel besser wäre», schreibt Paulus an die Philipper (1,23). Ähnliche Sätze konnte man zwar auch an den Häuserwänden Alexandrias lesen («Ich bete, daß ich in Bälde mit dir sein werde»[122]), aber natürlich aus anderer Motivation. Die christliche Zuversicht trug die Märtyrer durch Prozeß, Folter und Hinrichtung. So erklärt einer der Märtyrer aus dem kleinen afrikanischen Dorf Scili (s. o. S. 20) dem römischen Prokonsul auf den Hinrichtungsbescheid hin: «Heute sind wir Märtyrer im Himmel. Gott sei Dank!»[123] Allerdings darf man sich keine Illusionen über die allgemeine Standhaftigkeit der Gemeinden im Angesicht von Todesgefahr machen. Der karthagische Bischof Cyprian schreibt nach einer schweren Christenverfolgung Mitte des dritten Jahrhunderts eine Art von «Hirtenbrief» gegen verzagte Gemeindeglieder unter dem Titel «Über die Sterblichkeit» und warnt vor Todesangst: «Zu beherzigen haben wir, geliebteste Brüder, und immer wieder zu bedenken, daß wir der Welt entsagt haben und nur als Gäste und Fremdlinge (Eph 2,19/ 1Petr 2,11) hier leben. Mit Freuden wollen wir den Tag begrüßen, der einen jeden seiner Heimat zuweist, der uns von hier fortnimmt, der uns von den Fallstricken der Welt befreit und dafür dem Paradiese zurückgibt. Wer würde, wenn er in der Fremde weilt, sich nicht beeilen, in die Heimat zurückzukehren? (...). Als unsere Heimat betrachten wir das Paradies (...). Eine große Zahl von Lieben erwartet uns dort, eine stattliche, mächtige Zahl von Eltern, Geschwistern und Kindern sehnt sich bereits nach uns (...). Dort finden wir den ruhmreichen Chor der Apostel, dort die Schar der jubelnden Propheten, dort die zahllose Menge der Märtyrer, die wegen ihres glorreichen Sieges im Kampf und Leiden die Krone empfingen, dort die triumphierenden Jungfrauen, die die Begehrlichkeiten des Fleisches und des Leibes durch die Macht der Entsagung bezwangen, dort die Barmherzigen, die durch die Speisung und die reiche Beschenkung der Armen Werke der Gerechtigkeit vollbrachten und nun dafür ihren Lohn erhielten.»[124]

Die Christen folgten in ihren Bestattungsbräuchen zu weiten Teilen denen der paganen Umwelt: Man schloß den Toten Mund und Augen; anstelle der lauten Totenklage, des Ausraufens der Haare und ähnlich drastischer Gesten sollten verhaltenes Weinen und das Gebet für den Verstorbenen treten. Als Augustins Mutter Monnica im November 387 im römischen Hafen Ostia stirbt, schließt der Sohn ihr die Augen; als aber der Enkel Adeodatus in lautes Weinen ausbricht, wird er von allen zurechtgewiesen. Ein Umstehender greift zum Psalter und betet mit den Anwesenden im Wechsel den einhundertsten Psalm. Die Leiche wird weggetragen, und der Sohn geht baden – in der Erwartung, daß «das Gemüt von seinem Druck befreit werde».[125] Am Grabe fand eine Toteneucharistie statt: «Ihr sollt», bestimmt eine syrische Kirchenordnung des dritten Jahrhunderts, «gemäß dem Evangelium und nach der Kraft des heiligen Geistes euch auch in den Friedhöfen versammeln und in den heiligen Schriften lesen und ohne Murren euren Dienst und euer Gebet vor Gott verrichten und sollt die angenehme Eucharistie darbringen.»[126] Die Bestattungspflicht hing an der Familie, wobei zunächst den Behörden möglichst schnell das Ableben anzuzeigen war, damit die Steuer- und Abgabenpflicht entfiel. Die Funktion von Begräbnisvereinen und Bestattungskassen übernahm für die Christen in der Regel die Gemeinde; schon Tertullian bezeugt, daß aus der allgemeinen Kirchenkasse die Begräbnisse Armer finanziert worden sind. Die Leichen wurden gewaschen, mit Myrrhe gesalbt und bekleidet. Die einfachste Kleidung bestand aus Binden oder Leinentüchern, aber auch feinere Leinengewänder und das gewöhnliche Obergewand waren üblich. Die Bahre trug man nach einer gewissen Zeit der Aufbahrung mit Kerzen und Fackeln aus dem Trauerhaus, in späterer Zeit zunächst in die Kirche für die Totenwache, und setzte den Leichnam schließlich bei. Die bis Anfang der Kaiserzeit übliche Leichenverbrennung haben die Christen anscheinend nie oder jedenfalls kaum durchgeführt. Die herkömmliche dunkle Kleidung, die die Hinterbliebenen schon in der Antike trugen, wurde von den Klerikern kritisiert. Man dürfe «den Heiden keine Gelegenheit geben (...), uns mit Fug und Recht zu tadeln, weil wir dieselben, die doch nach unserer Behauptung bei Gott leben, als tot und verloren betrauern.»[127]

Seit dem späten dritten Jahrhundert wurden die Toten der christlichen Gemeinden von den nichtchristlichen Verstorbenen getrennt begraben. Schon Cyprian verbot die Bestattung unter Andersgläubigen;[128] neben einem Märtyrer- oder Heiligengrab zu liegen (eine Bestattung «bei den Heiligen», *ad sanctos*) galt als erstrebenswert. Man versprach sich besondere Hilfe am Tage der Auferweckung. Im vierten Jahrhundert wurde es in vornehmeren Kreisen durchaus üblich, sich die Reliquien eines solchen «besonderen» Verstorbenen zu verschaffen, in einem eigenen Oratorium beizusetzen und dort die Familie zu begraben. Augustinus von Hippo kritisierte im Jahr 421 mit seiner Schrift «Die Sorge für die Toten» diese Praxis nicht, allerdings warnte er vor Mißbrauch: «Ich sehe nicht, wie damit den Toten geholfen wird; außer es dient dazu, daß die Überlebenden, eingedenk des Ortes, an dem ihre Lieben ruhen, diese in ihren Gebeten ebenjenen Heiligen als ihren erwählten Helfern und Schutzpatronen bei Gott empfehlen.»[129] In Rom ist bis heute noch gut erkennbar, wie sich im dritten Jahrhundert christliche Friedhöfe entwickelt haben. Sie entstanden dort, wo auch die paganen Nekropolen lagen, an den großen Ausfallstraßen. Es läßt sich an einzelnen Anlagen studieren, daß vornehme christliche Familien auf ihrem Grund und Boden außerhalb der Stadt nicht nur den eigenen Verwandten, sondern auch ärmeren Gemeindemitgliedern ein letztes Obdach gewährten. Am bekanntesten sind die «Katakomben» – gelegentlich bezeichnet man das ganze vorkonstantinische Christentum als «Kirche der Katakomben». Katakomben sind hauptsächlich in Rom, aber auch in Sizilien und Nordafrika angelegte unterirdische Friedhöfe; die Bezeichnung geht auf einen solchen Friedhof zurück, der sich unter der bis heute benutzten römischen Kirche San Sebastiano an der *Via Appia Antica* befindet. Die Gegend trug die Flurbezeichnung *in/ad catacumbas* (die deutsche Bedeutung dieses Ausdrucks ist umstritten, entweder: «bei den Talsenken» oder «bei dem Schiff[sdenkmal]». Allerdings entstanden diese in die Erde vertieften Gänge und Kammern nicht aufgrund von staatlicher Verfolgung als Versteck der Gemeinde, sondern stellten einfach die normale und – was in einer Millionenstadt wichtig war – platzsparende Begräbnisart dar. Angelegt wurden die großen christlichen Katakomben in Rom durch die städtische Gemeinde. Eine schon mehrfach erwähnte Gemeindeordnung, die

«Apostolische Tradition», bestimmt: «Man verlange von niemandem hohe Preise, wenn er einen Toten auf den Gemeindefriedhöfen beerdigen will; denn das trifft alle Armen. Statt dessen bezahle man dem Totengräber seinen Lohn und den Preis der Ziegel. Die Friedhofswärter aber ernähre der Bischof, damit die Besucher nicht von ihm (sc. durch Bettelei) belastet werden.»[130] Wandmalereien der Katakomben erlauben es, sich die Friedhofsarbeiter (*fossores*, vermutlich auch zugleich die in der «Apostolischen Tradition» erwähnten «Wärter») recht konkret vorzustellen: Sie trugen die kurze Tunika des einfachen Mannes, eine Spitzhacke, eine Lampe, außerdem wohl einen Korb oder eine Tasche für den Aushub des lockeren Tuffgesteins. Die besten Plätze konnten sie natürlich für sich selbst reservieren – und andere Menschen mußten sie unter Umständen dann erst von ihnen kaufen; seit dem vierten Jahrhundert lagen Verteilung und Vertrieb der Plätze ohnehin in ihren Händen: «Grabstätte des Filominus, die er vom *fossor* Florentinus für seine Familie gekauft hat», heißt es auf einer Inschrift aus der römischen Callixtus-Katakombe.[131] In den unterirdischen Gängen wurden durch die Arbeiter Nischen ausgehauen, in die die Leichname gelegt wurden; verschlossen wurden diese *loculi* je nach finanzieller Leistungsfähigkeit mit beputzten Ziegeln oder einer Inschriftenplatte aus Marmor. Die ältesten Grabinschriften begnügten sich mit dem Namen der Verstorbenen ohne jedes weitere Beiwerk, später fügte man den Wunsch hinzu, der Tote möge «in Frieden» oder «in Gott» ruhen. Erst seit dem dritten Jahrhundert erscheint – entgegen paganer Praxis – auch das Begräbnisdatum auf den Inschriften, ferner anstelle der Akklamation öfter ein Symbol: der Fisch, der Anker oder die Taube. Neben der einfachen Form des *loculus* gab es das von einem Rund- oder Flachbogen (*arcus*) überdachte Nischengrab, das *arcosolium*; für vornehme Familien und Gemeinschaften wurden auch eigene Räume in der Art eines Mausoleums ausgehauen (*cubiculum*). Selbstverständlich existierten außerdem oberirdische Senkgräber unter freiem Himmel (*sub divo*), eventuell mit satteldachförmig aufgelegten Ziegeln (*alla cappuccina*), seit dem vierten Jahrhundert bisweilen aber auch kunstvollere Mausoleen der verschiedensten Formen (Abb. 3).

Die Aufforderungen der Theologen zur Zuversicht im Tode spiegeln sich in den vielen Berichten vom getrosten Sterben christlicher

Abb. 3: Rom, Nekropole unter S. Sebastiano in Catacumbas

Märtyrer und Heiliger: Als der berühmte Mailänder Bischof Ambrosius im Jahre 397 n. Chr. sterbenskrank zu Bette lag und bedrängt wurde, um Verlängerung seines Lebens zu bitten, wies er dies ab und sagte: «Ich habe nicht so unter euch gelebt, daß ich mich zu leben schäme, noch fürchte ich den Tod, denn wir haben einen gütigen Herrn» – so berichtet es jedenfalls die Vita, die etwa zwanzig Jahre nach dem Tode des Heiligen dessen ehemaliger Sekretär Paulinus auf Bitten eines großen Ambrosius-Schülers, des nordafrikanischen Bischofs Augustinus von Hippo, verfaßte.[132] Gregor von Nyssa, der Bruder des Metropoliten Basilius von Caesarea, beschrieb in einer literarisch außerordentlich kunstvollen Weise die letzten Momente der gemeinsamen Schwester Makrina im Jahre 379 n. Chr. so: «Daß sie nicht einmal in den letzten Zügen bei der Erwartung des Hinübergehens etwas Fremdartiges erlitt noch wegen des Scheidens aus dem Leben Furcht zeigte, das schien mir nicht mehr Menschenart zu sein, sondern geradezu die Art des Engels, der nach göttlicher Ordnung Menschengestalt angenommen hatte, bei dem keine Verwandtschaft und kein Zusammenhang mit dem Leben im Fleisch vorhanden war.»[133] Makrina schied mit Gebet und dem Kreuzeszeichen aus dem Leben, und ihr Bruder bekleidete sie mit einem feinen Obergewand, da sich im äußerst beschränkten Nachlaß der Asketin kein passendes fand. Als man in ihrer Umgebung diese Dekoration als übertrieben festlich empfand, wurde der dunkle Mantel der Mutter darüber gelegt, «damit nicht diese heilige Schönheit durch den hergebrachten Kleiderschmuck aufgeputzt erscheine».[134] Begraben wurde Makrina dann auf eigenen Wunsch neben ihren Eltern.

Im Mittelmeersaal des Louvre befindet sich der Epitaph einer kleinen Sizilianerin namens Julia Florentina vom Beginn des vierten Jahrhunderts; sie starb im Alter von achtzehn Monaten. Der Text schließt: «Während ihre Eltern den Tod zu jeder Stunde beweinten, erklang die Stimme der Majestät (Gottes) in der Nacht und verbot ihnen, das tote Kind zu beklagen.»[135]

Das christliche Leben und seine Frömmigkeit

Zur christlichen Frömmigkeit gehören nicht nur die Haltungen, aus denen heraus antike Christen versucht haben, ihr individuelles Alltagsleben nach ihrem Glauben zu gestalten, sondern auch die Formen, zu denen diese Haltungen geführt haben: der Umgang mit der Bibel, das Gebet, die Engel- und Heiligenverehrung ebenso wie weitere Ausdrucksgestalten der Frömmigkeit wie Almosengabe oder Fasten. Es entspricht scheinbar einem relativ neuen Interesse der Forschung, das christliche Leben und seine Frömmigkeit in der Antike in den Blick zu nehmen. In Wirklichkeit aber handelt es sich bei der Frömmigkeit des Alltags um ein Phänomen, das schon lange vor der römischen Kaiserzeit auch als solches wahrgenommen und begrifflich thematisiert wurde. Mit dem griechischen Ausdruck «*eusebeia*» (lateinisch: *pietas*) bezeichnete man das ehrfürchtige Verhalten gegenüber den Göttern. Ein besonderes Kennzeichen paganer «*eusebeia*» waren Ritualismus und Konservativismus. Fast analog dazu definieren christliche Theologen «*eusebeia*» als Unterordnung unter Gottes Willen, Hinwendung zu ihm und Nachfolge, dann aber auch als vertiefende Erkenntnis. Man hat die christliche Frömmigkeit des zweiten und der folgenden Jahrhunderte als «Observanzfrömmigkeit» charakterisiert[136] und sie damit ziemlich deutlich von der der Urgemeinde abgehoben: Jesus von Nazareth und in seiner Nachfolge der Apostel Paulus wenden sich mit aller Energie gegen eine bestimmte Form von Observanzfrömmigkeit, d. h. eine an der Beobachtung von äußerlichen Vorschriften oder gar an der öffentlichen Wirkung orientierte Frömmigkeit (Mk 3,23–28; Mt 6,1–9). Diese wird in den Evangelien gern (und übrigens gegen die historische Wirklichkeit) «pharisäisch» genannt. Aber die einschlägigen christlichen Texte des zweiten Jahrhunderts zeigen, daß dieser Begriff etwas unglücklich gewählt ist, weil er – entsprechend dem verbreiteten Vorurteil über die pharisäische Bewegung – eine sauertöpfische und also gezwungene Befolgung konkreter Normen zu implizieren scheint. In einem später als «Barnabasbrief» bezeichneten christlichen Brief vom Anfang des zweiten Jahrhunderts heißt es aber: «Schließt euch denen an, die den Herren fürchten, denen, die im Herzen nachsinnen über die Bedeutung des Wortes, das sie empfangen haben, denen, die die Rechtssatzungen des Herrn verkündigen und bewahren, denen, die wissen, daß das Nachsinnen ein Werk der Freude ist, und denen, die das Wort des Herrn wiederkäuen.»[137] Von «Rechtssatzungen» ist hier zwar die Rede, aber im Zusammenhang mit einer (wie auch übersetzt werden kann) «Tat der Heiterkeit». Ebenso problematisch ist die verbreitete Charakterisierung der christlichen Frömmigkeit als einer «Frömmigkeit konformer Prägung, deren konservativer – weil konservierender – Grundzug unverkennbar ist».[138] Auch hier muß man diese Einschätzung ergänzen durch einen Hinweis auf die

Kritik irdischer Verhältnisse, die stets mehr oder minder intensiv in der Frömmigkeit mitgesetzt war. Denn Grundlage aller solcher Kritik war die christliche Erfahrung der Fremdheit und Unbehaustheit in dieser Welt, die besonders in der Frühzeit viele Texte prägte. Carl Andresen nennt das «Diasporamentalität». Der Brief der römischen Gemeinde an die korinthische (Ende des ersten Jahrhunderts; sogenannter «Clemensbrief») beginnt mit entsprechenden Worten: «Die Kirche Gottes, die in Rom als Fremde wohnt, an die Kirche Gottes, die in Korinth als Fremde wohnt.» Schon im Neuen Testament heißt es, daß die Christen, obwohl sie aller staatlichen Gewalt untertan sind (Röm 13,1), doch ihr Gemeinwesen, ihren Staat («*politeuma*») im Himmel haben (Phil 3,20). Ein anderer neutestamentlicher Brief bezeichnet sie als «auserwählte Fremdlinge», «die verstreut wohnen in Pontus, Galatien, Kappadozien, der Provinz Asia und Bithynien» (1Petr 1,1). Die ausführlichste und zugleich bekannteste Beschreibung des Sachverhaltes befindet sich in einer schwer datierbaren apologetischen Schrift «An Diognet», wahrscheinlich aus dem zweiten Jahrhundert. Der unbekannte Autor schreibt an diesen Nichtchristen: «Das Geheimnis ihrer besonderen Frömmigkeit darfst du nicht erwarten von einem Menschen erfahren zu können. Die Christen nämlich sind weder durch Land noch durch Sprache, noch durch Sitten von den übrigen Menschen verschieden. Denn weder bewohnen sie irgendwo eigene Städte, noch bedienen sie sich irgendeiner abweichenden Sprache, noch führen sie ein auffälliges Leben (...). Sie bewohnen vielmehr griechische und auch barbarische Städte, wie immer es einen jeden traf, und sie folgen den einheimischen Sitten in Kleidung und Essen und in der übrigen Lebenspraxis (...). Sie bewohnen jeder sein Vaterland, aber wie Nichtbürger; sie haben an allem Anteil wie Bürger, und alles erdulden sie wie Fremde. Jede Fremde ist für sie Vaterland und jedes Vaterland Fremde. Sie heiraten wie alle und bekommen Kinder; aber sie setzen die Neugeborenen nicht aus (sc. wie es Recht eines römischen Vaters im Rahmen seiner väterlichen Gewalt war, C.M.). Einen gemeinsamen Tisch stellen sie auf, aber nicht ein (gemeinsames) Bett (...). Sie gehorchen den erlassenen Gesetzen, und mit der ihnen eigenen Lebensweise überbieten sie die Gesetze. Sie lieben alle, und von allen werden sie verfolgt. Man kennt sie nicht, und doch verurteilt man sie.»[139] Wer sich nicht nur als Bürger des römischen Reiches, sondern ebenso als Untertan eines himmlischen Königs empfand, dessen Frömmigkeit wohnte auch ein Zug von Entweltlichung und Weltkritik inne. Man beschreibt diese Züge gegenwärtig gern mit dem modernen Ausdruck der «Kontrastgesellschaft». Sie besteht gleichwohl aus vielen Mitgliedern, die um «Einwanderung» in den Alltag antiker Gesellschaft bemüht sind. Die landläufige Vorstellung, dieser Wanderungsprozeß sei im vierten Jahrhundert zum Stehen gekommen und die christliche Haltung der folgenden Zeiten sei «im wesentlichen eine Frömmigkeit unzusammenhängender Augenblicke von Zerknirschung» gewesen,[140] ignoriert eine schon vorher bestehende und durch die Maßnahmen der Kaiser Konstantin und Theodosius nicht aufgelöste Spannung zwischen zwei Welten.

Denn natürlich handelt es sich bei «christlicher Frömmigkeit in der Antike» in Wahrheit um ein äußerst buntes Phänomen, dem man mittels grober Differenzierungen (etwa: «Oberschicht-» versus «Volksreligion») nicht gerecht wird. Eine Differenzierung allerdings scheint zu allen Zeiten von Bedeutung gewesen zu sein: die zwischen Sonntags- und Alltagsfrömmigkeit. Jedenfalls beginnt Johannes Chrysostomus eine seiner antiochenischen Predigten in den achtziger Jahren des vierten Jahrhunderts so: «Vielfach höre ich Leute sagen: ›Solange wir in der Kirche sind und die Predigt hören, sind wir zerknirscht; kaum sind wir aber draußen, so werden wir wieder anders und lassen das Feuer der Begeisterung erlöschen. Was sollen wir also dagegen tun?›»[141]

Der Umgang mit der Bibel

Bereits das Neue Testament zeigt, daß und wie Christen mit den Texten umgingen, die seit dem zweiten Jahrhundert kanonisiert, d.h. als normative heilige Schrift zusammengestellt worden sind: Während Paulus nur an zwei Stellen mit Worten des historischen Jesus argumentiert (1Kor 7,10f./9,14), dokumentiert ein anderer neutestamentlicher Brief, daß man mit paulinischen Texten eigene Positionen begründete – aber auch Schwierigkeiten mit den Briefen des Apostels hatte, die in Sammlungen zirkulierten und im Gottesdienst verlesen wurden. Der Autor eines Petrus zugeschriebenen neutestamentlichen Briefes verwies zur Bestätigung seiner eigenen Ansichten darauf, was «unser lieber Bruder Paulus (...) redet in allen Briefen, in denen einige Dinge schwer zu verstehen sind, welche die Unwissenden und Leichtfertigen verdrehen (...) zu ihrer eigenen Verdammnis». (2Petr 3,15f.) Schon in dem Brief, den die römische Gemeinde Ende des ersten Jahrhunderts an die korinthische Gemeinde schreibt (1Clem), zeigt sich aber, daß den Worten Jesu eine höhere Autorität zugeschrieben wird als «der Bibel» – für damalige Verhältnisse also dem, was seit Mitte bzw. Ende des zweiten Jahrhunderts «die Schriften des Alten Testaments» genannt wurde. Jesus wird als «Herr» eingeführt, also mit der Gottesbezeichnung der griechischen Bibel (dazu einer etablierten Kaisertitulatur). Es folgt eine freie Paraphrase von Worten der Bergpredigt (1Clem 13,2). Umgang mit Bibel heißt hier also zunächst Verwendung von alttestamentlichen und Jesus-Worten für theologische Argumentation, heißt aber auch, von diesen Texten her einen Entwurf christlicher Existenz vorzulegen und dessen Maßstäbe und Grenzen zu setzen.

Ein deutlicher Reflex solchen Umganges mit biblischen Texten zeigt sich im Prozeß der «Kanonisierung» des Neuen Testamentes, d. h. der Etablierung eines zweiten Teiles autoritativen Gotteswortes neben der griechischen jüdischen Bibel – freilich zählt die Kanongeschichte «zu den allerkompliziertesten Teilen der kirchenhistorischen Wissenschaft».[142] Dabei ist der Begriff «Kanon» (eigentlich «Schilfrohr», aber auch «Maßstab») auf die Sache erst viel später angewendet worden, nämlich auf einer kleinasiatischen Synode Mitte des vierten Jahrhunderts. In einer ihrer Bestimmungen heißt es: «In der Kirche sollen keine selbstverfaßten Psalmen verwendet werden und auch keine außerkanonischen Bücher, sondern allein die kanonischen des Alten und Neuen Testamentes.»[143] Die folgende Synodalbestimmung (die im Griechischen übrigens auch «Kanon» genannt wird) zählt die betreffenden Bücher der Bibel eigens auf; das entspricht dem Verfahren in solchen Rechtstexten. Die mit den Worten «kanonische Schriften des Alten und Neuen Testamentes» bezeichnete Sache ist allerdings früher zu greifen, also die Abgrenzung bestimmter Schriften als autoritatives Gotteswort von anderen, weniger autoritativen Texten und ihre Verwendung als solches in der gottesdienstlichen Lektüre und theologischen Argumentation. Anstoß der Kanonisierung bildete entgegen anderen Forschungspositionen nicht allein das Mitte des zweiten Jahrhunderts zunehmende Bedürfnis, sich in der Mehrheitsgemeinde von Häretikern abzugrenzen.[144] Das Motiv einer Kanonisierung dürfte letztlich die unerhörte Freiheit gewesen sein, mit der Jesus seiner Bibel, dem heutigen «Alten Testament», gegenübertrat. Der Zimmermannssohn hob biblische Gesetze (wie das über die Ehescheidung: Mk 10,2–12) einfach auf, zitierte mit göttlicher Autorität formulierte Gebote der jüdischen Bibel und leitete seine Korrektur mit den Worten «Ich aber sage euch» ein. Man hat wohl formale Parallelen für diese Wendung nachweisen können, nicht aber für ihre Anwendung im beschriebenen Sinne. Schon der historische Jesus trat mit einem außergewöhnlichen Selbstbewußtsein als Offenbarer eines neuen Wortes vollmächtig dem alten Gotteswort gegenüber; es lag nahe, diese Autorität auch seinen Worten zuzuschreiben und sie insofern neben die hebräische (bzw. griechische) Bibel als Gotteswort des neuen Bundes («*kaine diatheke*»: Jer 31,33) zu stellen. Ein eindeutiger Sprachgebrauch hinsichtlich der Buchtitel «Altes» bzw. «Neues Testament» liegt erstmals bei Clemens von Alexandrien Anfang des dritten Jahrhunderts vor; die Belege aus dem zweiten Jahrhundert bleiben allesamt unsicher. Gleichzeitig konnte und wollte die frühe Kirche aber auch die Bibel Jesu nicht aufgeben, weil sie sonst den Deutungsrahmen, innerhalb dessen Jesu Wirken für sie verständlich wurde und auch von ihm selbst gesehen wurde, verworfen hätte. Das heutige «Neue Testament» ruht sozusagen auf drei Säulen, wobei bereits im Laufe des ersten Jahrhunderts zwei miteinander verbunden wurden: erstens auf einer frühen Sammlung von autoritativen Herrenworten, zweitens auf einer mündlichen Tradition von gemeindlichen Bekenntnissen zur Autorität dessen, der sie sprach (dieses beides wurde zusammengefaßt in den verschiedenen Erzählungen des Lebens Jesu, den Evangelien), und schließlich drittens auf den Briefen. Die vier Evangelien wurden aber offenbar schon rasch als aufeinander bezogene Einheit empfunden, denn bereits ihre frühesten Handschriften tragen den Titel «Evangelium nach Matthäus», «... nach Markus», «... nach Lukas», «... nach Johannes». Diese Überschrift ist nur sinnvoll, wenn man die Schriften als vier Teile eines einzigen Evangeliums versteht: Das eine Evangelium *nach* dem Autor x.[145] Als letzte der «drei Säulen» ist eine Sammlung von apostolischen Briefen der Frühzeit zu nennen; sie wurden von den kanonisierenden Gemeinden in Italien und Kleinasien als «Anfang des Evangeliums», das heißt als jene heiligen Texte verstanden, die am Beginn der Evangeliumsverkündigung und damit der jeweiligen Gemeindegeschichte standen (so z. B. im römischen Brief an die Korinther: 1Clem 47,1). Außerdem galten sie mindestens im zweiten Jahrhundert stellenweise als das «spekulativ-dogmatische Hauptbuch».[146]

Der exakte historische Hergang der Kanonisierung ist jeweils nur *ex post* rekonstruierbar: So finden wir den ersten Beleg der Kanonizität des Vier-Evangelien-Kanons bei Irenäus von Lyon am Ende des zweiten Jahrhunderts; er überhöht in seiner antignostischen Schrift den Kanon von vier[147] Evangelien theologisch durch den Hinweis auf die vier Himmelsrichtungen und die vier Wesen Löwe, Stier, Mensch, Adler aus der apokalyptischen Tradition. Warum es im Laufe des zweiten Jahrhunderts zu gerade diesem Kanon gekommen ist, wird gegenwärtig verschieden erklärt, entweder als antihäretische Schutzmaßnahme[148] oder als «survival of the fittest», als allmähliche Durchsetzung der theologisch «stärksten» Schriften.[149] Die gegenwärtig in Amerika häufig vertretene Vorstellung, ältere und theologisch interessantere Evangelien als die kanonischen seien von der Kirche zu Unrecht als häretisch ausgeschieden worden, datiert aus ideologischen Gründen mehr oder weniger eindeutig dem zweiten Jahrhundert zuweisbare Texte ins erste um.

Eine Darstellung des Umgangs mit der Bibel, die sich auf eine Nachzeichnung des höchst komplizierten und regional teilweise unterschiedlichen «Kanonisierungsprozesses» beschränken würde, hätte nur die Wirklichkeit von Kirchenleitungen und Synoden in den Blick genommen. Eine ganze Anzahl biblischer Texte bekam man ja ohnehin als Laie im kirchlichen Unterricht und im Gottesdienst immer wieder zu hören. Solche Perikopen wurden durch die verschiedenen Auslegungen, Erklärungen und Predigten zusätzlich im Gedächtnis verankert. Daneben ist der «Privatgebrauch der heiligen Schriften»[150] zu berücksichtigen. Offenbar war es – mindestens seit der Mitte des zweiten Jahrhunderts – nicht schwierig, biblische Texte im Buchhandel zu kaufen, entsprechendes Interesse und Vermögen natürlich vorausgesetzt. Origenes bezeugt ein knappes Jahrhundert später in seiner Streitschrift gegen den platonischen Philosophen Celsus, daß dieser erklärte Gegner des Christentums im zweiten Jahrhundert offenbar ohne Schwierigkeiten als Nichtchrist biblische Bücher kaufen konnte. In seinem Matthäuskommentar klagte er über die mutwilligen Verfälschungen dieses Textes in den heidnischen Schreibwerkstätten.[151] Man konnte bei paganen Buchhändlern übrigens auch andere christliche Literatur kaufen. Origenes selbst muß nach Ausweis seiner erhaltenen Schriften eine ganz vorzügliche Bibliothek besessen haben, die neben der christlichen auch die wichtigste pagane wissenschaftliche Literatur, philosophische und historische Texte samt einigen Lexika enthielt. Auch die reine Menge der Bücher muß beträchtliche Ausmaße erreicht haben; allein der Verkauf der paganen Texte führte dazu, daß der Gelehrte vom Käufer eine tägliche Leibrente in Höhe eines Tagelöhnergehaltes ausgezahlt bekam.[152] Die christliche Bibliothek im palästinischen Caesarea, die unter anderem seinen Nachlaß aufnahm und mit der später Eusebius arbeitete, besaß Anfang des vierten Jahrhunderts etwa 30 000 Rollen (die wohl größte Bibliothek der Antike, die Büchersammlung des Museions von Alexandria, umfaßte dagegen ca. 700 000 Rollen). Soweit der Extremfall eines literaturbegeisterten Wissenschaftlers, der sich in der Kirchengeschichte der Antike noch einige Male wiederholt; die Frage nach dem Normalmaß läßt sich dagegen viel schwerer beantworten. Das beginnt schon bei den Großstädten: Wie viele lesefähige Personen lasen auch wirklich? Seit wann gab es christliche Bücher in öffentlichen Büchereien? (Nach dem konstantinopolitanischen Regionskatalog verfügte die Hauptstadt Mitte des vierten Jahrhunderts über achtundzwanzig öffentliche Bibliotheken). Wie stand es bei kleinen Gemeinden im Lande? Verfügten diese über das Interesse und das Geld, um sich biblische Bücher als Privat- oder Buchhandelskopien zu beschaffen? Hatten sie Kontakt zu christlichen Schreibern oder heidnischen Buchhändlern? – Ein erstes interessantes Zeugnis für den Besitz von biblischen Büchern bei einfachen Christen findet sich in den Akten des karthagischen Prozesses der Märtyrer aus Scili (180 n. Chr.): Der römische Prokonsul fragte, nachdem der Fall eigentlich abgeschlossen war, die Gruppe, was sie denn in ihrer Buchschachtel habe. Einer antwortete: «Bücher und Briefe des Paulus, eines gerechten Mannes.»[153] Das Zeichen literarischer Bildung bei Menschen, die doch in seinen Augen den Verstand verloren hatten, erweichte den Beamten, den Christen die relativ lange Bedenkzeit von einem Monat anzubieten. Außerdem zeigt die Passage (wie auch die handschriftliche Überlieferung), daß das Neue Testament zunächst nicht als Ganzes, sondern in Teilen überliefert wurde.

Origenes erwartete in der Mitte des dritten Jahrhunderts von seiner Gemeinde mehr als eine Stunde täglicher Bibellektüre. Damit hielt er seiner Gemeinde ein Ideal vor, das eigentlich «nur im Kloster erfüllt werden» konnte.[154] Später haben sich besonders die christlichen Prediger im vierten Jahrhundert bemüht, ihre größer gewordenen Gemeinden zur eigenständigen Schriftlektüre anzuhalten. So bat beispielsweise Johannes Chrysostomus seine antiochenische Gemeinde: «Damit ihr aber die Predigten leichter versteht, so bitte ich euch inständig (...), den Abschnitt des Evangeliums aufzuschlagen, der jeweils zur Erklärung kommt, damit die Lesung das Verständnis bereite (...). Der Rätsel sind nämlich viele.» Und einige Predigten später: «Wenn wir aus dem Gottesdienst kommen, sollten wir uns eben nicht alsbald wieder in den Strudel weltlicher Geschäfte stürzen, sondern, wenn wir nach Hause kommen, sogleich die heilige Schrift zur Hand nehmen, Frau und Kind zusammenrufen und mit ihnen das, was in der Predigt gesagt wurde, wiederholen und dann erst den zeitlichen Geschäften nachgehen.»[155] Der Zuhörer, der die Predigt und den ihr zugrundeliegenden Schrifttext nicht memoriert, gleicht Sisyphus und «schöpft den ganzen Tag Wasser in ein durchlöchertes Faß».[156] Die Aufforderungen setzen voraus, daß jeder Haushalt eine Bibel gekauft hat – der Prediger hat dies von seiner Gemeinde gefordert. Aber gleichzeitig gab Chrysostomus düstere Prognosen über den Erfolg solcher Mahnungen ab: «Sage mir, wer von euch, die ihr hier steht, vermöchte auch nur einen einzigen Psalm herzusagen, wenn man ihn darum bäte, oder sonst einen Abschnitt aus der heiligen Schrift? Kein einziger! (...) Und was bringt man da gewöhnlich für Entschuldigungen vor gegen solche Vorwürfe? Ach, heißt es, ich bin ja kein Mönch, sondern habe Frau und Kinder und muß mein Hauswesen versorgen. Ja, das hat alles Unheil verschuldet, daß ihr glaubtet, nur Mönche brauchten die heilige Schrift zu lesen, während gerade ihr es viel nötiger hättet als sie (...). Es ist also viel schlimmer, die Lektüre der heiligen Schrift für überflüssig zu halten, als sie faktisch nicht zu lesen: Solche Gedanken sind Einflüsterungen des Teufels.»[157] In den späteren Predigten über den Römerbrief hat Chrysostomus so auch die Hoffnung aufgegeben, seine Gemeinde zu eifrigen Bibellesern zu erziehen; er wiederholte das Argument der Beschäftigung durch «Kindererziehung, Frau und Hausstand» und fügte resigniert hinzu: «Darum seid wenigstens bereit, die von anderen gesammelten Gedanken anzunehmen.»[158]

Eine außerordentlich interessante und zugleich wichtige Form des Umgangs mit biblischen Büchern stellte ihre Verwendung als Tischlektüre dar – nicht nur in klösterlichen Gemeinschaften, sondern auch bei Hochzeiten von Laien und anderen feierlichen Gelegenheiten. Als «Tischwürze» (cena) wurden Flickgedichte aus biblischen Versen und Szenen (cento) angefertigt. Zeno, Ende des vierten Jahrhunderts Bischof im norditalienischen Verona, zitierte in einer seiner Predigten ein solches Stück: «Der Vater des Hauses spendet euch hierzu (...) von seinem eigenen Tisch kostbares Brot und kostbaren Wein. Als erste tragen die drei Jünglinge (Dan 3,1–97) einmütig das Gemüse auf, und sie bestreuen es, damit der Geschmack feiner sei, mit dem Salz der Weisheit. Christus gießt Öl dazu. Moses sorgt mit gebotener Eile für ein einjähriges Erstlingslamm (Ex 12,5), Abraham in seinem Glauben für ein festes und gut zubereitetes Kalb (Gen 18,7) (...). Wenn jemand etwas vermißt, wird Noah, der Archenbewohner, der alles geborgen hat, es ihm nicht verweigern. Petrus, der Fischer, setzt zur Genüge frische Meeresfische vor (Mt 4,18), mit wunderbarer Sülze. Tobias, der Wanderer, beschafft und brät mit aller Sorgfalt die Eingeweide des Fisches vom Fluß (Tobit 6,1–5). Johannes, der demütige Vorläufer des Herrn (sc. Johannes der Täufer) im Gewand aus Kamelhaaren, bringt vom Walde Honig und Heuschrecken (Mt 3,4). Paulus übermittelt die Ladung und mahnt, daß keiner den anderen beim Essen rüge (Röm 14,3). David, der königliche Hirt, reicht allen silberfarbene Milch und Käse (1Sam 17,18).»[159]

Auf eine intensive Verehrung der biblischen Bücher – und dazu bedurfte es ja nicht zwingend ihrer Lektüre! – deuten viele Berichte. Selbst Augustinus hatte nichts dagegen, daß die Bücher quasi magisch verwendet wurden: «Wenn du Kopfschmerzen hast, so loben wir es, wenn du dir das Evangelium auf das Haupt legst und nicht zu einem Amulett Zuflucht nimmst.»[160] Und Johannes

Chrysostomus erwähnte, daß viele Frauen das Evangelium (wohl Teile im Miniaturformat) am Halse tragen. Einen recht interessanten Eindruck von der schlechthinnigen Heiligkeit der biblischen Bücher – mindestens in der afrikanischen Kirche – gewinnt man aus Berichten über die organisierte Bücherzerstörung während der diokletianischen Christenverfolgung; zugleich stellte die Maßnahme eine brutale Zäsur für die meisten christlichen Bibliotheken dar. Nach einem reichseinheitlichen ersten Edikt vom 24.2.303 n. Chr. begannen entsprechende Aktionen, die neben der Konfiskation des beweglichen Kirchengutes und der Zerstörung der Kirchengebäude auch die Herausgabe der im Gottesdienst verwendeten heiligen Schriften und ihre Verbrennung «mitten auf den öffentlichen Plätzen»[161] zum Ziel hatten. Die offiziellen Akten der Beschlagnahme der Kirchengüter des numidischen Cirta (heute Constantine, Algerien) am 19.5.303 sind erhalten geblieben. Die Mehrzahl der Christen war in eine bergige Wüste südlich der Stadt geflohen, als die staatliche Kommission das Gebäude betrat, «in dem die Christen sich zu versammeln pflegten». Zuerst befahl der ermittelnde römische Beamte (der Stadtkurator) dem Bischof Paulus, «die Bücher des Gesetzes und was ihr anderes hier habt», herbeizubringen. Die Schriften, so erklärte der Bischof, besäßen die Lektoren, aber den Rest wolle man ausliefern. Auch die Subdiakone gaben an, nur einen Codex in den Händen zu halten;[162] erst bei den sechs Lektoren fand man dann fünf große und zwei kleine Kodizes, dazu fünfundzwanzig unspezifizierter Größe und vier Hefte. Sechsunddreißig bibliothekarische «Einheiten» beschlagnahmte die Obrigkeit also; nur bleibt leider unklar, wie stark der Anteil der christlichen Gemeinde unter den etwa zehntausend Einwohnern des Ortes[163] war. Aus der Zahl der in der Kirche anwesenden Kleriker, den dort beschlagnahmten Mengen an Kleidungsstücken und der Ziffer der von der staatlichen Kommission aufgesuchten Lektoren (insgesamt eine Zahl von ca. hundert) kann man nur schlecht Rückschlüsse ziehen. Jedenfalls wurde die Herausgabe jener heiligen Schriften, bei denen schon die schlichte Veränderung des Buchstabenbestandes als Sakrileg galt, an pagane Magistrate zur Zerstörung von der Kirche mit zornigen Worten angeprangert: Noch Jahre später wurde den an der Beschlagnahme beteiligten Klerikern vorgehalten, «Herausgeber» (*traditores*) gewesen zu sein; der Vorgang der «Herausgabe» führte unter anderem auch zu einer schweren Kirchenspaltung in Nordafrika. Als sich nach dem Ende der Verfolgung (wohl 307) in Cirta einige Bischöfe trafen, stellte sich heraus, daß von zehn Bischöfen sechs die Schriften ausgeliefert hatten. Ihre bemühten Entschuldigungen überzeugten die Kritiker nicht: Einer wollte medizinische Schriften statt der Bibel übergeben, der andere zwar eigenhändig die vier Evangelien ins Feuer geworfen, aber kaum mehr leserliche Exemplare dazu verwendet haben. Die Gegenseite der Standhaften betonte die besondere Heiligkeit des biblischen Textes, identifizierte den materialen biblischen Text und das göttliche Wort und zitierte ein entsprechendes biblisches Wort.[164]

Wenn auch die Bibel als besonders heiliges Buch galt, darf man sich über den Umfang der Textkenntnisse nicht täuschen. Überaus häufig hatten es Menschen nur mit einer vermittelten Bibelkenntnis zu tun, mit der Auswahl, wie sie gottesdienstliche Lektionare oder Bibelflorilegien boten. Fast zwei Drittel der neutestamentlichen Manuskripte aus byzantinischer Zeit entstammen Lektionaren – also den gottesdienstlichen Lesetexten, die nach den großen Liturgiereformen des fünften und siebenten Jahrhunderts entstanden sind. Aus dem vierten bis sechsten Jahrhundert sind eine Handvoll Inventare von Gemeindebibliotheken auf Papyri überliefert, die zeigen, daß man dort offenbar nur selten vollständige Bibeln besessen hat. Die «Hauptbücher» der Gemeinden sind die verschiedenen liturgischen Zusammenstellungen von Bibeltexten gewesen. Es kam für eine Gemeinde ebenso wie für ein Kloster weniger darauf an, vollständige Handschriften der neutestamentlichen Bücher zu haben, denn solche fanden keine Verwendung im öffentlichen Gottesdienst. Sie konnten höchstens für den Geistlichen oder den Gelehrten von Interesse sein. Dazu muß man sich vergegenwärtigen, daß eine in gewöhnlicher Unzialschrift hergestellte vollständige Bibel den stattlichen Umfang von bis zu vierhundert Blättern besessen hätte und die Anschaffungskosten den Haushalt einer kleinen Gemeinde vermutlich beträchtlich überfordert hätten. Als Kaiser Konstantin im vierten Jahrhundert fünfzig Pergament-Prachtbibeln anfertigen ließ, kam das so teuer, daß der Chef der Finanzbehörde eines der zwölf Verwaltungsbezirke des Reiches eingeschaltet werden mußte und zwei Wagen der Staatspost für den Transport bemüht wurden.¹⁶⁵ Neben den Lektionaren boten Florilegien, d. h. Blütenlesen von einzelnen Schriftpassagen, einen bequemen Zugang zu biblischen Texten. Der karthagische Bischof Cyprian hat beispielsweise drei Bücher einer solchen «Materialsammlung» für einen gewissen Quirinus angelegt, die aus Thesen und Bibelzitaten zu ihrem Beweise bestehen. Hier wird der Satz, daß «Christus Gott war», mit achtzehn Bibelstellen belegt;¹⁶⁶ Cyprians literarische Arbeit beschränkt sich auf einleitende Bemerkungen zum Fundort. So schlicht das Werk heute scheint, so groß ist doch seine Wirkung gewesen: Man kann mindestens vier christliche Theologen der Spätantike benennen, die das Werk für eigene theologische Argumentationen als Steinbruch benutzt haben. Auch von weniger prominenten Autoren sind solche Florilegien erhalten; ein Papyrus stellt Bibelverse und deren allegorische Auslegung zusammen: «‹Am dritten Tag war eine Hochzeit in Kana, Galiläa›. ‹Der Tag› ist Christus. ‹Dritter› der Glaube. Die ‹Hochzeit› die Berufung der Heiden. ‹Kana› die Kirche.»¹⁶⁷ Was hier knapp und etwas stupide katalogisiert wurde, entfaltete normalerweise die alexandrinische Gelehrsamkeit eines Origenes in mehrbändigen Bibelkommentaren, um die vergangenen Texte für eine gegenwärtige Gottesdienstgemeinde zu aktualisieren. Origenes bildete allerdings eine Ausnahme inmitten solcher «atomisierender» Aneignung von biblischen Texten. Sein Vater Leonides hatte ihm eine besondere Kenntnis von heiliger Schrift vermittelt: «Er ließ ihn täglich einen Abschnitt der Schrift auswendig lernen und hersagen.»¹⁶⁸ Von Mönchen wurden seit dem vierten Jahrhundert solche Fertigkeiten freilich stereotyp erzählt: Der Asket Heron von Alexandria sagte einmal während eines Fußmarsches von vierzig Meilen «fünfzehn Psalmen aus dem Gedächtnis auf, dann den Hebräerbrief, den Jesaja, ein Stück aus Jeremia, dann das Lukasevangelium, darauf die Sprichwörter». Und der Erzähler resümiert: «Trotzdem konnten wir kaum gleichen Schritt mit ihm halten.»¹⁶⁹

Von solchen Ausnahmen unter den Theologen einmal abgesehen, konnte man wahrscheinlich nur wenige gebildete und noch weniger einfachere Zeitgenossen sonderlich leicht zu eigener Lektüre der Bibel bewegen – falls es sich nicht um Konvertiten aus jüdischem Milieu handelte, die mit der in mehrfacher Hinsicht etwas abgelegenen Welt der Texte vertraut waren. Basilius rät Jugendlichen davon ab, die Bibel zu lesen: «Solange wir wegen des (jugendlichen) Alters nicht imstande sind, die Tiefen ihres Sinnes zu erlauschen, üben wir zunächst unser geistiges Auge an anderen Schriften, die den heiligen Schriften nicht ganz fremd, sondern gleichsam als Schatten und Spiegel gegenüberstehen.»[170] In der Missions- oder Gemeindepredigt ließ sich leicht – auch leicht oberflächlich – vom ehrwürdigen Alter des mosaischen Gesetzes reden, ließen sich seine Bestimmungen rationalisieren und so verständlich machen (vgl. unten die Bemerkungen zum Blutgenußverbot: S. 131 f.). Bei der selbständigen Lektüre sah das alles schon etwas anders aus. Umrisse und Details einer recht fremden Welt erschlossen sich dem Leser – oder eben auch nicht. Der römische Theologe Justin berichtet am Beginn seines Dialoges mit dem Juden Trypho von einem Hinweis des christlichen Lehrers auf die heiligen Schriften: «Wer sie liest, gewinnt aus ihnen den größten Nutzen, sowohl hinsichtlich der Prinzipien der Philosophie als auch hinsichtlich ihres Zieles als auch hinsichtlich dessen, was dem Philosophen nützlich ist zu wissen.»[171] Für die Thematik «Gott, Welt, Seele» und die Frage nach dem «glücklichen Leben» sind aber nur sehr wenige Passagen dieser Texte direkt und ohne Erläuterung auswertbar. Ein bezeichnendes Beispiel dafür, wie die Bibel, ohne Anleitung gelesen, auf gebildete Menschen wirken mußte, ist Augustinus. Der spätere Bischof von Hippo berichtet in seiner religiösen Autobiographie, daß er (wohl Anfang der siebziger Jahre des vierten Jahrhunderts) die Bibel zu lesen versucht habe: «Denn nicht so, wie ich jetzt von ihr rede, urteilte ich damals (...), vielmehr erschien sie mir unwürdig, mit der Würde des ciceronianischen (Stiles) in Vergleich zu treten; ja, mein geschwelltes Pathos sträubte sich gegen ihre unscheinbare Weise, und meine Sehkraft reichte nicht in ihr Inneres hinein.»[172] Andererseits erreichte sein Zeitgenosse Hieronymus, daß Frauen aus römischen Aristokratenkreisen die ihnen vertrauten paganen Klassiker weglegten, die Bibel lasen, in die wissenschaftliche Auslegung dieses Textes einstiegen und Hebräisch lernten.[173]

Gebet und Gottesdienstfrömmigkeit

Die Mitte der persönlichen Frömmigkeit in der christlichen Antike bildete ohne Zweifel das Gebet des einzelnen – eine Tradition, die die neue Religion aus dem zeitgenössischen Judentum übernommen hatte. Aber schon Jesus von Nazareth hatte nicht nur in dieser Tradition die Psalmen der hebräischen Bibel gebetet – noch am Kreuz betete er in dieser Form zum Vater: Mk 15,34 = Ps 22,2 –, sondern mit deutlichem formalen und inhaltlichen Bezug auf jüdische Gebete einen eigenen Gebetstext, das Vaterunser, gestiftet (Mt 6,9–13/Lk 11,2–4). Es enthält zu Beginn eine der Pointen der Botschaft Jesu, die vertrauliche Anrede Gottes als «Vater».[174] Daneben wurden natürlich weiter Psalmen gebetet; so forderte ein Paulusschüler die Christen in der kleinasiatischen Metropole Kolossae auf: «Mit Psalmen, Lobgesängen und Liedern singt Gott dankbar in euren Herzen.» (Kol 3,16) Auch das individuelle Gebet sollte die ganze Gemeinde im Blick behalten, jedenfalls schreibt Cyprian von Karthago um die Mitte des dritten Jahrhunderts: «Der Lehrer des Friedens (sc. Christus) (...) wollte nicht, daß einzeln und für sich gebetet werde, so daß, wenn einer betet, er nur für sich betet (...). Öffentlich und gemeinschaftlich ist unser Gebet, und wenn wir beten, beten wir nicht für einen, sondern für das ganze Volk, weil wir, das ganze Volk, eines sind.»[175]

Gebete wurden sowohl an Gott Vater als auch an seinen Sohn Jesus Christus gerichtet, obwohl einzelne Theologen (wie beispielsweise Origenes) das liturgische Gebet strikt auf die Anrede des Vaters beschränken wollten. Aber von Anfang an besteht eine starke Tendenz, sich mindestens im persönlichen Gebet an Christus zu wenden – vermutlich schon deswegen, weil er durch die Berichte der neutestamentlichen Autoren antiken Menschen sehr direkt nahezukommen vermochte. So erbittet beispielsweise der Bischof im syrischen Antiochien, Ignatius, von der römischen Gemeinde (wohl zu Anfang des zweiten Jahrhunderts): «Betet zu Christus für mich.»[176] Die Frömmigkeit der sogenannten «einfachen Leute», also der nicht theologisch gebildeten Schichten, kannte natürlich auch ganz andere Gebetstexte – und dies gilt, obwohl Warnungen davor, nicht einfach schematisch die Frömmigkeit einer unvermögenden und ungebildeten «breiten Masse» von der einer rational denkenden Bildungsschicht abzuheben, sehr ernst zu nehmen sind.[177] Aus dem fünften Jahrhundert ist auf Papyrus eine Anrufung des Blutes Christi erhalten: «Blut Jesu Christi, der um unseretwillen Fleisch geworden ist aus der heiligen Jungfrau; Blut Jesu Christi, der geboren ist aus der heiligen Gottesmutter; (...); Blut Jesu Christi, der im Jordan getauft worden ist von seinem Vorläufer Johannes, Amen.»[178] Etwa zur selben Zeit fragte in der unterägyptischen Mönchsstadt Oxyrhynchos ein Christ in der Art paganer Orakelanfragen Gott, «ob es dein Wille ist, daß ich nach Chiut reise?»[179] Aber selbst solche stark von paganer Frömmigkeitstradition bestimmten Texte verraten noch, wie sehr die christlichen Gebete von biblischen Formulierungen und dort schon nachlesbaren liturgischen Formeln lebten, etwa dem alttestamentlichen «Halleluja».

Das Gebet begleitete den Tageslauf der Christen. Aus dem Judentum wurde die Sitte übernommen, dreimal am Tag zu beten. Während von dort ein dreistündiger Rhythmus an Morgen, Mittag und Abend rezipiert wurde, setzte sich schon bald ein weiteres Modell von Gebet am Abend, zur Mitternacht und am Morgen durch. Die «Apostolische Tradition» genannte Kirchenordnung kombiniert beide Reihen und schreibt sieben Gebetszeiten vor, wie sie dann auch später und teilweise bis heute im mönchischen Stundengebet gehalten wurden: «Wenn die Gläubigen, Männer wie Frauen, am Morgen vom Schlaf aufstehen, sollen sie sich noch vor Beginn der Arbeit die Hände waschen, zu Gott beten und sich erst dann an ihre Arbeit begeben. (...) Bist du aber zu Hause, bete um die dritte Stunde und lobe Gott. Bist du aber zu diesem Zeitpunkt anderswo, bete zu Gott in deinem Herzen. (...) Ebenso bete zur sechsten Stunde. (...) Man verrichte auch zur neunten Stunde ein großes Gebet und einen großen Lobpreis. (...) Bete auch, bevor dein Körper sich zur Ruhe niederlegt. Gegen Mitternacht aber erhebe dich, wasche deine Hände und bete. Wenn aber deine Frau bei dir ist, betet zusammen. Ist sie aber noch nicht gläubig, zieh dich in ein anderes Zimmer zurück, bete und kehre zu deinem Bett zurück. Sei nicht träge im Gebet.»[180]

Gebetet wurde in der Regel auf dem Boden liegend oder kniend, nur am Sonntag im Stehen – auch dieses Detail regelten synodale

Vorschriften, hier im Beispiel ein Kanon der Bischofsversammlung in Nizäa (325 n. Chr.): «Da einige am Sonntag und an den Tagen zwischen Ostern und Pfingsten (beim Beten) die Knie beugen, so ordnet die heilige Synode, damit alle Dinge auch in allen Diözesen befolgt werden, an, daß sie ihr Gebet stehend verrichten sollen.»[181] Eine syrische Märtyrerakte aus dem vierten Jahrhundert berichtet, daß ein gewisser Hipparchus in seinem Schlafzimmer auf die östliche Wand ein Kreuz gemalt hatte und vor diesem siebenmal täglich zu Christus betete.[182] Entsprechend zeigten auch die nach Osten ausgerichteten Apsiden vieler christlicher Basiliken der Antike ein Kreuz. Auf Reisen war es offenbar ebenfalls üblich, ein Holzkreuz in östlicher Himmelsrichtung aufzustellen und davor kniend zu beten. Überhaupt spielte das Kreuz in der individuellen Frömmigkeit eine große Rolle: Tertullian sagt in seiner Schrift «Vom Kranze des Soldaten», daß Christen «bei jedem Schritt und Tritt, bei jedem Hereingehen und Herausgehen, beim Anlegen der Kleider und Schuhe, beim Waschen, Essen, Lichtanzünden, Schlafengehen, beim Niedersetzen und bei welcher Tätigkeit auch immer (...) das kleine (Kreuzes-)Zeichen auf ihre Stirn drücken».[183] Der Asket Nilus, wahrscheinlich zu Beginn des fünften Jahrhunderts Klostervorsteher in Ankyra (Ankara), riet seinen Mönchen, vor jedem zeitweiligen Verlassen des Klosters eine Art kleiner Liturgie auszuführen: Zunächst sollten sie aus der Taufliturgie die Absage an den Teufel wiederholen und mit von sich gestreckter Hand sagen: «Ich sage mich von dir los, Satan, und von allen deinen Werken und von allem deinem Gepränge und von deinem Dienste.» Dann sollten sie die trinitarische Formel aus der Taufliturgie rezitieren («Im Namen des Vaters und des Sohnes und des Heiligen Geistes», vgl. Mt 28,19) und sich bekreuzigen – und dann erst die schützenden Klostermauern verlassen.[184] Ein syrischer Mönch des siebenten Jahrhunderts mahnte schließlich dazu, nach dem kniend gebeteten Vaterunser vor dem Kruzifix in der Zelle aufzustehen, es zu umarmen und zu küssen mit der Empfindung von Reue und Liebe.[185] Damit ist eine der Antike längst vertraute Gestik nun auch im Christentum präsent; es entsprach römischer Religiosität, heilige Bäume, Götterbilder, Tempelschwellen und Altäre, aber auch Amulette und den häuslichen Tisch zu küssen. Der Kuß des Tisches (beispielsweise nach dem Essen) wurde wie der Kuß des Altars als

Gebetsgeste verstanden. Man hoffte, so in besonderen Kontakt mit dem Göttlichen zu kommen, «vielleicht auch deswegen, weil in ihnen (sc. den Altären) eine Lebenskraft wohnt».[186] Die alltägliche, vorchristliche Religiosität erwartete viel vom religiösen Kuß: Im sogenannten «großen Pariser Zauberpapyrus», also einer Zauberanweisung, die man wahrscheinlich bei entsprechendem Personal kaufen konnte, heißt es: «Küsse das Amulett und sprich (…): ‹Schütze mich›! Nach diesen Worten wirst du sehen, daß Tore sich öffnen und aus der Tiefe sieben Jungfrauen in Byssosgewändern mit Schlangengesichtern kommen.»[187] Solche magische Frömmigkeit lebte auch noch nach den verschiedenen gesetzlichen Maßnahmen der christlichen Kaiser gegen Heiden im vierten Jahrhundert fort: Der pagane Neuplatoniker Proklos (412–485 n. Chr.) wurde von der Arthritis, die seinen Fuß befallen hatte, durch einen Kuß geheilt. Ein Reisender, der aus dem antiken Kult- und Heilungszentrum Epidauros zu Proklos nach Athen gekommen war, küßte ihm die Knie – «und von diesem Tag an brachte er sein ganzes Leben ohne irgendeine Angst vor Arthritis zu und erreichte ein besonders hohes Alter, ohne je das Leiden zu spüren».[188] Zunächst war die ganze pagane Kuß-Praxis von den christlichen Theologen noch kritisiert worden, in einer christlichen syrischen Apologie des dritten Jahrhunderts heißt es entsprechend: «Du aber erhebe dich von denen, die auf der Erde liegen und Steine küssen.»[189] Dann aber hat auch die Kirche pagane Kußgesten übernommen. Der antiochenische Prediger Johannes Chrysostomus berichtet in seinen Predigten über den zweiten Korintherbrief, daß man die Schwelle von Kirchen und Märtyrerkapellen küßte oder wenigstens mit der Hand berührte und diese dann zum Munde führte.[190] Überhaupt scheint auch die Geste der Kußhand beim Beten verwendet worden zu sein: «Die beten, pflegen die Hand zu küssen und den Kopf zu senken», schreibt Anfang des fünften Jahrhunderts der in Bethlehem lebende Asket und Schriftsteller Hieronymus in einer Polemik.[191] Auch Märtyrergräber und die Altäre wurden geküßt, «vom Mund wird warm der Altar, der Stein von der Brust».[192] Und auch für die Heilung hat der Kuß Bedeutung: Martin von Tours († 397) kam einmal – so berichtet jedenfalls sein Biograph Sulpicius Severus kurz nach dem Tode des Heiligen – nach Paris. Dort «küßte und segnete er zum Entsetzen aller einen Aussätzigen, der einen ganz jammervollen Anblick bot. Sofort verließ diesen alle Krankheit. Er kam tags darauf mit glänzender weißer Haut zur Kirche, um für die wiedererlangte Gesundheit zu danken.»[193]

Es ist schon deutlich geworden, daß das Gebet den einzelnen mit der Gemeinschaft verbindet. Die *Gottesdienstfrömmigkeit* stellt ein weiteres Charakteristikum antiker christlicher Religiosität dar. Freilich wurden auch fast von Anfang an Beschwerden über deren mangelnde Intensität laut. Wohl im vierten Jahrhundert beklagte sich ein Bischof Eusebius, vielleicht der von Emesa (das heutige Homs in Syrien), über die Mißachtung des Sonntags durch Christen: «Kommt dann der Sonntag, so hegt der, welcher einen Rechtshändel hat, die ganze Nacht feindliche Gedanken gegen seinen Nächsten; und kaum graut der Morgen, so rüstet er sich zum Kampfe und geht zur Kirche. So ist's Brauch, besonders auf den Dörfern. Sie gehen zur Kirche und bleiben draußen sitzen, und schon vorher tut dasselbe der Priester; und sie bringen ihre Händel und Rechtsstreitigkeiten vor, (und es kommt) zu Schimpfreden und Prügeln. Danach gehen sie dann in die Kirche, und wie die wilden Tiere blicken sie sich grimmig an und fletschen die Zähne gegeneinander. Wehe aber dem Priester, der nicht vor allem zur festgesetzten Stunde Gott die Gebete darbringt. Denn wenn die festgesetzte Stunde verstrichen ist, in welcher das Gebet vollendet werden sollte, und es verlassen etliche die Kirche, um zu Hause zu essen, so trifft deren Sünde den Priester.» Und der Bischof schließt: «Halte dich nicht fern von der Kirche und dem Gebet! In dem Maße, wie du dich vom Besuch der Kirche fernhältst, wird auch Gott sich von dir fernhalten.»[194]

Auch eine *Eucharistiefrömmigkeit* entwickelt sich im dritten Jahrhundert – die deutsche Bezeichnung «Abendmahl» geht auf die Bibelübersetzung Luthers zurück, während man in der Antike entweder von «Danksagung» (griechisch «*eucharistie*») oder dem *sacramentum eucharistiae* bzw. *corporis Christi* sprach. Eine entsprechende Frömmigkeit wurde für das einzelne Gemeindeglied schon dadurch vorbereitet, daß im Taufunterricht das Sakrament erklärt wurde und gleichzeitig die erste Teilnahme an den Vollzug der Taufe gebunden wurde. So stellte die gottesdienstliche Feier dieses auch als Geheimnis («*mysterion*») bezeichneten ritualisierten Mahls nächst der Taufe einen Höhepunkt christlichen Lebens dar.

Da die allermeisten Erklärungen darin übereinstimmten, daß die Elemente Brot und Wein – entsprechend den Stiftungsworten, z. B. 1 Kor 11,23–25 – Leib und Blut Jesu Christi darstellen (ausdrückliche Reflexionen über den Modus dieser Darstellung finden sich in der Antike eher selten), bedingte diese vermittelte Gegenwart des Göttlichen in der materiellen Welt natürlich entsprechende Verehrung der Eucharistie durch die Glaubenden. Cyprian berichtete in seiner Schrift «Über die Gefallenen» von einem kleinen Mädchen, das von seinen Eltern bei der Flucht vor den römischen Behörden während der Verfolgung unter Decius (250 n. Chr.) zurückgelassen worden war. Diese gaben dem Kind einen vom paganen Opfer übriggebliebenen Rest zu essen; das Mädchen war aber noch zu jung, um der Mutter von dem Ereignis zu erzählen, als diese es wieder in ihre Obhut nahm. Als die Mutter zusammen mit ihrem Kind wieder in den christlichen Gottesdienst ging, weinte das Kind und warf sich hin und her. Den Inhalt des Kelches, den ihr ein Diakon einflößte, erbrach es. Diese für heutige Empfindungen quasi-magische Verehrung der eucharistischen Elemente hat sich auch in Kirchenordnungen niedergeschlagen, so in der «Apostolischen Tradition»: «Jeder trage Sorge, daß kein Ungläubiger die Eucharistie genießt, auch keine Maus oder ein anderes Tier, noch daß etwas auf den Boden herunterfällt und dort verdirbt. Denn der Leib Christi darf nur von den Gläubigen gegessen werden und nicht mißachtet werden.»[195] Eine gewisse Annäherung an die paganen Kultpraktiken ergab sich schon allein dadurch, daß die Eucharistie bereits im zweiten Jahrhundert als «Opfer» bezeichnet wurde – obwohl natürlich jede Analogie zur jüdischen und paganen Opferpraxis zurückgewiesen wurde. In der Tradition des hellenistischen Judentums wurde einerseits durch Brot und Wein Gott ein unblutiges Opfer dargebracht, andererseits handelte es sich bei der gleichzeitigen Einsammlung der Gaben für bedürftige Gemeindeglieder um ein Opfer als Tat der Barmherzigkeit. Man konnte sich für diese Vorstellungen auf neutestamentliche Theologie berufen, wie eine Passage Cyprians zeigt: «Denn wenn der Herr Jesus Christus und unser Gott selbst der Hohepriester Gottvaters ist (Hebr 10,1–18) und sich selber dem Vater als Opfer darbrachte und vorschrieb, daß dieses zu seinem Gedächtnis geschehen sollte (1 Kor 11,24 f.), dann handelt doch jeder Priester im echten Sinne stellvertretend für Christus, der das, was Christus tat, nachahmt und so das wahre und vollkommene Opfer in der Kirche dadurch darbringt, daß er in gleicher Gesinnung wie Christus selber es darzubringen unternimmt.»[196] Insofern gehört die Betonung von «Furcht und Schrecken», mit dem man sich dem im Mahl gegenwärtigen Christus zu nähern habe, sicher zu den Spezifika der syrischen Theologie des vierten Jahrhunderts, aber fügt sich organisch der vorkonstantinischen Eucharistiefrömmigkeit ein. Theodor, ein Freund des Johannes Chrysostomus, wie er zunächst Priester in Antiochia und später (392/93 n. Chr.) Bischof im kilikischen Mopsuestia, hat in einer Katechese für die antiochenischen Taufbewerber davon gesprochen: «Jedesmal, wenn dieser furchtgebietende Opferdienst vollzogen wird, müssen wir uns in unserem Sinne vorstellen gleichsam mit Einbildungskraft, daß wir wie der sind, der im Himmel ist (sc. Christus), und durch den Glauben die Schau der himmlischen Dinge in unserem Verstand einprägen. Er (sc. der Opferdienst) ist offenkundig das Gleichnis der himmlischen Wirklichkeiten (...). Da unser Herr Christus sich selbst für uns als Opfer darbringt und so für uns tatsächlich zum Hohenpriester geworden ist, gibt es das Bild jenes Priesters, das der, der jetzt am Altar steht, abbildet, wie wir es uns vorzustellen haben.»[197] Es entsprach antiker Praxis, neben solchen Institutionen auch Personen zu verehren: Engel, Heilige und Märtyrer. Zu den Kultstätten der letzten beiden Gruppen wurden spätestens seit dem vierten Jahrhundert in ganz ungewöhnlichem Umfang Pilgerfahrten durchgeführt.

Engel-, Heiligen- und Märtyrerverehrung; die Wallfahrt

Nicht nur im frühen Christentum, sondern schon im hellenistischen Judentum war es üblich, gute wie böse Mächte neben Gott zu personalisieren und dem himmlischen Herrscher einen himmlischen Hofstaat mit Hierarchien von Engeln zur Seite zu stellen. An der Spitze der Rangfolge standen die Erzengel, nach der griechischen Henochschrift heißen sie Uriel, Rafael, Raguel, Michael, Sariel, Gabriel und Ramiel (GrHen 20). Den verschiedenen Engelklassen (teils biblischen Ursprungs: Cherubim, Seraphim, Ophanim mit Jes 6 sowie Ez 1 u. 10) wurden verschiedene Funktionen vom Gotteslob und himmlischem Altardienst bis hin zur Beherrschung der Gestirne, der Überbringung von Nachrichten und dem Schutz für einzelne Menschen zugeschrieben. Der pagane Geschichtsschreiber Ammianus Marcellinus referiert in seiner Darstellung vom Ende des vierten Jahrhunderts die Ansicht, daß sich «allen Menschen bei der Geburt (...) bestimmte derartige Gottheiten beigesellen, die gleichsam ihre Handlungen lenken. Sichtbar werden sie aber nur für sehr wenige.»[198] Obwohl hier von einzelnen Forschern an christliche Theologen und die Vorstellung vom Schutzengel gedacht wurde, sind in Wahrheit Astrologen und deren Interpretation der paganen Vorstellung vom Genius eines jeden Menschen gemeint. Aber diese unterschiedlichen Interpretationen zeigen nur, wie nahe im vierten Jahrhundert viele Vorstellungen ursprünglich unterschiedlicher Kulturkreise zueinander gerückt waren. In der antiken Christenheit fanden sich sowohl kritische Stimmen zur Verehrung von Engeln wie entfaltete Lehren von Ort und Funktion dieser Wesen. Gegen kultische Verehrung machte allerdings die überwiegende Mehrheit Front: Der antiochenische Bischof Ignatius schrieb im zweiten Jahrhundert an die Christengemeinde im kleinasiatischen Tralles, er kenne zwar «die Rangordnungen der Engel, die Vereinigung der (‹englischen›) Herrschergewalten»,[199] vermied aber weitere Auskünfte und spielte seine Kenntnisse wegen der Gefahr von Mißverständnissen herunter («deswegen bin ich kein Jünger»).

Nicht nur viele Theologen und Kirchenführer waren unglücklich über Formen der Engel-Frömmigkeit. Auch heidnische Kritiker fragten, ob es nicht nur eine Differenz hinsichtlich der Benennung wäre, die Gott und Engel trenne: «Wenn ihr sagt, daß Engel vor Gott stehen, die leidensunempfindlich und unsterblich und unverderblich hinsichtlich ihrer Natur seien, die wir Götter nennen, weil sie sich nahe bei der Gottheit befinden, warum streiten wir über die Bezeichnung? Sind wir nicht gehalten, es lediglich für eine Differenz der Begriffswahl zu halten? (...) Der Unterschied ist nicht groß, ob jemand sie Götter oder Engel nennt, denn ihre göttliche Natur legt Zeugnis ab.»[200]

Die Verehrung von Engeln ist vor allem archäologisch nachzuweisen; einige wenige Beispiele können zeigen, daß sie eine wichtige Seite antiker christlicher Frömmigkeit ausmacht: Im heutigen jordanischen Ort Umm El-Jimal, der in der Antike zur Grenzbefestigung des römischen Reiches gegenüber den Barbaren gehörte und zugleich die Grenze zwischen Kulturland und Wüste absicherte, erhebt sich über dem Militärlager eine Art Turm aus frühbyzantinischer Zeit. Seine vier Seiten tragen deutlich sichtbar die Namen der vier Erzengel «Gabriel», «Rafael», «Michael» und «Uriel», gleichsam als ständige, verschriftlichte Gebetsanrufung um Schutz, als Erinnerung für die Einwohner und wirksame Warnung gegenüber möglicherweise angreifenden Beduinenstämmen.[201] Und wer die Treppen zur Kathedralkirche in der von Umm El-Jimal nicht weit entfernten Stadt Jerasch (dem antiken Gerasa) hinaufsteigt, findet dort noch heute eine Nische, in der Maria von zwei Erzengeln eingerahmt wird: «Michael. Heilige Maria. Gabriel.» Es gab eigene Kirchen bzw. Anlagen mit Engelpatrozinien, wie das im fünften Jahrhundert erbaute Michaelion im nordsyrischen Huarte etwa fünfzehn Kilometer nördlich von Apameia am Orontes. Hier liegen zwei dreischiffige Basiliken auf verschiedenen Höhenniveaus nebeneinander und sind durch ein Baptisterium verbunden (Abb. 4). Der nördlich gelegene Bau bekam durch vier Mitglieder der Gerousie (eines dörflichen Verwaltungsgremiums) und die fünf wichtigsten Mitglieder des Rats ein feines figürliches Mosaik gestiftet; am östlichen Ende des nördlichen Seitenschiffs verewigten die Stifter ihren Ruhm: «Durch die Geronten Eleutherius, Sergius, Thomas, Dorotheus und die Fünferkollegiumsvorsteher Dorotheus, Johannes, Thomas, Georgius und den anderen Thomas ist dem Michaelion ein Mosaik gelegt worden.»[202] Offenbar hatte man sich hier nicht an die Bestimmungen der Synode im phrygischen Laodizäa gehalten, die Mitte des vierten Jahrhunderts festsetzte: «Christen (...) sollen keine Engel verehren und (entsprechende) gottesdienstliche Zusammenkünfte veranstalten.»[203] Schon der aus der Paulus-Schule stammende Brief an die Gemeinde der Stadt Kolossae, wenige Kilometer von Laodizäa entfernt, kritisierte die Engelverehrung (Kol 2,18), und der Bischof im syrischen Wallfahrtsort Kyrrhos erinnerte (knapp eine Generation vor der Errichtung des Michaelions im nicht weit entfernten Huarte) an die Beschlüsse von Laodizäa. Es gebe, so Theodoret von Kyrrhos in seinem Kommentar zum Kolosserbrief, aber trotzdem in Phrygien bis heute Oratorien des Erzengels Michael; die, die sie frequentierten, würden darauf hin-

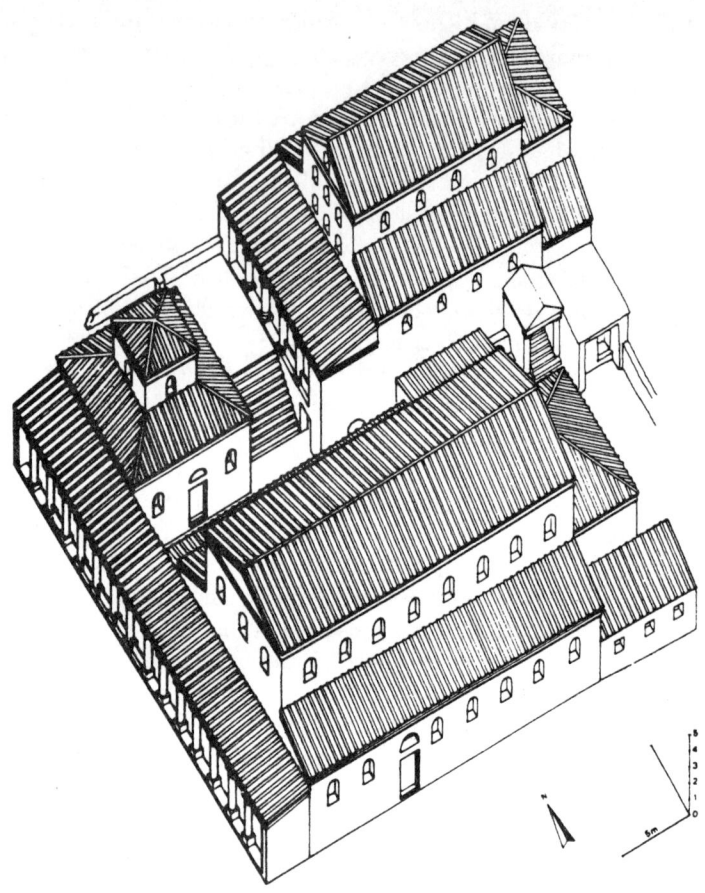

Abb. 4: Huarte (Syrien), Basilika des Photius (unten),
Baptisterium (oben links) und Michaelion (oben rechts)

weisen, daß Engel an den Gott aller Dinge nicht heranreichten, es aber für Menschen sinnvoll sei, sich des göttlichen Wohlwollens durch die Fürbitte der Engel zu versichern. Auf der anderen Seite versicherte zur selben Zeit der Konstantinopolitaner Rechtsanwalt Sozomenus in seiner Kirchengeschichte, daß er am Orte des Michaelions in Konstantinopel größte Wohltaten empfangen habe. Es würde gesagt, daß der Erzengel hier selbst erschienen sei; er könne das bestätigen und ebenso «Menschen, die entweder in entsetzliche Verwicklungen geraten seien oder unvermeidliche Gefahren oder in Krankheiten oder unbekannte Leiden gekommen seien» und nach einem Gebet an der Stätte plötzliche Linderung ihrer Leiden erfahren hätten.[204]

Die pagane Umwelt sah irritiert, wie die christlichen Gemeinden *Heilige und Märtyrer* verehrten. Der kleinasiatische platonisierende Rhetor Eunapius von Sardes beschrieb die Verehrung Ende des vierten Jahrhunderts aus seiner Perspektive so: «Sie sammelten die Knochen und Schädel von Leuten, die bei mannigfaltigen Verbrechen zur Hinrichtung geführt worden waren, Menschen, die die städtischen Gerichtshöfe bestraft haben, erklärten sie zu Göttern, trieben sich bei den Knochen herum und dachten, besser zu werden, da sie sich an den Gräbern verunreinigten. ‹Märtyrer› wurden sie nun genannt und ‹Diakone› und ‹Botschafter› der Gebete zu den Göttern.»[205] Ziemlich exakt ist hier mitgeteilt, was in der christlichen Gemeinde im Rahmen des Heiligen- und Märtyrerkultes geschieht; der Begriff «Botschafter» (besser vielleicht: «Überbringer» oder «Vermittler») fällt ganz ähnlich bei Basilius: Heilige und insbesondere Märtyrer nennt er «mächtige Fürsprecher».[206] Dieser bedeutende Theologe zeigt, daß es sich bei der Heiligenverehrung nicht um ein Phänomen ungebildeter Volksreligiosität handelte. Besonders hatten es Basilius und seiner Familie die «heiligen vierzig Märtyrer von Sebaste» aus der *legio XII fulminata* (etwa: «die blitzende Legion») angetan, die ca. 320 unter Licinius hingerichtet worden waren. Die Familie bewahrte auch Reliquien jener Soldaten auf, deren Kult bis nach Konstantinopel verbreitet war.[207] In seiner 372 auf sie gehaltenen Predigt zeigte er mit allen rhetorischen Mitteln einer traditionellen Lobrede (und zugleich in verbaler Distanzierung davon: «Die Lobreden auf die Heiligen unterliegen nicht den Gesetzen profaner Beredsamkeit»), daß diese Heiligen längst die Funktion staatlicher und kommunaler Stellen übernommen haben: «Diese Vierzig sind es, die unser Land innehaben und wie dichtgedrängte Türme gegen den Angriff der Feinde sicheren Schutz gewähren.»[208] Basilius sah zugleich Menschen mit verschiedensten privaten Anliegen zu den Soldatenmärtyrern beten: Der eine suchte um «Befreiung von seinen Leiden» nach, der andere betete, «damit ihm sein Glück bleibe. Hier trifft man die fromme

Frau, die für ihre Kinder betet, die dem abwesenden Gatten die Rückkehr, dem Kranken die Gesundheit erfleht.» Die Predigt des Basilius zeigt, wie die Märtyrer und ihre Verehrung den Christen des nachkonstantinischen Zeitalters die Distanzierung von Welt und Staat und die Neukonstitution von sozialen Ordnungen nach christlicher Maßgabe ermöglichten: «Die Vaterstadt der Märtyrer ist doch die Stadt Gottes, deren Baumeister und Schöpfer Gott ist, das himmlische Jerusalem (...). Der natürlichen Abstammung nach waren sie verschiedener Herkunft, aber sie alle bildeten nur eine geistige Familie. Ihr gemeinsamer Vater war Gott, und alle waren Brüder, nicht einem und einer entsprossen, sondern durch die Kindschaft des Geistes zu gegenseitiger Liebe und Eintracht miteinander verbunden.» Wie sehr die vierzig Märtyrer neue Ordnungen – politisch wie sozial – konstituieren, zeigt ein Detail aus dem Bericht, den Basilius über ihr Martyrium gab: Sie nannten zwar ihre persönlichen Namen, verzichteten aber auf den ihres jeweiligen Geschlechtes: «Sie trugen nicht mehr verschiedene Namen, sondern hießen alle Christen.»[209]

Als «heilig» werden die Märtyrer empfunden, weil ihr öffentliches Bekenntnis zu Christus als dem Herrn als Zeichen und Wirkung des heiligen Geistes gilt (1Kor 12,3) und sie durch ihre Hinrichtung in besonderer Weise Christus ähnlich geworden sind. Eine erste, sehr deutliche Differenzierung zwischen der «normalen» christlichen Gemeinde, die ebenso das Prädikat «heilig» trägt wie ihre Glieder (1Kor 1,2), und besonderen «Heiligen» zeigt sich im Bericht über das Martyrium des Bischofs Polykarp aus dem kleinasiatischen Smyrna, vermutlich im Jahr 155/156 n. Chr. von dessen Gemeinde aufgeschrieben. Der bedeutende Kirchenführer wurde im Alter von sechsundachtzig Jahren hingerichtet und seine Gebeine verbrannt. Darauf schrieben die Christen von Smyrna an die Gemeinde von Philomelium: «So bekamen wir später seine Gebeine, die edler als Edelsteine und kostbarer als Gold sind, und so bestatteten wir sie, wo es angemessen war. Dort wird uns, die wir uns nach Möglichkeit in Jubel und Freude dort versammeln, der Herr die Feier des Tages seines Martyriums ermöglichen, zum Gedächtnis derer, die zuvor gekämpft haben, und zur Übung und Vorbereitung für die, denen dies bevorsteht.»[210] Die Anfänge einer solchen Verehrung von Märtyrern reichen in das hellenistische Judentum zurück; so verehrte man in Antiochien die sogenannten «makkabäischen Märtyrer», einen Schriftgelehrten namens Eleasar, sieben jüdische Jünglinge und deren Mutter, die in der Religionsverfolgung unter Antiochus IV. Epiphanes (etwa 168–166 v. Chr.) auf teilweise gräßliche Weise (2 Makk 6,18–7,42) den Tod gefunden hatten. Die Gebeine dieser etwas unglücklich als «makkabäische Märtyrer» bezeichneten neun Personen (sie haben ja nichts mit dem Priestergeschlecht der Makkabäer zu tun; die Bezeichnung stammt freilich aus der Antike) sind in einem eigenen jüdischen Grabbau in Antiochia verehrt worden, über dessen Trümmern gegen Ende des vierten Jahrhunderts eine Kirche errichtet wurde.[211] Bald nach ihrer Einweihung hielt Johannes Chrysostomus engagierte Predigten über diese Märtyrer, und ein anonymer Palästina-Pilger aus Piacenza, der um 570 den Ort besuchte, sah neun Gräber, «und über jedem Grabe hängen ihre Marterwerkzeuge».[212] Spätestens seit Mitte des dritten Jahrhunderts wurde es üblich, am Todestag von Märtyrern eine eucharistische Gedächtnisfeier zu begehen (sogenannte *anniversaria*). Cyprian rief den karthagischen Klerus auf: «Zeichnet endlich auch die Tage auf, an denen sie aus dem Leben scheiden, damit wir ihr Gedächtnis feierlich begehen können!»[213] Wenn die Synode von Elvira zu Beginn des vierten Jahrhunderts Frauen die Übernachtung an den (Märtyrer-) Gräbern verbietet und auch anderswo gegen nächtliche Exzesse an solchen Ruhestätten polemisiert wird, dann entspricht das zum einen einer geläufigen antiken Polemik gegen Frauen, aber zum anderen wohl auch einer tatsächlichen gelegentlichen Entartung der Jahresgedächtnisse.[214] Aber nicht nur die sterblichen Überreste von Märtyrern, sondern auch die der *confessores*, also Menschen, die ihr Bekenntnis zum Christentum vor den römischen Behörden nicht mit dem Leben bezahlt hatten, genossen große Verehrung. Die «Apostolische Tradition» bestimmte, daß sie «aufgrund ihres (sc. geistgewirkten: 1 Kor 12,3) Bekenntnisses» bereits den Rang von Presbytern haben; ihnen muß nicht mehr im Rahmen einer Ordination die Hand aufgelegt werden. «Falls er jedoch zum Bischof eingesetzt werden soll, muß man ihm die Hand auflegen.» Allerdings deutete sich schon das Problem der großen Menge an: Wer nicht vor Gericht gestanden hatte, «wer weder verhaftet noch in den Kerker geworfen, noch zu einer anderen Strafe verurteilt wurde», muß durch Handauflegung geweiht werden.[215] Nach den großen Verfolgungen des dritten Jahrhunderts kam die Praxis allerdings in Wegfall; die Menge der betroffenen Personen dürfte einfach zu groß gewesen sein. Spätestens in der Mitte des dritten Jahrhunderts wurden auch Gebete an Märtyrer selbst gerichtet, so zum Beispiel in Rom: «Paulus und Petrus, betet für Nativus in der Ewigkeit!»[216] Ungefähr in diese Zeit fällt außerdem die Entstehung einer Verehrung von heiligen Frauen und Männern, die weder als Märtyrer noch als Bekenner ein Zeugnis vor staatlichen Stellen abgelegt hatten. Peter Brown hat immer wieder auf die soziale Funktion von solchen Heiligen hingewiesen, um ihren «Aufstieg» vor allem im vierten Jahrhundert zu begründen, als es zumindest im Reich keine Märtyrer mehr gab.[217] Die Heiligen traten in das antike System der Patronage ein, sie übernahmen damit für das Individuum wie für Gemeinschaften Schutz- und Garantiefunktionen. Die Fürbitte des Märtyrers bewirkte im Himmel, was der irdische Patron seinem Klienten im besten Fall verschaffte: Rechtssicherheit und Gelegenheit zu bescheidenem Wohlstand. Zugleich läßt sich aber nachweisen, daß die Asketen auch Funktionen des irdischen Patronats übernahmen: Sie schlichteten beispielsweise Streitigkeiten um Landbesitz (s. u. S. 125). Der oder die Heilige verfügten über Macht in der sie umgebenden Gesellschaft – und die von ihnen berichteten Wunder sind nur ein Teil des Einflusses auf ihre Umwelt, der dem eines Patrons vergleichbar war. Heilige boten zudem auch den starken zentrifugalen Tendenzen des römischen Landlebens Einhalt, sie stärkten Identität und Funktionsfähigkeit der dörflichen Gemeinschaft. Der 459 n. Chr. verstorbene Säulenheilige Simeon, dessen nicht einmal hundert Kilometer östlich von Antiochia gelegene Säule sich zu *dem* Wallfahrtszentrum des fünften Jahrhunderts entwickelte, hat offenbar einem syrischen Dorf ganz lebenspraktische Ratschläge über Maße und Gewichte, über die Höhe des Zinses (nämlich: die Hälfte eines Hundertstels) und über den Umgang mit Schuldscheinen gegeben.[218] Er antwortete «demütigen Sinnes (...) jedem, mag er auch ein Handwerker oder Bettler oder Bauer sein», auf Fragen bei alltäglichen Problemen, wie etwa im Falle von Kinderlosigkeit.[219] Neben den Bewohnern des umliegenden syrischen Kalksteinmassivs beriet der weltberühmte Asket auch «Perser und Meder und Äthiopier (...) und selbst (...) Skythen und Nomaden», aber auch «Ismaeliten, Perser und die von ihnen unterjochten Armenier, Iberer (...) Spanier, Briten und Gallier».[220] Selbst drei Kaiser suchten ihn auf (Theodosius II. [408–450], Markian [450 bis 457] und Leon I. [457–474]), ferner auch arabische Beduinenfürsten. Daß daneben Simeon in einer Welt von religiösen Amateuren als Professioneller religiöse Sicherheit vermittelte, Hinweise über richtiges Verhalten gab, Entscheidungen fällte und Angst linderte, braucht kaum erwähnt zu werden – hierbei handelt es sich um religionsphänomenologische Einsichten, die für sehr verschiedene Kulturkreise gelten. Die Heiligen der antiken Christenheit bündelten Funktionen, die vorher die Gesellschaft als Ganze, ihre Patrone und Obrigkeiten, die paganen Priester und die Individuen ausgeübt hatten. Warum es zu dieser bemerkenswerten Konzentration gekommen ist, wird sich wahrscheinlich nie vollständig erklären lassen; die Unsicherheiten, die die politisch teilweise chaotischen Zeitläufte (Syrien etwa mußte mit starker persischer Bedrohung leben) mit sich brachten, dürfen aber nicht unterschätzt werden.

Solche Formen von «Heiligen-» und «Märtyrerfrömmigkeit» wie die eben beschriebenen konnten aber nur entstehen, weil die Frömmigkeit der Märtyrer selbst als Vorbild empfunden wurde. Der nordafrikanische Bischof Cyprian wurde im August 258 im Rahmen der Christenverfolgungen des Kaisers Valerian auf dem Landgut des Prokonsuls der *Africa* bei Karthago hingerichtet – und die Quellen bemühen sich, die gleichsam stoische Ruhe und christliche Fröhlichkeit des Märtyrers genauso herauszustellen wie seine quasi kaiserliche Hoheit, mit der er von der Bühne abtritt. Ein zweites Edikt des Kaisers, ein Reskript an den Senat, hatte für jene Kleriker, die das Opfer verweigerten, die sofortige Hinrichtung angeordnet. Das Todesurteil des Statthalters kommentierte Cyprian mit einer liturgischen Gebetsformel: *deo gratias* («Gott sei Dank»).[221] Zur Hinrichtung herausgeführt, legte er zunächst seinen feineren Kapuzenmantel ab und betete dann lang auf der Erde hingestreckt. Bevor er sich enthaupten ließ, legte er noch seine *dalmatica*, ein Obergewand mit langen Ärmeln und zwei Streifen, ab und stand also im leinenen Untergewand da. Schließlich entlohnte er sogar noch den Scharfrichter mit fünfundzwanzig Goldstücken – mit ebendieser Summe pflegten römische Kaiser die Soldaten bei festlichen Anlässen zu beschenken.²²² Daß hinter aller literarischen Topik hier eine individuelle und gefestigte Frömmigkeit steht, wird man mit gutem Grund vermuten dürfen.

Zu den Kultstätten von Heiligen und Märtyrern wurde gepilgert; durch eine solche *Wallfahrt* brach ein antiker Mensch aus dem normalen status- und rollengeprägten Leben auf in einen «totalen Prozeß».²²³ Seine sozialen Bezüge vereinfachten sich radikal, er geriet in eine routinierte, aber im Vergleich zum sonstigen Umfeld unstrukturierte und undifferenzierte Gemeinschaft. Am Zielort konnten Pilger und Pilgerin ein «unmittelbares Erleben der heiligen, unsichtbaren und übernatürlichen Ordnung erhoffen, sei es in der materiellen Form von Wunderheilungen, sei es in der spirituellen Form innerer Wandlungen von Geist oder Persönlichkeit».²²⁴ Wallfahrt gehört zu den *rites de passage*, transformiert Menschen aus einer normalen Ordnung in eine heilige Ordnung. In diesen Prozeß konnte man andere Menschen mit hineinnehmen: «Drei Meilen weiter erreichten wir Kana, wo der Herr auf der Hochzeit war (Joh 2,1–11), und legten uns auf der Bank zu Tisch; dort habe ich Unwürdiger» – schreibt der anonyme Pilger aus Piacenza gegen Ende des sechsten Jahrhunderts – «die Namen meiner Eltern hingeschrieben.»²²⁵ Außerdem verschob die Wallfahrt das Gewicht zwischen den Metropolen der Antike, den Zentren und der Peripherie. Jerusalem und das heilige Land, zentrale Ziele von Pilgerfahrten, lagen, wie wir sahen, an der Peripherie des Reiches. Heiligtümer wurden als «Städte außerhalb der Stadt» zum Teil mitten in der tiefsten Provinz gegründet.²²⁶

Als Beispiel für die vielen Zentren der Pilgerfahrt in der Spätantike – neben Jerusalem und Rom wären Tebessa, die Menas-Stadt/ Abu Mina, das Simeons-Heiligtum in Qal'at Sem'an, das Thekla-Heiligtum bei Seleukia/Meriamlik oder Helenopolis/Hersek zu nennen²²⁷ – mag hier das riesige Pilgerzentrum dienen, das sich um «das große Wunder der bewohnten Welt» etablierte – um die Säule des heiligen Simeon, der Ende des vierten Jahrhunderts als Sohn ebenjener wohlhabenden Bauernschicht geboren wurde, die das nordsyrische Kalksteinmassiv zu jener Zeit prägte. Die zu seinen Lebzeiten entstandene Vita eines Freundes, des Bischofs Theodoret von Kyrrhos, beschreibt in der gewöhnlichen Übertreibung des Genres, wie sich Simeon zu dem Wunder entwickelte, «das alle Untertanen des Römischen Reiches kennen».[228] Nachdem er wegen asketischen Übereifers aus seinem Kloster hinausgeworfen worden war, zog er schließlich auf einen Berg. Auf eine Säule stieg er, weil der starke Pilgerstrom stetig wuchs («um seine Stätte glaubt man ein brandendes Menschenmeer zu schauen») «und alles ihn zu berühren und aus seiner Pelzgewandung Segen zu erholen strebte». Auch wenn die dreimalige Erhöhung der Säule dem Ziele dient, sich von dem irdischen Getümmel zu lösen («Er wünscht, zum Himmel zu fliegen und sich vom irdischen Getriebe zu lösen»), bleibt Simeon, wie oben beschrieben, selbst den schlichtesten irdischen Geschäften wie der Höhe des Zinses verbunden – ein Wanderer zwischen den Welten.[229]

Mit dem Pilgerbetrieb verband sich ein einträglicher Devotionalienhandel; neben den kleinen Pilgerabzeichen aus Ton (Abb. 5; etwa in der Größe eines Zwanzig-Cent-Stückes), die man vor Ort kaufen konnte, wurden sogar bis nach Italien kleine Statuen von Simeon vertrieben. «Denn so berühmt soll der Mann in dem großen Rom geworden sein, daß man in allen Vorräumen von Werkstätten kleine Bilder von ihm aufstellt, die Schutz und Sicherheit verschaffen sollen.»[230] Ein wahrhaft ökumenischer Heiliger, der selbst die auseinandertreibenden beiden Hälften des Reiches zusammenzuhalten vermochte! Nachdem schon zu Lebzeiten ein großer Pilgerstrom zu diesem «Weltwunder» unterwegs war, steigerte sich dies nach dem Tode nochmals – eine ganze Pilgerstadt wurde in den drei letzten Jahrzehnten des fünften Jahrhunderts errichtet. In ihrem Mittelpunkt stand auf der Bergeshöhe das Heiligtum von etwa 450 x 250 Meter Grundfläche: Im Süden befanden sich ein Baptisterium und Pilgerhotels, im Norden eines der größten christlichen Baudenkmäler der Antike überhaupt:[231] Um die Säule herum erhob sich ein Oktogon, vier Triumphbögen führten in vier jeweils dreischiffige Basiliken; damit die westliche Basilika aufgeführt werden konnte, waren gewaltige Substruktionen notwendig gewesen. Die männlichen Pilger (Frauen durften während der Feiern nicht eintreten) tanzten um die Säule mit Musik und Gesang, teilweise auch mit Wagen und Karren herum. Der Lärm war offenbar so groß, daß Abschrankungen zwischen dem

Abb. 5: Simeon auf der Säule – Pilgerabzeichen aus Qal' at Sem'an

Oktogon und den Basiliken gebaut wurden, um den Gottesdiensträumen die Ruhe zu sichern. Am Fuße des Berges lag eine kleine Siedlung mit weiteren Pilgerhotels und Klöstern (Deir Sem'an); von hier aus stieg ein Pilgerweg als *via triumphalis* den Berg hinauf, um schließlich die Wallfahrer durch einen Triumphbogen in die südliche Basilika zu leiten. Man hat ausgerechnet, daß mehr als tausend Arbeiter gleichzeitig diesen Riesenbau ausgeführt haben müssen,[232] die ein am Kaiserhof entwickeltes Architekturprogramm umsetzten.

Sonstige Ausdrucksgestalten der Frömmigkeit

Zeugnisse magischer oder halbmagischer christlicher Frömmigkeit sind besonders durch archäologische Hinterlassenschaften breit bezeugt. Vor allem Amulette hat der Wüstensand vorzüglich bewahrt; so trug ein Christ des fünften Jahrhunderts folgenden Text bei sich: «† Christus sei mein Zeuge! Vor allem ist es ein schlechter Augenblick für die Bestrafung des Theodoros. Der Augenblick nämlich ist wirklich schlecht.» (Abb. 6[233]) Offenbar versuchte sich der Träger also vor Bestrafung zu schützen und vertraute dazu seinem zentimetergroßen Papierstückchen. Viele, vor allem polemische Erwähnungen zeigen, daß eine wohl nicht zu unterschätzende Zahl von Christen um den Hals, um den Kopf, am Arm oder Schenkel, in der Hand oder unter dem Kopfkissen solche «handgreiflichen» Versicherungen numinosen Beistandes trug – ebenso wie ihre nichtchristlichen Mitbürger. Auch hier darf man diese Frömmigkeitsform nicht allein auf den Bereich von «Volksreligiosität» beschränken: Der hochgebildete kappadozische Theologe Gregor von Nyssa erhielt, nachdem seine Schwester Makrina gestorben war (379 n. Chr.), ihr ringförmiges Kreuzamulett, das sie um den Hals getragen hatte. Eine Nonne aus ihrer Umgebung erklärte dem trauernden Bruder: «Die Wahl dieses Besitzstückes war für dich kein Fehlgriff. Denn der Ring ist an seiner Kapsel hohl, und darin ist ein Stück vom Holz des Lebens verborgen.»[234] Hier verschwimmen die Grenzen zwischen Reliquienkult und Amulettgebrauch – und um schlichte Menschen, die den Unterschied zwischen Heidenund Christentum nicht verstanden haben, handelt es sich bei dieser Familie gewißlich nicht. Auf der anderen Seite stehen die Kritiker solcher Bräuche: Johannes Chrysostomus, seit dem Jahr 398 Bischof in der Hauptstadt Konstantinopel, stellte seiner großstädtischen Gemeinde das Bild einer Mutter, deren Kind erkrankt ist, vor Augen: «Das Kind erkrankte, und sie hängte ihm kein Amulett um. Das wird ihr gleich dem Martyrium gerechnet; denn sie brachte ihren Sohn der Überzeugungstreue zum Opfer. Wenn nämlich jene Amulette auch nichts nützen, vielmehr eitel Trug und Possen sind, was tut das hier zur Sache? Es gab trotzdem Leute, die ihr einzureden versuchten, daß dieselben wirklich helfen; und sie wollte ihr

Abb. 6: Christliches Amulett – Papyrus Vindobonensis G 16685

Kind lieber tot sehen als heidnischen Götzendienst dulden.»[235] Wieder ist es die Synode im phrygischen Laodizäa, die das Tragen von «sogenannten Amuletten» explizit verbietet, «welche Fesseln für die Seelen sind»: «Diejenigen aber, welche sie tragen, sollen aus der Kirche geworfen werden.»[236] Allerdings zeigt dieselbe synodale Rechtsbestimmung, daß es offenbar sogar höhere und niedrigere Geistliche gab, die solche Teile herstellten und sonstwie über magische Kenntnisse und Praktiken verfügten.

Selbstverständlich wurden auch andere magische Praktiken der Antike von einzelnen Gliedern der Gemeinde übernommen; besonders Heilige, Asketen und Mönche bedienten sich dieser Techniken, die zugleich ihre Macht in der spätantiken Gesellschaft so sinnenfällig demonstrierte. In einer Sammlung von Mönchsbiographien vom Anfang des fünften Jahrhunderts wird von einem Asketen namens Apollonius erzählt, der Zeuge eines Streites zwischen einem paganen und einem christlichen Dorf in Ägypten um die Grenzen des jeweiligen Ackerlandes wurde. Nachdem der Streit schon zu mehreren bewaffneten Zusammenstößen geführt hatte, versuchte der Asket Frieden zu stiften. Diese Funktion eines «Ombudsmannes» oder «Friedensrichters» nahmen Mönche und Einsiedler in der christlichen Antike häufig wahr. Als ihm das Haupt des paganen Dorfes aber widerstand und Fortsetzung des Kampfes «bis zu seinem Tod» ankündigte, verfluchte Apollonius den Kontrahenten: «Es soll nun geschehen, was du gewünscht hast. Es soll aber keiner außer dir getötet werden. Es wird dir aber, wenn du stirbst, nicht die Erde das Grab sein, sondern die Mägen von Tieren und Geiern werden von dir gefüllt werden. Und während er noch redete, geschah es.»[237] Diese Fluch-Handlung, zu der es manche Parallele vor allem aus dem syrischen Raum hinzuzufügen gäbe,[238] steht natürlich im Widerspruch zu heftiger Polemik von Kirchenvätern gegen solches Verhalten – schon der historische Jesus rät seinen Anhängern, die zu segnen, die ihnen fluchen (Mt 5,44/Lk 6,28) –, dürfte aber den Beifall jenes christlichen Dorfes in Ägypten gefunden haben. Ein prinzipielles Fluchverbot stellte eine vergleichsweise neue Sicht in der Antike dar, und so verwundert es kaum, wenn schon der christliche Alltag der Apostel dem hehren Gebot nicht genügt: Paulus verfluchte nach dem Bericht der Apostelgeschichte einen jüdischen Zauberer (13,6–12) und hielt gleichzeitig das Gebot Jesu hoch (Röm 12,14/1 Kor 4,12). Aber an diesem Punkte hat sich Jesus von Nazareth offenbar auch wenig eindeutig verhalten. Er verfluchte, wenn die Erzählung historisch ernst genommen werden darf, einen Feigenbaum (Mk 11,13).

Eine etwas andere Rolle spielte die rituelle Vertreibung böser Geister und Mächte, der Exorzismus – an und für sich ebenfalls eine magische Technik, die jedoch durch die schlichte Tatsache, daß Jesus von Nazareth und die Apostel sie ausgeübt hatten, in einem anderen Rang als Amulette und Fluchzauber stand. Origenes versuchte diese Auffälligkeit Mitte des dritten Jahrhunderts zu erklären, indem er ähnliche Kunststücke bei Magiern und Zauberern in Mißkredit brachte: «Nun fällt es keinem Zauberer ein, seine Zuschauer durch seine Kunststücke zur sittlichen Besserung zu bestimmen oder zur Gottesfurcht anzuleiten, wenn sie durch seine Schaustellungen ergriffen werden, noch versucht er es, sie dahin zu bringen, daß sie in ihrem Leben und Wandel das zukünftige Gericht Gottes vor Augen haben.»[239] Aber selbstverständlich wurde versucht, kleinere und größere Probleme des Lebens durch Exorzismen zu bewältigen: Im ägyptischen Heracleopolis Magna fand sich ein Beschwörungsgebet in der Tradition der antiken Zaubertexte: «Herr, allmächtiger Gott, Vater unseres Herrn und Heilandes, Jesus Christus, (...)! Ich, Silvanus, verrichte mein Gebet und neige mein Haupt vor dir mit der Bitte und dem Ersuchen, den Dämon der Verhexung und den des Kopfschmerzes und des Streites aus mir, deinem Diener, zu vertreiben, und nimm jede Krankheit und jede Schwachheit von mir.»[240] Jedes Glied der Gemeinde nahm mindestens einmal im Leben an einem Exorzismus teil, nämlich an dem, der – freilich stark ritualisiert – im Rahmen der Taufliturgie stattfand (s.o. S. 79). In eine merkwürdige Grauzone zwischen paganer und christlicher Religion führen die Zauberpapyri, Texte mit magischen Anweisungen, die man vermutlich käuflich erwerben konnte.[241] Sie boten reichliches Material für Exorzismusformulare unter Benutzung von Namen des jüdischen und christlichen Gottes, Jesu und verschiedener Engel. Die Kanones der kirchlichen Synoden des vierten Jahrhunderts kennen ein regelrechtes Amt des Exorzisten innerhalb der Geistlichkeit, so beispielsweise die Synode von Laodizäa: «Die Geistlichen von den Priestern bis zu den Diakonen und der kirchlichen Ordnung folgend bis zu den Kirchendienern und Vorlesern und Psalmensängern und Exorzisten und Türhütern und der Ordnung der Asketen sollen nicht in die Wirtshäuser gehen.»[242] Allerdings soll sich dieses Amt niemand anmaßen, der nicht vom Bischof dazu bestimmt worden ist; natürlich konnte man nicht einfach Exorzist «werden», sondern mußte vorher sein Charisma irgendwie erwiesen haben, zum Beispiel als «christlicher Arzt und Exorzist».[243] Regelrechte Exorzismusgebete wurden den großen Theologen des vierten Jahrhunderts zugeschrieben, so beispielsweise Johannes Chrysostomus: «Laßt uns den Herrn anrufen: Ewiger Gott, der du das Geschlecht der Menschen aus der Gefangenschaft des Teufels befreit hast, reiße diesen deinen Knecht aus aller Wirkmacht unreiner Geister, befehle den bösartigen und unreinen Geistern und Dämonen, abzulassen von der Seele und dem Leib dieses deines Knechtes, und daß sie nicht bleiben und sich auch nicht weiterhin verbergen in ihm. Sie sollen zum Fliehen gebracht werden weg von dem Geschöpf deiner Hände in deinem heiligen Namen und dem deines eingeborenen Sohnes und des lebenschaffenden Geistes.»[244]

Als weitere, praktische Züge der christlichen Frömmigkeit sind noch *Almosen und Fasten* zu nennen – im Christentum bildeten wie im Judentum Almosen, Fasten und Gebet eine gern eingeschärfte Trias von guten Werken. Schon die früheste erhaltene Kirchenordnung, die «Lehre der zwölf Apostel» aus dem Syrien des späten ersten Jahrhunderts, versteht unter Almosen ein «Lösegeld für die Sünden», betont die sündentilgende Wirkung solcher Werke der Barmherzigkeit und zitiert ein Bibelwort als launige Warnung vor übereilter Gabe an unpassende Empfänger: «Schwitzen soll dein Almosen in deinen Händen, bis du weißt, wem du gibst.»[245] Die Anweisungen sind klar: «Du sollst nicht zögern zu geben; und du sollst, wenn du gibst, nicht murren. Du wirst nämlich erfahren, wer des Lohnes gütiger Erstatter ist. Du sollst dich nicht abwenden von dem Bedürftigen; du sollst vielmehr alles teilen mit deinem Bruder, und du sollst nicht sagen, etwas sei dein Eigentum.»[246] Tertullian nennt die Einzahlungen in die Unterstützungskasse für Arme «gewissermaßen Darlehen der Frömmigkeit». Der nordafrikanische Theologe bezeugt auch die Existenz einer festen Armenkasse für das Ende des zweiten Jahrhunderts: «Ein bescheidenes Scherflein steuert jeder einzelne bei an einem bestimmten Tag im Monat oder wenn er will und falls er überhaupt will und falls er überhaupt kann. Denn niemand wird gezwungen, sondern man zahlt aus freien Stücken. Dies sind gewissermaßen Darlehen der Frömmigkeit. Denn davon wird nichts für Schmausereien und Trinkgelage oder unnütze Freßwirtschaften ausgegeben, sondern für den Unterhalt und das Begräbnis Armer, für Knaben und Mädchen, die kein Geld und keine Eltern haben, und für altgewordene Diener, ebenso für Schiffbrüchige und für jene, die in Bergwerken oder die auf Inseln oder in Gefängnissen – vorausgesetzt, sie sind dort wegen ihrer Zugehörigkeit zur Gemeinschaft Gottes – zu ‹Pflegekindern› ihres Bekenntnisses werden.»[247] Es ist bereits von daher deutlich, welche Bedeutung die Gabe von Almosen für die christliche Frömmigkeit besessen hat. Breit bezeugt ist ein apokryphes Herrenwort «Geben ist seliger als Nehmen» (Apg 20,35). Der letzte Heide auf dem römischen Kaiserthron, Julian, dem die Christen den Beinamen «der Apostat» gaben, hat auch sehr klar gesehen, welche Relevanz diese christlichen Liebestaten für die Ausbreitung der Gemeinden besessen haben: «Es ist eine Schmach», schreibt er 362 n. Chr. aus Antiochia, «wenn von den Juden nicht ein einziger um Unterstützung nachsuchen muß, während die gottlosen Galiläer (also die Christen, vgl. o. S. 12) neben den ihrigen auch noch die unsrigen ernähren, die unsrigen aber Hilfe von unserer Seite offenbar entbehren müssen.»[248] «Wir sollten doch einsehen, daß die Gottlosigkeit (sc. das Christentum) nur deshalb Boden hat gewinnen können, weil sie sich liebevoll um Fremde gekümmert oder auch für die Bestattung Friedhöfe besorgt hat, ganz zu schweigen von ihrer strengen Lebensführung, einerlei ob sie bloß äußerlich war oder nicht!»[249] Und an anderer Stelle: «Sooft die Armen den Eindruck haben, von Priestern nicht beachtet zu werden, sehen das die gottlosen Galiläer sofort und nutzen die Gelegenheit zur Wohltätigkeit.»[250] Johannes Chrysostomus, der Julian als fünfzehnjähriger junger Mann erlebte und möglicherweise bei einem nahen Freund des Kaisers Unterricht nahm, hat in seinen Predigten über das Matthäusevangelium diese Praxis näher beleuchtet: «Erwäge, wie viele Witwen und Jungfrauen jeden Tag von der Kirche unterstützt werden, obwohl sie (sc. die Kirche) nur das Einkommen eines sehr mäßig Begüterten, keineswegs eines Reichen hat. Die Liste derer, die unterstützt werden, hat schon die Zahl Dreitausend überschritten. Dazu kommen noch Gefangene, Kranke in den Hospitälern, Gesunde, Fremde, Krüppel, diejenigen, die an den Stufen der Altäre auf Nahrung und Kleidung warten, sowie die gelegentlichen Bettler – und doch nimmt das Vermögen der Kirche nicht ab.»[251] Und aus einer seiner Korinther-Predigten geht hervor, daß dreitausend Witwen und Jungfrauen in einen entsprechenden Katalog der Unterstützungsbedürftigen eingeschrieben waren.[252] Bischof Porphyrius von Gaza zahlte zu Beginn des fünften Jahrhunderts Bettlern, «Fremden wie Bürgern, täglich sechs Obolen aus»;²⁵³ während der Fastenzeit wurde die Summe sogar auf zehn Obolen erhöht. Jedem Fremden, der sich in der Stadt aufhielt, gewährte er für einen Tag Unterkunft und Unterhalt. In diesen Texten, den Bestimmungen der Kirchenordnungen wie auch in den Bemerkungen Julians werden deutlich Züge dessen sichtbar, was «Kontrastgesellschaft» genannt worden ist: Ordnungen für eine soziale Wirklichkeit, die einen gewissen Kontrast zu der der paganen Umwelt darstellte, eine Diakonie, die übrigens auch nicht an den Kirchentüren haltmachte, sondern in die Gesamtgesellschaft wirkte. Das früher gern vertretene Bild, die pagane Antike habe überhaupt kein Almosenwesen gekannt, ist allerdings ein Zerrbild;²⁵⁴ im Gegenteil funktionierten viele kulturelle und soziale Einrichtungen der Kaiserzeit auf der Basis eines entwickelten und recht straffen Sponsoringsystems. Aber erst in den christlichen Gemeinden wurde dieses System in eine kontinuierliche Institution verwandelt und streng organisiert. Christliche Bischöfe führten, indem sie im vierten Jahrhundert die städtische Armenversorgung zunehmend in kirchliche Hand brachten, auch insofern neue Sitten ein, als nun die Leistungen nicht mehr nur den eigenen Mitbürgern zugute kamen, sondern unterschiedslos allen Bedürftigen. Die «Spielregeln» der Städte wurden sozusagen außer Kraft gesetzt; gleichzeitig erlaubte eine solche Sozialpolitik natürlich die effektivere Versorgung (und Kontrolle) städtischer Massen. Vielleicht liegt auch hierin ein Grund für das Interesse staatlicher Stellen an christlichen Bischöfen seit der zweiten Hälfte des dritten Jahrhunderts.

Daß die Gebemoral natürlich nicht immer den hehren Vorsätzen entsprach, braucht nicht zu verwundern: Cyprian schrieb in der Mitte des dritten Jahrhunderts einen ganzen Traktat von sechsundzwanzig Kapiteln, um die Spendefreudigkeit zu heben. Dabei führte der karthagische Bischof ein ganzes Arsenal von gemeindlichen Gegenargumenten vor: «Aber du besorgst dich und fürchtest, wenn du anfängst, reichlich Wohltaten zu üben, so könntest du vielleicht in Armut geraten, sobald dein Vermögen durch die freigebigen Spenden erschöpft ist.» – «Du fürchtest, es könnte vielleicht dein Erbgut dahinschwinden (...)» – «Aber freilich, du hast viele Kinder im Haus, und nur die Größe deiner Familie hindert dich daran, dich in reichlichem Maße um gute Werke zu bemühen.»[255] Und so griff er die Adressaten direkt an: «Wohlhabend und reich, wie du bist, glaubst du, den Tag des Herren zu feiern, obwohl du den Opferkasten gar nicht beachtest, obwohl du in das Haus des Herrn ohne Opfergabe kommst und obwohl du einen Teil von dem Opfer nimmst, das ein Armer dargebracht hat?»[256] Johannes Chrysostomus kritisierte im vierten Jahrhundert den Mißbrauch des Almosens als sündentilgende Tat: «Es gibt ja leider auch jetzt noch Leute, die andere um Unsummen bringen und dann alles gutzumachen wähnen, wenn sie zehn oder hundert Goldstücke opfern (...). Besser, man gibt nichts, als daß man fremdes Eigentum verschenkt. Sage mir doch: Wäre es kein Unrecht, wenn du zwei Menschen sähest, von denen der eine nackt ist und der andere bekleidet, und wenn du dann diesem die Kleider auszögest, um sie dem Nackten zu geben? Ganz gewiß!»[257]

Ähnlich wie die jüdische fastete auch die christliche Gemeinde zweimal in der Woche – allerdings an anderen Tagen, um sich von der eigenen Herkunft abzusetzen. Die Zwölfapostellehre bestimmte: «Eure Fastentage aber sollen nicht gemeinsam mit den Heuchlern stattfinden; sie fasten nämlich am zweiten und fünften Tag der Woche, ihr aber fastet am vierten Tag und am Rüsttag.»[258] Neben den jüdischen Wurzeln könnte man auch auf die Fastentraditionen im Demeter- bzw. Cereskult und in einzelnen Mysterienreligionen hinweisen, auf die Anweisung für jeden Laien, vor dem Vollzug religiöser Handlungen nüchtern zu sein. Ob Jesus selbst gefastet hat, bleibt unsicher; Zeitgenossen erschien er als ein «Fresser und Weinsäufer» (Mt 11,19). Im Laufe der ersten Jahrhunderte entwickelten sich aber zahlreiche Fastenvorschriften: in Vorbereitung auf die Taufe, vor Ordinationen und Weihen, vor dem Empfang der Eucharistie («Jeder Glaubende soll bemüht sein, die Eucharistie zu empfangen, noch bevor er etwas anderes zu sich genommen hat»[259]), zum Zwecke der Buße oder Fürbitte. Aber auch an diesem Punkte ist die Gemeindedisziplin offenbar immer wieder von Erosion bedroht gewesen: «Hinsichtlich des Fastens», so Johannes Chrysostomus, «höre ich viele sagen, zu hungern sei für sie eine Strapaze und falle ihnen schwer; sie schützen die körperliche Schwäche vor, beklagten auch sonst noch vieles und sagten, die Vernachlässigung der Körperpflege und das Wassertrinken richteten sie zugrunde.»[260] Entsprechend versuchte der Prediger, durch Hinweise auf die gesundheitsfördernde Wirkung von maßvollem Essen und Trinken für den religiösen Brauch zu werben.

Das Alltagsleben

Wie lebte aber die städtische und dörfliche (nichtmönchische) Christenheit ihren Alltag? Wie prägte beispielsweise das wirtschaftliche, soziale und politische Leben einer Metropole das Gemeindeleben? Und umgekehrt: Prägte das Christentum vielleicht auch das Gesicht einer Stadt? Wie unterschieden sich schließlich städtische und ländliche christliche Existenz? Solche spannenden Fragen nach Wirkungszusammenhängen zwischen dem Christentum und seiner natürlichen bzw. künstlichen Umwelt sind auf breiter Basis nur noch schwer zu beantworten. Außerdem läßt sich das Gefälle zwischen gepredigter bzw. literarisch niedergelegter Norm und alltäglicher Wirklichkeit nur schwer abschätzen. Johannes Chrysostomus sagte einmal in einer Predigt in Antiochia im Jahre 387 n. Chr., nachdem er seine Gemeinde heftig wegen abergläubischer Verhaltensweisen getadelt hatte: «Ihr verbergt euer Gesicht, faßt euch an die Stirn und schaut zu Boden? Tut das nicht, wenn ich das jetzt sage, sondern dann, wenn ihr tut, wovon ich spreche!»[261] Aber wie verbreitet waren die kritisierten Verhaltensweisen wirklich?

Christliches Leben unterschied sich von dem der paganen Umwelt bereits in ganz kleinen Äußerlichkeiten. Schon die Haustüren waren unter Umständen mit Bibelversen versehen (so wie noch heute an Wohnungen frommer Juden Dtn 6,4f. «Höre Israel, [...]» angebracht ist). Ein erhaltener, ursprünglich auf einer Tür befestigter Papyrustext leitete allerlei Psalmverse mit den Worten ein: «Die Kraft unseres Herrn ist mächtig geworden, und der Herr ist an die Tür gegangen, und er hat den Ausrotter (i. e. der Teufel) nicht hineinkommen lassen. Denn hier wohnt Abraham. Das Blut Christi möge das Böse beseitigen.»[262] Unterschiede zwischen Christen und Nichtchristen zeigten sich auch in anderen Alltäglichkeiten wie zum Beispiel der *Ernährung*. Ein vielleicht etwas krasses Beispiel illustriert diese Zusammenhänge: Da schon das Alte Testament den Blutgenuß verboten hatte (Gen 9,4: «Nur Fleisch, in dem noch Blut ist, dürft ihr nicht essen»), mußten die Christen auf den

Genuß der in der Antike außerordentlich beliebten Blutwurst (*botuli cruore distenti*) verzichten: «Deshalb legt ihr ja», so Tertullian an die Adresse der nichtchristlichen Obrigkeit, «wenn ihr Christen auf die Probe stellen wollt, ihnen auch Würste vor, die mit Tierblut gefüllt sind, offenbar in der Gewißheit, daß deren Genuß bei ihnen verboten ist.»²⁶³ Daß es sich dabei nicht um ein haltloses Gerücht handelte, zeigt etwa der Bericht über das Martyrium des Bischofs 'Akebšema/Acepsimas und seiner Genossen unter dem scharf antichristlichen persischen König Šâpûr II. im Jahre 379 n. Chr.: Immer wieder wurden die Christen durch die sassanidische staatliche Autorität dazu aufgefordert, Blut zu trinken: «Trinket Blut, und ich lasse euch frei, und ihr sollt nicht sterben.» Und immer wieder lehnten die Verhafteten dies ab, selbst das Substitut Rosinensaft, das Blutgenuß vortäuschen sollte, wiesen sie zurück: «Ferne sei uns (...), unseren Glauben und unsere Wahrheit um feindseliger und verkehrter Menschen willen zu verbergen.»²⁶⁴ Das alttestamentliche Verbot des Blutgenusses wurde aber gleichzeitig von den christlichen Theologen mit quasi naturwissenschaftlichen Argumenten untermauert beziehungsweise rationalisiert, was für faktische Probleme der Gemeinden mit der Norm spricht. Clemens von Alexandrien erklärte in seinem «Pädagogen» zu Beginn des dritten Jahrhunderts: «Menschen sollen Blut überhaupt nicht anrühren, da ihr eigener Körper nichts anderes ist als Fleisch, dessen Wachstum auf Blut beruht.» Und Johannes Chrysostomus predigte, als er Ende des vierten Jahrhunderts in Konstantinopel das erste Buch Mose der hauptstädtischen Gemeinde auslegte, ebenfalls über das Verbot in dieser rationalisierenden Weise: «Wie gering und leicht sind die Gebote! Und wie fordert der Herr doch von unserer Natur so gar nichts Schweres und gar keine Last! Einige sagen sogar, daß das Blut unvernünftiger Tiere zum Essen schwer, erdig sei und darum Krankheit verursache. Wir sollen jedoch nicht wegen solcher philosophischer Reden, sondern nur um der Gesetzgebung des Beherrschers willen die Beachtung des Gebotes an den Tag legen.»²⁶⁵

Neben dem privaten Alltag stand das Leben in der Öffentlichkeit. Aber schon das Neue Testament gibt relativ wenig Auskunft über das, was man heute öffentliches, politisches und soziales Leben nennt.²⁶⁶ Nachrichten über den christlichen Alltag betreffen

Fragen des religiösen Lebens, des Verhaltens unter Christen und Nichtchristen – aber sie fließen spärlich. Von Jesus von Nazareth sind überhaupt nur wenige Äußerungen zum Thema überliefert; jedenfalls ruft er weder zum Boykott der römischen Besatzungsmacht und ihrer Steuererhebung noch gar zum bewaffneten Widerstand gegen sie auf, sondern verweist sie allenfalls in ihre durch die Religion gesetzten Schranken: «Gebt dem Kaiser, was des Kaisers ist, und Gott, was Gottes ist.» (Mk 12,17) Erst die Schriften des Neuen Testamentes bemühen sich bei aller Anstrengung, das ethische Erbe Jesu und die «himmlische Bürgerschaft» (Phil 3,20) zu bewahren, um eine Integration der Christen in die Gesellschaft: «Bemüht euch energisch darum, ruhig zu leben, euch um die eigenen Aufgaben zu kümmern und mit euren Händen zu arbeiten, wie wir euch aufgetragen haben», schreibt Paulus etwa im Jahre 50 n. Chr. an die Gemeinde in Thessaloniki (1 Thess 4,11). Engagierte Arbeit anstelle von Bettelei und Abstinenz von politischen Auftritten verhindern, daß die Gemeinde im negativen Sinne in Städten und Dörfern auffällig wird: «Wer nicht arbeiten will, soll auch nicht essen» (2 Thess 3,10 – ein Bibelvers, der sich übrigens ohne Quellenangabe in zwei Verfassungen der Sowjetunion fand).

Tertullian bezeugt, wie wenig sich der christliche Alltag in der vor allem durch den Handel geprägten nordafrikanischen Hafenstadt Karthago von dem der übrigen Bewohner unterschied. Christen seien Menschen, die mit den Nichtchristen «zusammenleben, dieselbe Nahrung, Kleidung und Bildung haben und dieselben lebensnotwendigen Bedürfnisse». Er hielt den paganen Adressaten seiner Apologie entgegen, «daß wir nicht ohne euer Forum, nicht ohne euren Markt, nicht ohne eure Badeanlagen, Bazare, Werkstätten, Gasthäuser, Wochenmärkte und sonstige Handelsplätze mit euch zusammenleben. Auch fahren wir mit euch zusammen zur See, wir sind wie ihr Bauern und Soldaten und treiben Handel. Darüber hinaus beteiligen wir uns am Handwerk, unsere Erzeugnisse stellen wir euch allen zur Verfügung.»[267] Nirgendwo hört man in der Antike den Vorwurf, Christen hätten die nichtchristlichen Geschäfte boykottiert und nur bei ihresgleichen eingekauft. Es war in Karthago offenbar nicht einmal selbstverständlich oder üblich, daß in finanzielle Not geratene Christen sich Geld bei Glaubensgenossen besorgen konnten – die Gemeindekasse beschränkte sich auf die Unterstützung von wirklichen Armen, Waisen und Witwen. Erst Bischof Cyprian verwendete etwa fünfzig Jahre später Gemeindegelder, um Christen, die einen Handwerksbetrieb eröffnen wollten, den Start zu erleichtern.[268] Die karthagische Christengemeinde war also in das alltägliche Wirtschaftsleben der Stadt weitgehend integriert. Die Kritik der Theologen an unreellem Geschäftsgebaren und unredlicher Profitmaximierung entsprang wohl auch der jesuanischen Ethik der Nächstenliebe und den überlieferten Maßstäben jüdischer Gesetzgebung, berührte sich aber inhaltlich vollkommen mit entsprechenden paganen Forderungen.

Freilich galt diese Integration in Berufsleben und Wirtschaft nur *grosso modo*; einzelne Berufe waren für Christen verboten. Die sogenannte «Apostolische Tradition» untersagt – wie spätere Synodalrechtssätze – eine ganze Reihe von Berufen: Menschen, die als heidnische Priester arbeiteten, sich als Zuhälter, Prostituierte, Strichjungen, Schauspieler, Wagenlenker, Gladiatoren, Zauberer, Wahrsager oder Traumdeuter betätigten, mußten ihren Beruf aufgeben, bevor sie sich taufen lassen konnten. Auch die Handwerker, die für den paganen Kult arbeiteten, Bildhauer, Maler und Amuletthersteller, wurden nicht aufgenommen, es sei denn, sie verzichteten auf die Zulieferung für die ihnen nun fremde Religion.[269] Allerdings muß man einschränkend sagen, daß sich in dieser Liste viele Berufe fanden, die auch ein zeitgenössischer nichtchristlicher Römer für unehrenhaft gehalten hätte: Prostituierte und Strichjungen, aber auch Schauspieler und Gladiatoren wurden mit Infamie bestraft und besaßen keine bürgerlichen Rechte. Die Kirche hätte schließlich auch die ihr überlieferten Grundsätze nicht ernst genommen, wenn sie die Mitglieder der Halb- und Unterwelt in ihren Reihen willkommen geheißen und zugleich in deren altem Milieu belassen hätte. Andererseits gibt es immer wieder Einzelbelege, daß Menschen, die derartige Berufe weiter ausübten, dann doch wieder in die Gemeinden aufgenommen worden sind. Das gilt nicht nur für Verfertiger von Götzenbildern,[270] sondern auch und vor allem für Soldaten. Ohne daß das Thema hier ausführlich behandelt werden kann, genügt ein Blick auf die schon erwähnte (S. 23 f.) Siedlung von Dura Europos an der östlichen Reichsgrenze. Die christliche Gemeinde von vielleicht siebzig Mitgliedern bestand vorwiegend aus Soldaten. Die alte Behauptung, es gäbe keine inschriftlichen

Belege für christliche Soldaten aus vorkonstantinischer Zeit (so noch Harnack[271]), ist widerlegt. Im Heer hat das Christentum allerdings erst seit den Kaisern Mark Aurel (161–180 n. Chr.), Commodus (180–192) und dann besonders unter den Severern Fuß gefaßt; damals weitete einerseits das Militär seinen Einfluß auf die Staatsverwaltung aus, andererseits konnten fortan Nichtrömer, Freigelassene und sogar Sklaven Karriere im Militär (und damit auch in zivilen Ämtern) machen. Man kann diese Veränderungen in Verbindung mit den gleichzeitigen Nachrichten über Christen im Militär bringen.[272] Zunächst war das Christentum nur in den unteren Chargen vertreten, da mindestens im zweiten Jahrhundert die Opferpflichten für höhere Offiziere Christen in einen unausweichlichen Konflikt gestürzt hätten. Aber recht bald hatte die Mission auch unter höheren Rängen, selbst in der römischen Prätorianergarde, Erfolg: In den römischen Katakomben von Sant' Agnese lag beispielsweise ein «Licineus, Prätorianersoldat» begraben,[273] und die «Apostolische Tradition» legt eine Art Minimalforderung fest: «Ein Soldat, der unter Befehl steht, soll niemanden töten. Erhält er dazu den Befehl, soll er diesen nicht ausführen.»[274] In relativ friedlichen Zeiten, in denen das Militär zu Teilen Polizeiaufgaben ausführte, mag die Befolgung dieser Vorschrift ja möglich gewesen sein. Im Kriegsfalle wirkte sie wie ein vergebliches Rückzugsgefecht, nachdem man einmal die Vereinbarkeit von Christentum und Soldatenstand grundsätzlich akzeptiert hatte. Die Entwicklung verlief – von den Soldatenmartyrien hier einmal abgesehen – weiter in dieser Richtung: Im Jahr 314 wurde die Desertion aus dem Heer in Friedenszeiten mit dem Ausschluß aus der Gemeinde bestraft.[275]

Interessant ist an der erwähnten «Apostolischen Tradition» des dritten Jahrhunderts, daß auch eine Person, «die die richterliche Gewalt besitzt, oder ein städtischer Beamter, der Purpur trägt, damit aufhören soll».[276] Entscheidend für diese Ablehnung ist die Verpflichtung solcher Beamter, sich nicht nur an den Opfern und sonstigen Handlungen der paganen Kulte zu beteiligen, sondern ihre Ausrichtung zu beaufsichtigen beziehungsweise zu organisieren. Ein Spezifikum des römischen Verwaltungssystems der Kaiserzeit war die Tatsache, daß mit der Ausrichtung zugleich in der Regel auch die Finanzierung verbunden war; diese Form von Zwangssponsoring hat das Interesse an solchen Ämtern trotz aller damit verbundenen Ehren im Laufe der Antike stark zurückgehen lassen. Die Aufgaben eines normalen städtischen Magistrats bereiteten also einigermaßen strengen Christen und ihren Gemeinden erhebliche Probleme. Tertullian ist ein Zeuge für innergemeindliche Diskussionen über solche Probleme. Er hatte sich wie die anonyme Kirchenordnung entschieden: Christen dürfen solche Ämter nicht übernehmen.[277] Diese Haltung hätte aber im Ergebnis die christliche Gemeinde doch in sehr deutlicher Weise in den Kommunen isoliert. Schon die karthagische Gemeinde scheint daher Tertullian in seiner strengen Haltung nicht gefolgt zu sein, und die hauptsächlich von spanischen Bischöfen besuchte Synode von Elvira formulierte eine offenbar weithin konsensfähige Kompromißlösung. Sie bestimmte am Anfang des vierten Jahrhunderts, daß *duumviri* – also die doppelt besetzten höchsten Magistrate in den römischen Bürgerkolonien – sich wegen ihrer Verwicklung in heidnische Zeremonien im Amtsjahr freiwillig von der Kirche und vom Gottesdienst fernhalten sollten.[278] So wurde Christen die Übernahme solcher staatlicher Ämter möglich. Ansonsten kamen Einwohner von provinzialstädtischen Gemeinden wie etwa Karthago mit dem römischen Staat und seinen Organen nur in selteneren Fällen in direkten Kontakt: mit dem Militär in Kriegszeiten, bei polizeilichen Einsätzen der Armee (eine Polizei in unserem Sinne gab es nicht), bei Straf- und Zivilprozessen.

Schwieriger ist das christliche Alltagsleben in vorkonstantinischer Zeit für die drei großen Metropolen, Alexandria, Antiochia und natürlich Rom, zu rekonstruieren. Immerhin ermöglicht Clemens von Alexandrien mit seinen peniblen Verhaltensmaßregeln im «Pädagogen» einen Blick in die «Wohnstuben» beziehungsweise Triklinien der vornehmeren christlichen Kreise der Stadt zu Beginn des dritten Jahrhunderts. Die ersten Quellen, die das alltägliche Leben der Christengemeinde in Antiochia einigermaßen farbig schildern, stammen dagegen leider erst aus dem vierten Jahrhundert, und die Verhältnisse zu dieser Zeit, als fast schon die Hälfte der Einwohner aus Christen bestand, kann man natürlich überhaupt nicht mit den Anfängen vergleichen. Aus dieser frühen Zeit sind nur einzelne Namen von Theologen erhalten. Wie repräsentativ allerdings diese in der Regel gut gebildeten Schriftsteller für das Gros der Gemeinde waren, bleibt Spekulation. Erst für das vierte Jahrhundert, also über dreihundert Jahre nach Gründung der Gemeinde, gelingt es, ein etwas bunteres, aber längst noch nicht wirklich genaues Bild über das städtische christliche Leben zu erstellen. Johannes Chrysostomus hat in seinen Homilien, die er ab 386 n. Chr. in der Orontes-Stadt gehalten hat, zumindest mancherlei Dinge genannt, die ihm an seiner Gottesdienstgemeinde nicht gefallen haben, und dabei in gut zehn Jahren am Ort über nahezu alle Probleme des christlichen Alltags einmal ein Wort verloren. Alle diese Monita zeigen, wie stark offenbar das Alltagsleben der allermeisten Männer und Frauen der Gemeinde sozial, politisch, wirtschaftlich und kulturell in ihrer Stadt verwurzelt war.

So war die Festfreude der Antiochener in der ganzen Antike berüchtigt; es fanden mindestens jeden zweiten Tag Gladiatorenkämpfe, Zirkusspiele oder Theateraufführungen statt. Nun könnte man ja meinen, Christen hätten sich an diesen stets auch mit paganen religiösen Anlässen oder Zeremonien verbundenen traditionellen Aktivitäten nicht mehr beteiligt. Aber offenbar führte das christliche Bekenntnis nicht zur Zurückhaltung gegenüber der antiochenischen Festfreude. Chrysostomus kritisierte das Interesse seiner Gemeinde an solchen Festivitäten und rief ihr einmal aus aktuellem Anlaß – einem Volksfest im berühmten Daphne-Hain, wenige Kilometer vor der Stadt – in der Predigt zu: «Ihr alle, die ihr anwesend seid, geht morgen vor das Stadttor hinaus und haltet sie zurück mit guten Worten.»[279] Ob seine Gemeinde wirklich solchen Aufrufen stehenden Fußes zum Daphne-Tor gefolgt ist? Man möchte es kaum glauben; nüchtern bemerkt er an anderer Stelle, was übrigbleibt, wenn das Fest zu Ende gegangen ist: «Schutt, Asche und Staub.»[280]

Aber nicht nur in solchen Festen sieht der Prediger aus der «großen Kirche» einen Rest stadtbürgerlichen Heidentums, den seine Gemeinde nicht abzuschütteln vermag. Die selbstverständliche Verwendung von heidnischen Sklaven durch vornehme christliche Familien zu Bildungszwecken kritisiert er genauso wie das Tragen von Amuletten und Münzen mit Bildern Alexanders des Großen als Talisman an Kopf und Füßen: «Das ist satanischer Firlefanz.»[281] Die Akkulturation der Stadtbewohner setzt hier der Christianisierung einer ganzen Metropole offenbar sehr deutliche Grenzen; das Christentum hat sich zwar sehr früh in die Städte begeben, drohte aber schon in der Antike dort wenigstens partiell seine Identität zu verlieren.

Chrysostomus bemühte sich, einer solchen Anpassung des Christentums an «die Gestalt dieser Weltzeit» Widerstand zu leisten, getreu der paulinischen Mahnung: «Gleicht euch nicht dieser Welt an.» (Röm 12,2) Der Punkt, an dem diese kritische Haltung besonders konkret wird, ist die Frage von Eigentum und Privatbesitz.[282] In einer Predigt analysierte er die Vermögensverhältnisse seiner Stadt so: «Ungefähr ein Zehntel sind reich, und ein Zehntel sind arm; die übrigen gehören zum Mittelstand.»[283] Er folgerte daraus: «Obwohl es nun so viele gibt, die die Armen speisen könnten, müssen doch viele derselben hungrig zu Bette gehen, nicht als ob die besitzenden Klassen nicht leicht abhelfen könnten, sondern weil sie so hart und lieblos sind. Wenn man diejenigen, die Nahrung und Kleidung brauchen, auf die Reichen und mittelmäßig Begüterten aufteilte, dürfte auf fünfzig oder hundert Bewohner kaum ein einziger Armer entfallen.» Der Prediger schlug im weiteren Verlauf vor, daß die Reicheren wenigstens ein Zehntel ihres Besitzes in der Armenfürsorge anlegen könnten, und schloß: «Durch Gottes Gnade wäre unsere Stadt auf diese Weise imstande, die Armen von zehn Städten zu unterhalten.»[284]

Solche Berichte aus Antiochia zeigen, wie weit sich die christliche Gemeinde des ausgehenden vierten Jahrhunderts von jeder Form einer Konventikelfrömmigkeit entfernt hatte. Ihre Gottesdienste waren öffentliche Ereignisse im Leben einer Großstadt geworden, die natürlich auch Nährboden für allerlei unehrlichen Broterwerb bot: Chrysostomus riet seinen Zuhörern, die in der Kirche während der Predigt Opfer von Taschendieben geworden waren, künftig die Börse zu Hause zu lassen.[285] Den Landwirten, die von ihren Höfen aus dem Umland in die Stadt gekommen waren, wurde die Predigt übrigens im Seitenschiff simultan ins Syrische übersetzt; am Fuße des Berges, auf dem die Säule Simeons stand, gab es Doppelklöster für syrisch- und griechischsprachige Mönche.

Noch schwieriger ist es, den Alltag von christlichen Gemeinden auf dem Lande zu rekonstruieren. Am ehesten gelingt das – vor allem aufgrund der reichen Papyrusfunde, die der Sand hier besser bewahrt hat – noch für das ägyptische Christentum. Es war natürlich (das gilt ebenso für die kleinasiatische Situation) nicht nur von der einen Großstadt der kaiserlichen Provinz geprägt. Aber trotz der besseren Überlieferung von Alltagstexten wie etwa Briefen sind heute nur noch sehr fragmentarische Aussagen möglich. Man kann allerdings kaum noch ein Gesamtbild über das ländliche Christentum in den etwa 30 000 Kleinstädten und Dörfern dieses Gebietes[286] entwickeln. Auffällig ist zunächst der intensive Zusammenhalt, der die Gemeinden weit über die Grenzen von Ort und Familie hinaus prägt. In einer Ortschaft der sogenannten «großen Oase» in der libyschen Wüste (El-Chârga, dem antiken Kysis) fand sich ein Brief, in dem ein Priester die Unterbringung einer von Staats wegen in die Wüste fünfhundert Kilometer südlich von Kairo verbannten Christin namens Politike einem Amtskollegen mitteilte. Die Frau wurde Anfang des vierten Jahrhunderts von den «Trefflichen und Glaubenden unter den Totengräbern», d. h. von den christlichen Angehörigen des Berufsstandes der Leichenbestatter, in Obhut genommen. Der Brief hat sich übrigens zusammen mit den Resten des Archivs der Totengräber erhalten. Die zitierte und leicht verschlüsselte Formulierung von den «Trefflichen und Glaubenden» zeigt, daß nicht alle Angehörigen dieses Standes Christen waren. Aber die Glaubensgenossen der Politike gewährten ihrer Mitchristin Schutz und Obdach – so wie ihr Herr in seiner Rede vom Weltgericht (Mt 25,31–46) Aufnahme für die Fremden und Obdachlosen sowie Essen für die Hungrigen und Durstigen fordert.[287] Ein anderer Brief aus dem dritten Jahrhundert zeigt, daß diese besondere Gemeinschaft sich auch im alltäglichen Geschäft, zum Beispiel bei Handel und Geldverkehr, bewährte. Der Absender organisierte von Rom aus seine Geschäfte im arsionitischen Gau, in der Oase Faijûm, und der Bischof von Alexandria sollte die Überschüsse aus einem Verkauf von Leinenbinden, Gerste, Brot und Fischen aufbewahren, bis der Absender wieder aus Rom zurückgekehrt war. Die ägyptischen Christen wandten sich also auch bei ganz alltäglichen Handels- und Geldgeschäften an den ersten Geistlichen der Provinz; er übernahm die Funktion einer Geschäftsbank für die Gemeinde.[288]

LEBENSFORMEN

«Zwischen den Welten wandern» – diese Überschrift kann auch über eine Darstellung der christlichen Lebensformen gesetzt werden. Standen doch mit der Ehe und der ehekritischen mönchisch-asketischen Existenz von Anfang an zwei grundsätzlich verschiedene Modelle christlichen Lebens zur Disposition – grundverschieden, doch gleichwohl aufeinander bezogen und durch Modelle sexueller Zurückhaltung miteinander enger verbunden, als es auf den ersten Blick scheint.

Eine solche eigentümliche Spannung in der Beurteilung der Ehe läßt sich freilich von Anfang an durch die ganze Geschichte der Antike und Spätantike ausmachen, positive und negative Stellungnahmen wechseln. Ähnlich wie der spätantike Sammler Johannes Stobaeus zu Beginn des fünften Jahrhunderts könnte man die Stellungnahmen unter den sehr gegensätzlichen Überschriften «die Ehe ist sehr gut», «es ist nicht gut, zu heiraten» sowie «für den einen fällt die Ehe nützlich, für den anderen unzuträglich aus» zusammenstellen.[1] Der Unterschied zwischen christlichen und paganen Beurteilungen der Ehe besteht also nicht in unterschiedlichen Wertungen des Phänomens – Christen und Nichtchristen verbindet, wie stark die Wertungen der Ehe zwischen verschiedenen Binnengruppen differieren. Die Christen kennzeichnet bei allem Engagement für die Ehe ein Wissen von deren Vorläufigkeit, das die pagane Umwelt so nicht kennt.

Wahrscheinlich geht diese eigentümliche Spannung von Bejahung der Ehe und Hinweisen auf ihre Vergänglichkeit schon auf den historischen Jesus zurück, der selbst – wie auch Paulus – nicht verheiratet war. Allerdings wendete sich seine Botschaft in den meisten Fällen an Menschen, die in einer Ehe lebten, wie etwa Petrus. Auch die ersten Menschen, die in den Gemeinden Leitungsverantwortung trugen und die Botschaft aus dem engen nordgaliläischen und Jerusalemer Kontext in die verschiedenen Gegenden des römischen Reiches trugen, waren selbstverständlich verheiratet. Die im Neuen

Testament aufbewahrten Ratschläge für die Auswahl dieser Personen verlangen sowohl für den «Episkopen» als auch für den «Diakon» einen «Mann einer einzigen Frau», einen, der «seinem eigenen Haushalt gut vorsteht und gehorsame Kinder hat in aller Ehrbarkeit» (1 Tim 3,2/4 u. 12). Nur vereinzelt finden sich in der ersten Generation Menschen, die «um des Himmelreiches willen» auf die Ehe verzichten. Sie meinten, die Wiederkunft Christi stünde kurz vor der Tür und damit das Ende dieser alten Welt. Beispielsweise riet der Apostel Paulus den Mitgliedern der christlichen Gemeinde in der Hafenstadt Korinth, angesichts solcher Aussichten besser ledig zu bleiben, und verhielt sich selbst entsprechend. Aber er fügte seinen Ratschlägen sofort hinzu: «Wenn du aber doch heiratest, sündigst du nicht, und wenn ein junges Mädchen heiratet, sündigt sie nicht.» (1 Kor 7,28) Er betrachtete die «Mischehe» zwischen Christen und Nichtchristen als eine missionarische Chance (1 Kor 7,16). Damit vertrat der Apostel freilich eine sehr optimistische, ja zweckoptimistische Sicht einer Heirat zwischen Christen und Nichtchristen.

Paulus lag mit seinen scheinbar so ambivalenten Bemerkungen über die Bedeutung der Ehe als einer unzerbrechlichen göttlichen Ordnung und seinen gleichzeitigen Hinweisen auf deren Vorläufigkeit ganz auf einer Linie mit Jesus von Nazareth. Dieser radikalisierte einerseits die zeitgenössische jüdische Ehepraxis, indem er die Ehescheidung verbot und Ehebruch nicht allein über sexuelle Handlungen definierte (z. B. Mt 5,27). Andererseits ordnete er das Gottesreich und die Nachfolge deutlich über die Bindungen an Ehe und Familie (Mt 10,37). Wie Jesus in einem Gleichnis deutlich gemacht hatte, bestehen nach der Auferstehung der Toten ohnehin keine ehelichen Bindungen mehr (Mt 22,23–29). Es ist dieser Befund so zusammengefaßt worden, daß Jesus die Ehe als von Gott eingesetzte und daher sorgfältig zu bewahrende «Interimsordnung» für die alte Welt verstanden hat, deren Gültigkeit durch den Anbruch der neuen Gotteswelt in Frage gestellt wird. Ganz entsprechend hat Paulus seinen Gemeinden in Kleinasien und Griechenland geraten, im Blick auf das bevorstehende Ende der alten und die Vollendung der neuen Welt so zu leben, als hätten die Verheirateten die Ehe nicht (1 Kor 7,29–31). Aber natürlich kann mit solchen Äußerungen sofort eine Ablehnung jeder Heirat legitimiert werden – und dies ist auch geschehen.

Ehe und Familie

Kreise urchristlicher Theologen, die sich als Schüler des Paulus verstanden, haben diese Deutung der Ehe als «Interimsordnung» dann in traditionelle Ansichten über jenes Thema, vor allem aber in die Geschlechterhierarchie der jüdischen wie paganen Umwelt eingetragen und sie mit der Herrschaft Christi über seine Kirche legitimiert. Das zeigt beispielsweise der Brief eines Paulusschülers an die Christengemeinde der Hauptstadt der römischen Provinz Asia, Ephesus: «Ihr Frauen, ordnet euch euren Männern unter wie dem Herrn (sc. Christus). Denn der Mann ist das Haupt der Frau, wie auch Christus das Haupt der Gemeinde ist (...). Aber wie nun die Gemeinde sich Christus unterordnet, so sollen sich auch die Frauen ihren Männern unterordnen, in allen Dingen.» (Eph 5,21–24) Solche Texte stehen im Neuen Testament gewöhnlich im Kontext sogenannter «Haustafeln», die auch das Verhalten von Kindern, Eltern, Sklaven und sonstigen Ständen regeln. Alle diese Ethik-Kataloge propagieren Herrschaftsstrukturen, aber bestimmen diese Herrschaft näher als liebende Fürsorge und die Unterordnung näher als solidarische Anpassung, eine sklavische Unterwerfung war nie intendiert. Einer der zentralen Sätze Jesu über die Nächstenliebe schimmerte wenigstens noch durch, wenn von den Männern gefordert wurde, die Frauen «so zu lieben wie sich selbst» (Eph 5,33). Die christliche Bestimmung des Verhältnisses von Frau und Mann vermochte sich damit freilich nicht von der patriarchalischen Geschlechter- und Ständeethik der Umwelt zu emanzipieren; zaghafte Ansätze einer neuen Ethik der Freiheit im Urchristentum wurden von ihr verdrängt. Sie finden sich zum Beispiel im ungewöhnlich offenen und direkten Umgang Jesu von Nazareth mit Frauen, aber auch in folgendem Satz des Paulus: «Hier ist nicht Jude noch Grieche, hier ist nicht Sklave noch Freier, hier ist nicht Mann noch Frau.» (Gal 3,28) Es gelang aber kaum, diese (für Paulus durch die eine Taufe begründete) Entwertung irdischer Rangunterschiede und Machtverhältnisse in konkrete gesellschaftliche Realität zu übertragen. Lediglich wie eine verblaßte Erinnerung an solche radikalen Sätze wirkt es, wenn ein später neutestamentlicher Brief seine männlichen Leser dazu auffordert, mit den Frauen rücksichtsvoll umzugehen, «denn auch sie sind Erben der Gnade des Lebens» (1Petr 3,7).

Kann man also sagen, daß zwischen einer paganen und einer christlichen Ehe in der Antike kaum Unterschiede bestehen, nur der ideologische Bezugsrahmen der religiösen Kontexte gewechselt hat? Für diese Sicht lassen sich manche Belege anführen – und doch gilt auch hier wieder, daß die christliche Ehe in der kaiserzeitlichen Antike zwischen den beiden Welten des religiösen Ideals und alltäglicher Realität auf jeweils sehr individuelle Weise unterwegs war. Identitäten und Differenzen kann man sich selbst an einem so alltäglichen Kleidungsstück wie einem Hochzeitsgürtel deutlich machen: «Aus Gott Eintracht, Glück und Gesundheit», «*ex theou homonoia charis hygi(ei)a*», mit diesen Worten sind die beiden mittleren Gold-Medaillons eines solchen kostbaren Gürtels aus Dumbarton Oaks umschrieben (Abb. 7), der wahrscheinlich von einer vornehmeren Dame aus dem syrischen Raum (vielleicht im sechsten oder siebenten Jahrhundert n. Chr.) getragen wurde. Die beiden identischen mittleren Medaillons des Schmuckstücks zeigen Ehegatten, die sich jeweils die rechte Hand reichen. Diese Geste der Verbindung beider Rechten, lateinisch *dextrarum iunctio*, stellte für Gäste und Zuschauer die vermutlich eindrücklichste Handlung jeder antiken Eheschließung dar. Hier unterschieden sich pagane und christliche Hochzeiten überhaupt nicht voneinander. Da die rechte Hand der *fides*, der Göttin der Treue, geweiht war, trug diese Geste mindestens für den paganen Gast einen viel tieferen symbolischen Sinn als für uns der neuzeitliche Handschlag. Die Verbindung der rechten Hände signalisierte einer Hochzeitsgesellschaft den Willen zu Treue und Eintracht zwischen den Ehepartnern, schloß vielleicht die Unterzeichnung des Ehevertrages ab oder ging dieser voraus. Jedenfalls gehörte sie in den Kontext einer je nach gesellschaftlicher Schicht kleineren oder eben größeren Hochzeitsfeier. Hier geschah alles Wichtige; es gab in der Antike weder eine kirchliche noch eine staatliche Zeremonie für die Eheschließung. Sieht man nur auf die beiden Ehepartner und ihren Händedruck, so findet sich – von Stilunterschieden einmal abgesehen – kaum eine Differenz zwischen den byzantinischen Silbermedaillons und den vielen Hochzeitsdarstellungen römischer Kunst seit der frühen Kaiserzeit: «Eintracht, Glück und Gesundheit»

Abb. 7: Gold-Medaillons eines Gürtels aus Dumbarton Oaks

wollten sie alle vorstellen. Nun steht allerdings im Medaillon der syrischen Kette zwischen den beiden Eheleuten, ihren Bund der Hände mit seinen leicht erhobenen Händen segnend, Christus mit dem Kreuznimbus. Er ist der «Gott», aus dem «Eintracht, Glück und Gesundheit» stammen, und die zwei Kreuze über den Eheleuten bezeichnen die beiden als Christen, als Glieder seiner Kirche. Christus nimmt die Stelle ein, die in den paganen Darstellungen zuerst eine Art Brautführerin, die *pronuba*, innehatte. «Da nahm», heißt es bei einem der letzten bedeutenden heidnischen Dichter des fünften nachchristlichen Jahrhunderts, «jene die Rechte des Bräutigams, legte die Rechte des Mädchens dazu und bestätigte den Ehebund, indem sie sagte: ‹Lebt in Eintracht.›»[2] Entsprechend steht auf vielen paganen und auch auf manchen christlichen Darstellungen eine Frau zwischen den Ehepartnern, die Mann und Frau umarmt und so ihren Ehebund beschützt und segnet. Mit dem Epitheton der Brautführerin, *pronuba*, wurde einst Iuno, die Gattin Jupiters, ausgezeichnet; in der hohen Kaiserzeit galt sie als Symbolisierung der Göttin der Eintracht, lateinisch *concordia*. So reduzieren sich also die Unterschiede zwischen der späten byzantinischen Ehedarstellung und ihren heidnischen Vorbildern: In beiden werden «Eintracht, Glück und Gesundheit» durch die Geste des Verbindens der Hände thematisiert, nur die zum Schutz und als Garant angerufenen Götter wechseln.

Wie eine Illustration der Szene auf dem syrischen Hochzeitsgürtel wirkt eine Predigt, die Asterius, der Bischof von Amasea in Pontus (heute Amasya, hundert Kilometer südlich der türkischen Schwarzmeerküste), in den ersten Jahren des fünften Jahrhunderts gehalten hat: «Der allererste Brautführer ist der Schöpfer der Welt, der die ersterschaffenen Menschen durch das eheliche Band miteinander verknüpfte und denen, die darauf geboren werden sollten, ununterbrochenes Zusammenleben auferlegte, das nicht ausgeschlagen werden kann, was man wie ein Gesetz Gottes ehren muß.»[3] Da Asterius unter Gott hier Christus verstand, entspricht seine Darstellung der Szene auf dem Schmuckstück aus Dumbarton Oaks – Christus als Brautführer zwischen den Eheleuten, ihren Bund segnend. Verbunden habe er sie miteinander, wie es auch im Evangelium zu lesen sei: «So sind sie nun nicht mehr zwei, sondern ein Fleisch. Was Gott verbunden hat, soll ein Mensch nicht scheiden.» (Mt 19,6) Der Bischof riet den Männern seiner Gemeinde, die Gottesgabe ‹Ehefrau› als das anzunehmen, was sie sei: eine Mitarbeiterin bei der Bewältigung des Lebens, beim Kinderzeugen, eine Hilfe bei Krankheiten, Trösterin in Trauer, Hüterin des Herdes, kurz ein Schatz unter den Besitztümern: «Sie trauert und freut sich über ein und dasselbe (wie der Ehemann). Gemeinschaftlich mit dir besitzt sie den Reichtum, wenn welcher da ist; die kummervolle Armut richtet sie wie ein Hausverwalter ein und leistet den Schmerzen der Armut auf kluge und kräftige Weise Widerstand. Mit Ausdauer unterzieht sie sich der mühevollen Kindererziehung wegen des Zusammenlebens mit dir. Selbst wenn alle vermeintlichen Freunde das sinkende Schiff verlassen, bleibt die Ehefrau; sie folgt wie ein Hund dem Herrn diesem sogar an die Gefängnistür nach, wenn Bedarf besteht.»[4] Mit dem Ausdruck «Hüterin des Herdes» wird sogar ein alter paganer Ehrentitel, der die besondere und dominante Rolle der Frau im Haus zum Ausdruck bringt, aufgegriffen. Er bezieht sich offenbar auf die alte Tradition, die Herd-, Haus- und Familiengöttin Hestia am häuslichen Herd als einer heiligen Stätte zu verehren und die Pflege dieses Kultortes der Hausfrau anzuvertrauen. An diesem Detail zeigt sich, wie die Christen die Stellung der römischen Frau als «Herrin des Hauses» nahezu selbstverständlich übernahmen.

Es verwundert angesichts der weitverbreiteten, mindestens verhalten kritischen Ansichten über die Ehe unter Christen (wie sie ein

Asterius in seiner Predigt zu bekämpfen versucht) kaum, daß die grundsätzlich eher puritanische Einstellung der meisten halbwegs gebildeten Zeitgenossen zur ehelichen Sexualität noch verschärft wird. Gemeinsam ist nahezu allen antiken christlichen Theologen, daß sie dazu raten, nur «der Ordnung entsprechend und zur angebrachten Zeit», also zum Zwecke der Kinderzeugung, miteinander zu schlafen.[5] Augustinus empfiehlt Anfang des fünften Jahrhunderts einem Ehepaar, so zu reifen, daß sie möglichst früh darauf verzichten lernen – so entspräche es im Alter nicht dem körperlichen Zwang, sondern «einer frühzeitigen löblichen Haltung». Sexualität, die der Zeugung dient, «ist schuldlos; dient sie nur zur Befriedigung der Lust, (...) eine verzeihliche Schuld».[6] Heiraten sollten ohnehin nur die, die meinten, ohne Ehepartner nicht auskommen zu können. Ähnlich hatte es ja schon Paulus gesagt: «Es ist besser zu heiraten als sich vor Leidenschaft zu verzehren.» (1 Kor 7,9) Die stark wachsende Bedeutung der mönchischen Bewegungen im vierten Jahrhundert (s.u. S. 161–166) verstärkte entsprechende, von Anfang an vorhandene Tendenzen der christlichen Ehemoral noch. Peter Brown hat für diese Zeit von einer «Demokratie der sexuellen Scham» gesprochen, also einer für alle – religiöse Funktionsträger, Spezialisten und Laien – verbindlichen Forderung der Vermeidung von Sexualität.[7]

Welche weiteren Eindrücke gewinnt man aber vom Ehealltag? Zunächst den, daß das Problem der Mischehen, das schon Paulus angesprochen hatte (S. 141), stets eine große Rolle spielte. Denn die gemeinsame Ausübung des Hauskultes galt in einer paganen antiken Ehe ebenso als ein Herzstück gelingenden Ehelebens wie das Bekenntnis zu Christus in einer christlichen Verbindung. So standen der Mischehe auf beiden Seiten gewichtige Bedenken entgegen. Da es aber über längere Zeit in der Antike einen Überschuß an heiratsfähigen und -willigen christlichen Mädchen gab, konnten sich totale Verbote der Mischehe lange nicht durchsetzen. Wenigstens den Söhnen und Töchtern von Bischöfen verbot die Synode von Karthago trotzdem die Heirat mit Heiden oder Schismatikern (397 n. Chr.). In Kleinasien waren solche Heiraten überhaupt verboten.[8] Die Kaiser haben dann im vierten beziehungsweise fünften Jahrhundert die Heirat mit Sektierern ganz untersagt. Welche Schwierigkeiten früher schon in der Praxis solchen Familien entstanden sind, hat Tertullian Anfang des dritten Jahrhunderts in zwei Büchern an seine eigene Frau breit geschildert. Er führt zuerst die Probleme der unterschiedlichen Festkalender an – der eine faste, während die andere ein Festmahl arrangiere. Aber mit den Nichtchristen solle man keine Feste gemeinsam feiern. Der christliche Partner, so Tertullian, werde mit allerlei religiösen Praktiken behelligt, die er nur für vollkommen gotteslästerlichen Dämonendienst halten könne. Außerdem könne es ja schließlich dem anderen nicht verborgen bleiben, wenn einer der Ehepartner sich und sein Bett mit dem Kreuz bezeichne und nachts aufstehe, um zu beten. «Wer möchte», so schreibt er, «seiner Gattin erlauben, straßenweise in den fremden und gerade in den ärmsten Hütten vorzusprechen, um die Brüder zu besuchen? Wer wird es gern sehen, daß sie, wenn es erforderlich ist, sich zu nächtlichen Zusammenkünften von seiner Seite wegbegibt?»[9]

Neben diesen Äußerungen, die den Wert und die Bedeutung der Ehefrauen in ihrer häuslichen Funktion preisen, stehen natürlich auch sehr viele Zeugnisse, die der traditionellen antiken Rollenverteilung zwischen den Geschlechtern deutlicher entsprechen und daher die Herrschaft des Mannes akzentuieren: Clemens von Alexandrien rät beispielsweise seinen Lesern, also einem gebildeten und nicht unvermögenden Publikum, «den Frauen die Freiheit gehörig einzuschränken und ihnen das einengende Band schamvoller Zucht anzulegen, damit sie nicht infolge ihrer Lüsternheit von der Wahrheit abirren».[10] Auch wenn er diese Anweisungen nahezu wörtlich Plutarch entnimmt, also einem knapp hundert Jahre älteren popularphilosophischen Schriftsteller, überrascht doch die Detailfreude, mit der hier patriarchale Ängste ausgemalt werden: Wenn die Männer den Frauen keine Zügel anlegen beziehungsweise ihre Flügel nicht stutzen würden (übrigens wieder ein Bild Plutarchs), dann, so befürchtet Clemens, stolzierten die Frauen, über und über mit Schmuck beladen, durch die Gegend und suchten Gefallen bei fremden Männern. Plutarch und Clemens sind sich aber auch einig darin, daß Männern allezeit die Gefahr drohe, durch reiche und vornehme Frauen unterjocht zu werden und so den stolzen Mut verlieren zu müssen. Umgekehrt gibt sich aber auch eine zu stark erniedrigte und unterjochte Frau schneller Männern aus der Unterschicht hin. Beide, der Heide wie der Christ, intendieren also einen wechselseitigen Erziehungsprozeß der Ehepartner: Beide sollen sich gegenseitig die «unvernünftigen Triebe und Begierden» allmählich abschwächen. Das sittsamere Leben ist das vernünftigere und zugleich auch das schlichtere Leben und überhaupt die «würdige Lebenshaltung».[11] Wie in modernen Benimmhandbüchern wendet Clemens von Alexandrien diese verbreiteten Maximen zeitgenössischer kynisch-stoischer Ethik im Stil popularphilosophischer Unterweisung («*Diatribe*») auf nahezu alle Bereiche des täglichen Lebens an: Essen, Trinken, Schlafen, Kleidung und Geschlechtsleben. So sollen Frauen einen goldenen Siegelring am Fingergelenk, Männer dagegen ihren Siegelring höchstens am hintersten Glied des kleinen Fingers tragen. Die Haare des Ehemannes empfiehlt Clemens «kurz geschoren, den Bart dagegen soll man wachsen lassen», der Gattin dagegen rät er glattgekämmtes, langes Haar, das sie «am Nacken mit einer einfachen Spange schlicht aufsteckt».[12] Perücken sind gänzlich verboten. Die Aufzählung genügt, um zu erkennen, wie weit diese «christliche» Ehe-Ethik trotz der gelegentlich und nicht immer passend zitierten Bibelverse einfach die Kontrafaktur entsprechender paganer Vorbilder darstellt. Die Ehe ist Kampfplatz, auf dem vor allem die Männer die Selbstbeherrschung lernen können: «unbeeinflußt zu sein von Freud und Leid in der Ehe und beim Aufziehen von Kindern und in der Fürsorge für das Hauswesen».[13]

Die Ansicht, daß die Erzeugung von Kindern das zentrale Eheziel sei, verband Juden, Christen und Nichtchristen. Während die ersten beiden Gruppen auf das Gebot des – mit Asterius gesprochen – allerersten «Brautführers»: «Seid fruchtbar und mehret euch» (Gen 1,28) hinweisen konnten, wurde in paganen Eheverträgen dieser Ehezweck manchmal sogar schriftlich festgehalten. Jedenfalls bestimmt es so ein erhaltenes Exemplar eines römischen Ehevertrages,[14] was insbesondere einer Forderung der stoischen Ethik, aber auch der frühkaiserzeitlichen Gesetzgebung entspricht: Kinderzeugen ist Pflicht und ein Beitrag zur Wohlfahrt des Gemeinwesens. Augustinus schreibt zu Beginn des fünften Jahrhunderts nicht nur, daß die Ehe zwischen Mann und Frau etwas Gutes sei, sondern bestimmt als Ehezweck «die Zeugung von Kindern» und «die von Natur aus gegebene Gemeinschaft der verschiedenen Geschlechter».[15] Werden Kinder gezeugt, so bewirkt die sonst wegen des Elementes der Lust eher negativ gewertete Sexualität doch noch «eine gute Frucht»: «Die körperliche Begierde glüht sittsamer, wenn die Empfindung der Elternschaft sie ordnet.»[16] Dagegen behauptete Johannes Chrysostomus in einer Ansprache für seine Gemeinde im syrischen Antiochia, die Erde sei nun ausreichend bevölkert, dieser Grund für die Ehe sei nun entfallen.[17] Trotzdem gab er in einer eigenen Schrift Ratschläge für die Erziehung von Kindern und beklagte die allgemeine Gleichgültigkeit gegenüber diesem Thema. Das Leitmotiv christlicher Erziehung formulierte Chrysostomus so: «Erziehe einen Kämpfer für Christus und lehre ihn, auch wenn er in der Welt lebt, von frühester Jugend an, gottesfürchtig zu sein (...). Du freust dich zuerst an dem guten Verhalten, wenn du einen guten Sohn hast, und dann freut sich Gott. Du arbeitest für dich selbst.» «Dem Kind soll allgemein der Stempel eines heiligen Mannes aufgedrückt werden.»[18] Darauf folgen sehr konkrete Weisungen über die Sprache des Kindes, über das Verbot, heidnische Märchen zu erzählen, über die Form von Bestrafung: zuerst ein strenger Blick, dann verletzende Worte, erst am Ende der Lederriemen, aber nur zurückhaltend: «Schläge soll er nicht fortwährend bekommen.»[19]

Da schon nach paganer römischer Vorstellung der Zweck der Ehe in der Erzeugung von Nachwuchs bestand und der Ehebruch auch juristisch streng geahndet wurde, scheuten während der römischen Kaiserzeit viele Männer aus etwas gehobeneren Schichten die eheliche Verantwortung. Sie wählten eine Form des Zusammenlebens, die durch das eingedeutschte Wort «Konkubinat» nur sehr mißverständlich bezeichnet ist – denn es ist damit keine Verbindung neben einer Ehe, sondern eine statt dieser gemeint. Es handelte sich beim *concubinatus* um eine Möglichkeit, die strengen frühkaiserzeitlichen Ehegesetze zu umgehen, zum Beispiel als Mann dauerhaft mit einer Frau niedrigeren Standes zusammenzuleben und dabei zwar auf den Nachwuchs, nicht aber auf die Sexualität zu verzichten. Das Konkubinat stellte daher eine vergleichsweise alltägliche Sache dar, die sogar in gewissen Grenzen kirchlich anerkannt war. Augustinus lebte beispielsweise längere Zeit in einer solchen Gemeinschaft mit einer Frau zusammen und entließ sie erst 385, um sich mit einer jungen und reichen Erbin zu verloben. Er hat später einen solchen Umgang mit Konkubinen scharf kritisiert und den

Männern in seiner Gemeinde verboten. Offenbar war ihm überdies seine eigene Vergangenheit so peinlich, daß er in seinem ganzen Schrifttum nicht einmal den Namen seiner Lebensgefährtin nennt. Er verurteilt das Konkubinat später deswegen, weil sich hier zwei Menschen miteinander verbänden, «nicht um Kinder zu zeugen, sondern lediglich um die geschlechtliche Begegnung miteinander zu genießen; dazu gibt man sich das Wort, daß weder er noch sie in der Zwischenzeit fremdgehe»: eine «Frau auf Zeit».[20]

Ehe als unkündbares Versprechen von Treue und Eintracht unter dem Segen Gottes – daß die Ehewirklichkeit nicht immer dieser hehren Beschreibung entsprach, zeigen die Bestimmungen der verschiedenen Synoden, zu denen sich in der Regel die Bischöfe versammelten. Ein erster Ehebruch der Frau ist schon Scheidungsgrund genug,[21] kann aber noch durch das Instrument der Buße gesühnt werden. Außerdem ist die Wiederverheiratung untersagt. Ein zweiter Ehebruch führt nach den Entscheidungen der Synode von Elvira zu lebenslangem Ausschluß vom Sakrament der Eucharistie, ebenso Ehebruch und folgende Wiederverheiratung. Eine Ausnahme wurde nur bei schwerer Krankheit gemacht. Strenge christliche Regelungen über Ehehindernisse auf solchen Synoden entsprachen der alttestamentlichen und römischen Rechtspraxis: Schwägerschaft schloß die Ehe aus, widrigenfalls wurden die Beteiligten auf fünf Jahre von der eucharistischen Kommunion ausgeschlossen. Ebenso wurde die Heirat einer Stieftochter durch ihren Stiefvater als Inzest empfunden.[22] Andererseits lassen die Anweisungen der Synoden in Zeiten einer blühenden asketischen Bewegung auch keinen Zweifel an dem Institut «Ehe» und seiner Bedeutung zu. Eine Synode im paphlagonischen Gangra (heute das türkische Çankiri) bestimmt im letzten Drittel des vierten Jahrhunderts: «Wer die Ehe verwirft und behauptet, daß eine Frau, die mit ihrem Mann schläft und dabei glaubt und fromm ist, nicht in das Reich Gottes eingehen könne, der sei ausgeschlossen.»[23] Das griechische Wort «*anathema*», das hier steht, zeigt an, daß der Betreffende öffentlich verflucht und aus der Kirche ausgestoßen ist, also dem Verderben preisgegeben wird. Ebenso werden die Frauen, die aus ebensolchen Gründen ihre Männer verlassen, und Eltern, die ihre Kinder deswegen vernachlässigen, anathematisiert. Freilich gab es hier auch abweichende Stimmen.

Das kleine Medaillon des syrischen Hochzeitsgürtels aus byzantinischer Zeit könnte aber auch noch ganz anders gedeutet werden, nämlich als eine Art von «Ehe zu dritt», als eine Verbindung zwischen Braut, Bräutigam und Christus als einem weiteren Ehepartner. In dieser besonderen *ménage à trois* steht Christus zwischen Mann und Frau und ordnet ihre Beziehung im beschriebenen Sinne. Wenn auch die explizite Rede von der «Ehe zu dritt» sich wohl erst bei Sören Kierkegaard und also in der europäischen Neuzeit findet, kommen die Ansichten der antiken christlichen Theologen von der Ehe dieser Vorstellung manchmal doch sehr nahe. Vorbereitet hat sie der Epheserbrief der Paulus-Schule, indem er – vielleicht auf den Spuren des Paulus (2Kor 11,2) – das Bild der Ehe zugleich auch auf das Verhältnis zwischen Christus und seiner Kirche anwendete: «Die beiden werden ein Fleisch sein» (Mt 16,9): «Dieses Geheimnis ist groß; ich aber deute es auf Christus und die Kirche.» (Eph 5,32) Damit begründete der Brief den Siegeszug einer Brautmetaphorik, die sich besonders bei der Kommentierung des Hohenliedes der Bibel entfalten konnte – dieses alttestamentliche Buch wurde seit Anfang des dritten Jahrhunderts auf die eheliche Liebe zwischen Christus und Kirche gedeutet. Beispielsweise hat der römische Theologe Hippolyt im frühen dritten Jahrhundert den Vers «Laß uns eilen! Der König führt mich in sein Schlafzimmer» so interpretiert: «Wer ist der König? Christus. Welches ist das Schlafzimmer? Die Kirche.»[24] Seit den beiden Hohelied-Auslegungen des alexandrinischen Theologen Origenes, die dieser um die Mitte des dritten Jahrhunderts in Form von Predigten und einem mehrbändigen gelehrten wissenschaftlichen Kommentar schrieb, verschob sich der Schwerpunkt auf eine individuelle Anwendung dieser Metaphern. Den Gang ins Schlafzimmer interpretierte Origenes so: Die menschliche Seele hängt dem Wort Gottes an, weil Christus sie dazu heranführt, seinen Sinn zu verstehen.[25] Die Liebesbeziehung, von der das alttestamentliche Buch spricht, wird als die zwischen Christus und der glaubenden Seele vorgestellt, so daß der ideale verheiratete Leser oder Hörer solcher Texte in einer Art von Doppel-Ehe lebt: Er ist für die Dauer dieser Weltzeit mit einer irdischen Frau verheiratet, aber seine eigentliche unzerstörbare Beziehung ist die himmlische. Interpretationen wie diese haben dazu geführt, daß die urchristliche Bewertung der Ehe als einer vorläufigen Institution auch in den späteren Jahrhunderten bewahrt blieb. Obwohl nun nicht mehr mit dem sofort oder baldigst hereinbrechenden Weltende gerechnet wurde, das jeder irdischen Ehe ihr definitives Ende setzt, markierte die «Ehe mit Christus» der Beziehung auf Erden bereits in der Gegenwart ihre Grenze. Natürlich konnte mit dieser verbreiteten Vorstellung umgekehrt auch der besondere Wert der irdischen Ehe als Gleichnis der himmlischen Verbindung von Christus und seiner Kirche demonstriert werden: Für Augustinus ist zu Anfang des fünften Jahrhunderts die Ehe ein Zeichen dieses ewigen Bundes, an dessen Wirklichkeit sie partizipiert.[26]

Ein besonderes Problem stellten innerhalb einer christlichen Gemeinde und Familie die *Sklaven* dar, wobei die schlichte Unterscheidung von «Freien» und «Sklaven» für die Kaiserzeit leicht in die Irre führt. Zum einen gab es Sklaven hauptsächlich als familiäres Phänomen: Im Familienverband unterstanden die Sklaven wie Kinder und Kindeskinder, gelegentlich aber auch die Ehefrau, der hausväterlichen Gewalt (*patria potestas*) des Hausvaters (*pater familias*). Der unterschiedliche rechtliche Status von *pater familias* und Sklaven implizierte nun aber keineswegs eine unterschiedliche soziale Stellung: «Sklaven konnten je nach Zivilisationsstand, intellektuellen oder charakterlichen Fähigkeiten oder Spezialausbildung die unterschiedlichsten Aufgaben in der Stadt oder auf dem Lande erfüllen, mit Freien zusammen als landwirtschaftliche Arbeiter, in der Betriebsführung als Verwalter oder Buchhalter, als Agenten großer Kaufleute oder als dienendes Personal in Vertrauensstellungen im Haushalt, als Vorleser, Musiker, Schauspieler oder als Handwerker, Ärzte, Elementarlehrer und in anderen Berufen.»[27] Aber natürlich konnten ihnen auch elementare «Menschenrechte» wie etwa Sexualität, Kinderzeugung und -aufzucht verwehrt werden, so daß sie unter Umständen ein außerordentlich unbefriedigendes Leben führen mußten. Allerdings durften viele Sklaven die begründete Hoffnung hegen, von ihrem jeweiligen Dienstherrn zu Lebzeiten oder nach dessen Tode in die Freiheit des römischen Bürgerrechtes entlassen zu werden. Außerdem erfolgte eine Verbesserung ihres Rechtsstatus im Sinne einer Humanisierung. So konnte seit Antoninus Pius bei Tötung eines Sklaven durch seine Herrschaft ohne zureichenden Grund eine Mordanklage gegen die Täter erhoben werden, allerdings war körperliche Züchtigung weiter als letztes disziplinarisches Mittel gestattet. Das Abhängigkeitsverhältnis verwandelte sich im günstigsten Falle zu Lebzeiten in ein Patronageverhältnis: Gehorsam, kleine Dienstpflichten und Respekt gegen den Schutz des Patrons. Es besteht allerdings kein Zweifel daran, daß die Christengemeinden die Sklaverei als ein «wichtiges Strukturprinzip der Wirtschafts- und Sozialordnung der Antike» im wesentlichen übernommen haben.[28] Man sieht dies schon bei Paulus, der einem jeden rät, in dem Stand zu bleiben, in den er berufen ist (1 Kor 7,21). Ein Freikauf von Sklaven auf Gemeindekosten wurde schon im zweiten Jahrhundert ausdrücklich abgelehnt.[29] Die häufige Bezeichnung der Christen als «Sklaven Gottes» (Lk 2,29 u. ö.) oder als «Sklaven Christi» (so beispielsweise Paulus von sich in Röm 1,1) implizierte keine Kritik an diesem Strukturprinzip, sondern war Ausdruck eines frommen Gleichnisses: So wie der Hausvater von seinen Sklaven Ehrfurcht und Gehorsam verlangen kann (und ihnen dafür im Idealfall Schutz und Unterkommen bietet), so fordert es Gott von denen, die als seine Geschöpfe unter seinem Herrschaftsbereich stehen. Vor dem Hintergrund des anfänglich außerordentlich strengen Sklavenrechts mit seinem Recht zu Züchtigung und anderer körperlicher Gewalt heben sich dann die christlichen Aufforderungen zur Milde im Umgang mit Sklaven ab – aber dies geschieht, wie gesagt, ohne daß die Institution grundsätzlich in Zweifel gezogen wird. Für diese Haltung, die *mutatis mutandis* der gegenüber dem Geschlechterverhältnis entspricht, hat Ernst Troeltsch den Ausdruck «christlicher Liebespatriarchalismus» geprägt,[30] und dazu lassen sich viele Belege zusammenstellen: Es ist ausgerechnet worden, daß beispielsweise der aus der Paulusschule stammende Brief an die Gemeinde im kleinasiatischen Kolossae mit sechsundfünfzig Worten die Sklaven zum Gehorsam, aber nur mit achtzehn deren Besitzer zur Milde auffordert.[31] Und die erste christliche Gemeindeordnung zitiert auf dieser Linie ein älteres jüdisches Textstück: «Gib deinem Sklaven oder deiner Sklavin, die auf denselben Gott hoffen, keine Befehle, wenn du bitter bist, damit sie nicht aufhören, Gott zu fürchten, der über beiden ist (...). Ihr Sklaven aber seid untertan eurem Herrn als einem Abbild Gottes in Scheu und Furcht.»[32] Vergleichsweise kritisch gegen die Sklaverei eingestellt waren die alexandrinischen Theologen. Sie rezipierten die philosophische Kritik an dieser

Rechtsform, ohne jedoch für ihre Abschaffung zu plädieren. Origenes schrieb: «Daß aber der Jude einem Glaubensgenossen nicht länger als sechs Jahre als Sklave dienen durfte, was bedarf es der Worte, um darzutun, wie verständig erdacht diese Bestimmung war und weder den Herrn noch den Sklaven schädigte.»[33] Origenes konnte das natürlich auch leicht sagen. Er brauchte keine Sklaven, da ihm ein reicher Mäzen ein opulentes privates Schreibbüro mit sieben Schnellschreibern, sieben Reinschreibern und sieben Schönschreiberinnen finanzierte.[34] Sieht man einmal von kleinen Gruppen wie den «Circumcellionen» ab, die teilweise aus entlaufenen Sklaven bestanden, etwa zwischen 340 und 420 das nordafrikanische Numidien durchstreiften und Herrschaften mit Gewalt zur Sklavenfreilassung gezwungen haben,[35] so wird man die christliche Haltung mit dem Schlagwort «Aufforderung zur Mäßigung bei grundsätzlicher Bejahung» zusammenfassen können. Allerdings vermochten sich die Christen einer gewissen «Rebrutalisierung» der Sklavenhaltung in der Spätantike[36] nicht zu entziehen. Die Synode von Elvira bestimmte, daß im Falle der Tötung einer Sklavin durch ihre erzürnte Herrin letztere für sieben Jahre (bei Mord) beziehungsweise für fünf (bei Totschlag) von der Kommunion ausgeschlossen sei. Der vorausgesetzte Fall ist die Auspeitschung, die innerhalb von drei Tagen zum Tode führt. Mitte des vierten Jahrhunderts anathematisierte die Synode von Gangra diejenigen, die Sklaven anwiesen, nicht ihren «Herren treu und ehrerbietig zu dienen», sondern sie verleiteten, «unter dem Schein der Gottesfurcht denselbigen zu verachten und aus dem Dienst zu treten».[37] Johannes Chrysostomus vertrat die Ansicht, ein Christ solle – wie die ersten Jerusalemer Christen – eigentlich überhaupt keine Sklaven haben oder höchstens einen oder zwei. Gott habe ja Adam schließlich auch keinen Sklaven miterschaffen. Man solle sie in nützlichen Gewerben ausbilden und sie dann freilassen: «Wenn du sie schlägst und ins Gefängnis wirfst, ist dies kein Ausdruck deiner brüderlichen Liebe.»[38] Den Sklaven rät er: «Laßt uns um Christi willen der Herrschaft dienen», nachdem er sie vorher getröstet hat: «Die Knechtschaft ist nur ein leerer Name. Die Herrschaft erstreckt sich bloß auf den Leib, ist vergänglich und von kurzer Dauer.»[39] Seine Grundmaxime hat Chrysostomus mehrfach so erläutert, daß «Christus seine Gesetze nicht zum Umsturz der staatlichen Ordnung, sondern zu ihrer Verbesserung gegeben habe und um uns zu belehren, daß wir nicht überflüssige und unnütze Kämpfe gegen dieselbe führen sollen».⁴⁰ Außerdem ist die Kritik des Predigers an der Sklaverei weniger streng als die am Mißbrauch des Reichtums.⁴¹

Bei aller Milde stimmten wohl die meisten vermögenden Christen der paganen Überzeugung bei, daß der Verzicht auf Bestrafung von Sklaven diese zu bösen Taten verführe. Lucius Caelius Lactantius, in Afrika geboren und Anfang des vierten Jahrhunderts staatlicher Rhetoriklehrer in den Residenzstädten Nikomedien und Trier, schreibt dies in einer Abhandlung «Vom Zorne Gottes». Sein Ratschlag an die Herrschaften ist, zunächst den Zorn zu mäßigen und dann erst zu züchtigen. Trotzdem hält er es für natürlich, daß Menschen empört sind, wenn sie sehen, «daß im Hause (...) gesündigt wird; denn der Anblick der Sünde selbst ist schon empörend».⁴²

Diese Grundtendenz einer Bejahung jeweiliger gesellschaftlicher Ordnung bei gleichzeitigem Versuch, ihre Härten zu mildern, gilt übrigens auch für den christlichen Umgang mit dem Status der Frau – obwohl es hier deutlichere Abweichungen von der Norm der Mehrheit gibt als bei der Sklaverei. Der offene Umgang Jesu mit Frauen hat bei verschiedenen Bewegungen am Rande der Kirche einen größeren Nachhall gefunden als in der Mehrheitskirche. Freilich führt es zu geradezu grotesk falschen Ergebnissen, wenn daraus gelegentlich die Regel gewonnen wird, von der Mehrheitskirche ausgeschiedene Bewegungen seien grundsätzlich frauenfreundlicher gewesen als jene und die Tatsache ihres Ausschlusses hänge mit dem andersartigen Umgang mit Frauen zusammen. Bewegungen wie etwa die «Gnosis» waren, wenn man deren äußerst verschiedene Richtungen hier überhaupt zusammenfassen darf, genauso frauenfreundlich beziehungsweise -feindlich wie die übrige Kirche auch.

Bei der Verbreitung des Christentums haben Frauen eine große Rolle gespielt, wie schon das Neue Testament zeigt. Beispielsweise sammelten sich um eine Prisca/Priscilla Hausgemeinden in Rom, Korinth und Ephesus (1Kor 16,19/Röm 16,3); sie dürfte dort den Status einer Lehrerin und Gemeindeleiterin eingenommen haben. In der Christengemeinde im kleinasiatischen Smyrna spielen Anfang des zweiten Jahrhunderts mehrere vornehme Frauen offenbar eine wichtige Rolle, denn in den Briefen des antiochenischen

Bischofs Ignatius werden sie eigens gegrüßt: Alke und Tavia/Gavia beziehungsweise die Frau des Statthalters.[43] So wie Frauen in der frühen Kaiserzeit als ökonomische Hausvorstände unter Umständen ein beträchtliches Maß an Autonomie entfalten konnten, werden hier Frauen Hausgemeinden vorgestanden haben. Kleinasien scheint ohnehin eine vergleichsweise «frauenfreundliche» Region des frühen Christentums gewesen zu sein: Mehrere prophetische Frauen prägten in der zweiten Hälfte des zweiten Jahrhunderts eine phrygische Bewegung, die freilich nach einem Mann namens Montanus «Montanismus» benannt wurde. Allerdings berichteten sie schon von Widerständen gegen ihre Verkündigung – so ein Ausspruch der Prophetin Maximilla: «Ich werde weggejagt wie ein Wolf aus der Herde der Schafe; ich bin kein Wolf, Rede bin ich und Geist und Kraft.»[44] Eine ihrer Botschaften entsprach durchaus der mehrheitskirchlichen Verkündigung und lautete: «Auf mich hört nicht, sondern hört auf Christus!»[45] Der Statthalter der kleinasiatischen Provinz Bithynien zwischen 111 und 113 n. Chr., Plinius der Jüngere, hat nach gängiger Rechtspraxis zwei Sklavinnen, «die als Diakonissen bezeichnet wurden», foltern lassen: «Ich fand aber nichts anderes als einen maßlosen, verworrenen Aberglauben.»[46] Es sind auch einige Namen von Frauen verteilt über das zweite bis vierte Jahrhundert überliefert, die als Patroninnen von Theologen oder Asketen wirkten; aber ähnliche Tätigkeiten paganer Frauen waren schon im ersten Jahrhundert nicht unumstritten, wie sich an der gespaltenen Reaktion auf ähnliche Aktivitäten der Kaisergattin Livia (58 v. Chr.–29 n. Chr.) zeigt. Alle diese Hinweise auf die Dominanz von Frauen in den Gemeinden können nicht nur zu Impulsen Jesu und der ersten Generation in Bezug gesetzt werden, sondern auch zu einer emanzipatorischen Tendenz in der Lebensrealität der Frauen in der frühen Kaiserzeit, die allerdings spätestens seit dem vierten Jahrhundert verebbt war.[47] Ein Reflex dieser Entwicklung ist die zunehmende Marginalisierung von Frauen, die auffällt, wenn man die Kirchengeschichte des Origenes-Enkelschülers Eusebius (vier Auflagen von 295–325 n. Chr.) mit den Kirchengeschichten des fünften Jahrhunderts (Sokrates, Sozomenus, Theodoret) vergleicht.[48] Freilich finden sich schon bei Paulus (1Kor 11,5 f. bzw. 14,33–36) und dann auch in anderen neutestamentlichen Spätschriften (1Tim 2,11–15) harsche Invektiven gegen

Frauen, die prophetisch reden oder sonstwie im öffentlichen Gottesdienst lehren. Ein «Rollentausch» zwischen Mann und Frau hat ohnehin in der christlichen Antike nie zur Debatte gestanden, wie eine Bemerkung bei Johannes Chrysostomus zeigt: «(Eine Frau) gibt ihrem Gatten völlige Sicherheit, stellt ihn von allen Haushaltssorgen frei, Sorgen über Geld, Wollbearbeitung, Essenszubereitung und richtige Kleidung. Sie kümmert sich um all diese Angelegenheiten, um die es sich zu sorgen für den Gatten nicht schickt, noch die von diesem zufriedenstellend ausgeführt werden können, sollte er je Hand an sie legen – selbst wenn er sich redlich bemühte.»[49] Es ist also auch an diesem Punkte der christlichen Gemeinde fast von Anfang an mehrheitlich nicht gelungen, die Intentionen Jesu gegen die übermächtigen Geschlechterrollen wirklich in konsequenter Weise zur Geltung zu bringen. Was an faktischer Gemeinschaft zwischen Frauen und Männern in den antiken Gemeinden die Schranken von Geschlecht und sozialem Stand tangierte oder außer Kraft setzte, was in Gestalt der für die Frau reservierten Ämter (s. S. 208) die Dominanz männlichen Priestertums aufbrach, blieb hinter dem zurück, was möglich gewesen wäre – oder vielleicht besser: uns heute möglich scheinen mag.

Askese und Mönchtum

Das griechische Wort «*Askese*» meint in seiner Grundform eigentlich: «sorgfältig bearbeiten» oder «sich tugendhaft verhalten, um den Charakter zu stärken». Erst in den popularphilosophischen Vorträgen der frühen Kaiserzeit verengt sich der Begriff auf die «Enthaltsamkeit» und den Verzicht auf alle möglichen Annehmlichkeiten und Genüsse.[50] Askese bedeutet nun die Trennung von der Welt, genauer die Trennung vom Körperlichen, das mit Gesellschaft und Welt verbindet. Am Anfang der Entwicklung hin zu einer christlichen Form von Askese steht in diesem Fall nicht der Stifter: Jesus von Nazareth hat offenbar die asketischen Tendenzen des Täufers Johannes nicht fortgesetzt. Seine Jünger fasteten nicht (Mk 2,18 f.), seine Praxis gemeinsamer Mahlzeiten mit religiös und gesellschaftlich rand- oder außenständigen Gruppen erregte Kritik (Mt 11,18–20). Trotzdem finden sich schon im Neuen Testament

Ansätze einer Moral der «besseren Gerechtigkeit», die im Sinne einer zweistufigen Ethik gelesen werden können und auch gelesen worden sind: Während nach Markus Jesus dem vermögenden Jüngling den Verkauf des Besitzes noch mit den Worten «Eines fehlt dir noch» anrät (Mk 10,21), lautet die Einleitung bei Matthäus: «Wenn du vollkommen sein willst, (...)» (Mt 19,21), so daß man hier nun eine schlichtere Moral (nämlich die der Zehn Gebote: Mt 19,18–20) und eine vollkommenere unterscheiden könnte, die den vollständigen Verzicht auf Besitz und Reichtum impliziert. Es ist klar, daß der historische Jesus eine derartig gesetzliche Schematisierung nicht intendiert hat, sondern offenbar sehr verschiedene Formen der Nachfolge in seiner Umgebung duldete – sofern sie je in ihrer Situation ernst machten mit dem Bekenntnis. Bei Ausgliederung einer spezifisch asketischen Ethik handelt es sich zunächst um ein Akkulturationsphänomen der Jesus-Bewegung, denn verschiedene Formen asketischen Lebens waren der antiken Gesellschaft vertraut, sowohl im jüdischen wie im paganen Raum. Das Christentum partizipierte außerdem an den latent leibfeindlichen Tendenzen, die in verschiedenster Form antike Texte durchziehen, wie eher zufällige Beispiele zeigen können: Ein Zeitgenosse Ciceros, der lateinische Grammatiker Gavius Bassus, hat das lateinische Wort *caelebs* (ehelos) mit *caeles* (himmlisch) in Verbindung gebracht und den griechischen Ausdruck für «Junggeselle» («*eïtheos*») mit dem für «Gott» («*theos*»)[51] – historisch eine völlig unhaltbare Etymologie, aber ein interessanter Hinweis auf eine Zeitstimmung. Im vierten Jahrhundert häuften sich entsprechende Belege: Der neuplatonische Philosoph Porphyrius begann die Lebensbeschreibung seines Lehrers Plotin († 270 n. Chr.) mit dem Satz: «Plotin, der Philosoph (...), war die Art von Mann, der sich schämt, in einem Leib zu stecken.» In einem anderen Werk schrieb derselbe Autor: «Der Geschlechtsverkehr beschmutzt.»[52] Ein anderer neuplatonischer Philosoph, Jamblich, berichtete etwa zur selben Zeit mit großer Sympathie über die Gütergemeinschaft bei den Pythagoreern: «Pythagoras (...) verbannte aus der Wesensart seiner Jünger die Bindung an Privateigentum völlig (...). Er ging bis zu geringsten Besitztümern, da sie Zwietracht und Verwirrung stiften könnten.»[53] Von jüdischen asketischen Bewegungen der frühkaiserzeitlichen Antike wie der Gemeinde von Khirbet Qumran in der judäischen

Wüste ist gegenwärtig viel die Rede; ihre klosterähnliche Siedlung, ihre strenge disziplinarische Regel, ihre wissenschaftliche Arbeit, der sich ja eine umfangreiche Bibliothek von Textfunden verdankt, ihre Lebensgewohnheiten (Gütergemeinschaft, Gehorsam gegen die Oberen, Gesetzesstudium und die Handarbeit) wirken wie eine Art Vorwegnahme des Lebens in den verschiedenen christlichen Klostergründungen, die sich fast vierhundert Jahre später in nicht sehr großer Entfernung ebenfalls in der judäischen Wüste etablierten. Der alexandrinische jüdische Religionsphilosoph Philo beschrieb eine vergleichbare Gruppe, die «Therapeuten» (Diener). Auch hier sind die Parallelen zu späteren christlichen Einrichtungen frappant: «Die gesamte Zeit vom frühen Morgen bis zum Abend bedeutet für sie geistige Übung (‹askesis›); sie lesen nämlich die heiligen Schriften (...). Sie widmen sich nicht nur der Betrachtung, sondern verfassen auch Gesänge und Hymnen an Gott in mannigfachen Versmaßen und Melodien, so gut sie können.»[54] Ähnliches gilt für ihre Mahlzeiten: «Bei diesem Gastmahl (...) wird kein Wein ausgeschenkt, sondern völlig klares Wasser, kaltes für die meisten, warmes für die Älteren, sofern sie üppig leben. Die Tafel bleibt rein von Fleisch, sie bietet statt dessen Brot als Nahrung, als Zukost Salz (...). Wenn die Gäste sich dann in der beschriebenen Reihenfolge niedergelassen haben (...), tritt tiefstes Schweigen ein (...). Sodann geht ihr Vorsteher einem Problem nach, das sich aus den heiligen Schriften ergibt, oder erörtert eine Frage, die von einem aufgeworfen wurde.»[55] Die Frage, ob die erstaunlichen Ähnlichkeiten auch auf historische Abhängigkeiten hindeuten, ist in der Forschungsgeschichte sehr verschieden beantwortet worden. Freilich sind hier wie auch sonst häufig Konvergenzen mit Kausalitäten verwechselt worden.

Die Anfänge einer breiteren christlichen asketischen Bewegung dürften noch ins zweite Jahrhundert fallen – jedenfalls besitzen wir zum Beispiel entsprechende Texte in Gestalt der anonymen syrischen, ursprünglich griechischen Briefe «Über die Jungfräulichkeit» vom Anfang des dritten Jahrhunderts aus dem syrisch-palästinischen Raum. Diese Gruppen besaßen noch manche Ähnlichkeit zu den wandernden urchristlichen Lehrern, dem heute «Wanderradikale»[56] genannten Personal der frühen Mission des ersten Jahrhunderts: Sie zogen gleichfalls noch umher, predigten, lehrten, leisteten Fürbitte und taten Wunder. In den Briefen «Über die Jungfräulichkeit» findet sich eine entfaltete Zwei-Stufen-Ethik, mit der die «Jungfräulichkeit» von Frauen und Männern (der syrische Ausdruck bezeichnet im Gegensatz zum Deutschen beide Geschlechter) «um des Himmelreiches willen» (vgl. Mt 19,12) begründet wird: «Wer nämlich in Wahrheit gerecht ist, über dessen Glauben legen seine Werke Zeugnis ab.»[57] «Denn der bloße Name ohne Werke führt nicht ins Himmelreich.» – «Wer nämlich Größeres und Besseres begehrt, verzichtet und trennt sich von der ganzen Welt, daß er weiterhin ein göttliches, himmlisches Leben führe wie die heiligen Engel in reinem und heiligem Dienst und in der Heiligkeit des Geistes Gottes und damit er Gott, dem Allmächtigen, durch Jesus Christus wegen des Himmelreiches diene. Deshalb hat er sich gelöst von allen Begierden des Leibes und hat nicht nur jenem ‹Seid fruchtbar und mehret euch› (Gen 1,28) entsagt.» Ziel jener Asketinnen und Asketen stellte also ein engelgleiches Leben in möglichst großer Christus-Konformität dar: «Jeder Jungfräuliche und jede Jungfräuliche, wenn sie nicht in jeder Hinsicht sind wie Christus und wie die, die Christi sind, können nicht gerettet werden.»[58]

Diese frühen asketischen Bewegungen propagierten nicht nur in Fragen der Ernährung (Antialkoholismus, Diätforderungen) Enthaltsamkeit («enkrateia», daher teilweise auch «Enkratiten»), sondern übten auch schärfste Kritik an Sexualität und Ehe. So unterschob beispielsweise eine ebenfalls in Syrien Anfang des dritten Jahrhunderts entstandene Erzählung der Taten des Apostels Thomas Jesus selbst eine radikale Kritik von Ehe, Sexualität und Familie: «Erkennt, daß, wenn ihr euch von diesem schmutzigen Verkehr befreit, ihr heilige Tempel (...) werdet.» Vor Kindern warnte der unbekannte Autor: Sie seien meistens von bösen Geistern besessen, «mondsüchtig oder halb dürr oder gebrechlich oder taub oder gelähmt oder sprachlos oder dumm». Und gesunde Kinder begingen Ehebruch, Mord oder Diebstahl und betrübten dadurch ihre Eltern.[59] Den Unverheirateten riet der Autor, so zu bleiben; den Verheirateten, sich dem Ehepartner zu verweigern, etwa nach folgendem Muster: «Sie aber schrie: ‹Hinfort hast du keinen Platz bei mir, denn mein Herr Jesus, der mit mir ist und in mir ruht, ist besser als du.›»[60] Die «Enkratiten» (Enthaltsamen) legitimierten diese Ansichten durch eine besondere Auslegung der biblischen

Schöpfungsgeschichte: Sexualität interpretierten sie als Folge des Sündenfalls, der die ersten Menschen den Tieren ähnlich gemacht habe. Adam und Eva hätten im Zustande paradiesischer Unschuld noch nicht geschlechtlich miteinander verkehrt. Diese harte ehekritische Auffassung hätte im Ergebnis natürlich dazu geführt, den Kreislauf von Geburt und Tod, ja das Funktionieren von Wirtschaft, Staatlichkeit und Gesellschaft überhaupt zu unterbrechen und schließlich zu zerstören. Angesichts dieser wahrlich düsteren Perspektive verwundert es nicht, wenn christliche Theologen auf der Heiligkeit der Ehe bestanden, um auch die positive Note der urchristlichen Aussagen über diese Lebensform zu erhalten.

Aus dieser vorklösterlichen und in gewissem Sinne noch innergemeindlichen syrischen Askese, wie sie beispielsweise die Briefe «Über die Jungfräulichkeit» und die «Thomasakten» schildern, entwickelte sich im Laufe des dritten Jahrhunderts die eigentliche klösterliche außergemeindliche Askese – als ihr Merkmal darf der deutliche Auszug aus der Gemeinde, die räumliche Trennung vom übrigen weltlichen Lebensraum gelten. Das macht schon der Terminus «Mönch» klar, der auf das griechische «*monachos*» zurückgeht – er bedeutet ursprünglich «allein».[61] Offenbar hat er sich im syrischen Christentum als ein Begriff für asketisches Leben, das geistlicher Vollendung gewidmet ist, etabliert. Warum gerade im dritten Jahrhundert solche Bewegungen entstanden, wird sich kaum mehr vollständig aufhellen lassen. Das Phänomen allein dadurch zu erklären, daß es sich nur um einen Protest gegen die zunehmende Verweltlichung der Kirche handelte, entspricht einer neuzeitlichen protestantischen Tradition, zwischen Frömmigkeit und offizieller Kirche breite Gräben aufzureißen.[62] Antike Quellen sprechen von der Notwendigkeit, daß der Mönch vor allem vor dem Bischof und der Frau fliehen müsse (so Johannes Cassianus, der lange in Ägypten lebte und für die Ausbreitung des Mönchtums im Westen des Reiches wichtig wurde[63]); diese Texte deuten also eher auf hierarchiekritische und sexualitätsfeindliche Motive. Außerdem wird man nicht übersehen können, daß das asketische Lebensmodell mindestens im vierten Jahrhundert auch in paganen Kreisen, bei Philosophen wie einfacheren Menschen, erheblich an Plausibilität gewann. Andererseits zeigen viele Biographien von Gründervätern – sowohl aus dem ägyptischen wie aus dem syrischen Bereich-, daß gleichsam innerasketische Gründe diese Menschen zu Rückzügen in die Einsamkeit bewegten: *Simeon*, der Säulenheilige (s. o. S. 120–122), bestieg zu Beginn des fünften Jahrhunderts zunächst einen Berg, um sich von den weniger strengen klösterlichen Asketen abzusetzen, dann eine dreimal erhöhte Säule, um den Störungen durch den exzessiven Pilgerbetrieb zu entgehen. *Antonius*, der eigentlich wirksame Begründer des Asketentums von Einsiedlern (anachoretisches Mönchtum), begann in der zweiten Hälfte des dritten Jahrhunderts zunächst im eigenen Hause mit der Askese. Erst später folgte er dem Vorbild eines ungenannten Einsiedlers und «fing an, sich in der Umgebung des Dorfes aufzuhalten».[64] Den auslösenden Impuls für seinen Lebensweg gab offenbar in jungen Jahren bei einem Gottesdienstbesuch mit der Evangeliumslesung Mt 19,21 eine der zentralen Belegstellen für zweistufige Ethik im Neuen Testament: «Wenn du vollkommen sein willst, (...).»[65] Seine Predigt wiederum «überzeugte viele, sich dem Einsiedlerleben zu widmen. So entstanden jetzt auch im Gebirge Eremitagen, und die Wüste wurde wie eine Stadt von Mönchen, die alles verließen, was sie besaßen, und das Bürgerrecht für das Leben im Himmel erwarben.»[66] *Makrina*, die erste literarisch greifbare Person, die ein Frauenkloster gründete, wehrte sich nach dem Tode ihres Verlobten gegen eine zweite Verbindung, weil sie sich mit diesem «in einem fremden Lande (...) abwesenden Bräutigam» noch verbunden fühlte. Sie beschloß – so ihr Bruder Gregor von Nyssa in seiner Lebensbeschreibung – im Alter von zwölf Jahren (d. i. 339 n. Chr.), «bei sich selbst zu bleiben. Und dieser Entschluß war stärker als ihr Alter (sc. erwarten ließ).»[67] Der Weg von diesem Entschluß zur Gründung eines Frauenklosters wird von Gregor als gleichsam folgerichtige und in sich stimmige Entwicklung in mehreren Schritten beschrieben. *Pachomius*, der in den ersten Jahren des vierten Jahrhunderts ein Kloster in Tabennisi («die Palmen der Isis», Oberägypten, hundert Kilometer südlich von Sohag am Nil) gründete, wurde nach übereinstimmender Auskunft seiner verschiedenen Lebensbeschreibungen nach einer Audition und Beauftragungsvision zum Stammvater des «koinobitischen Mönchtums».[68] Auch scheinbar so triviale und wenig religiöse Motive wie die Landflucht von Menschen, die den außerordentlich harten Bedingungen der Landarbeit oder der steigenden Steuerlast beziehungsweise den steigenden finanziellen Pflichten für Kurialen entkommen wollten, spielten für die wachsende Bedeutung des Mönchtums in der christlichen Spätantike eine Rolle – Kaiser Valens verbot im Jahr 365 sogar die Aufnahme von Kurialen in Klöstern, die sich ihren nunmehr zunehmend gesetzlich festgelegten Sponsoringpflichten entziehen wollten.[69]

Die öffentlichkeitswirksamsten «Stars» der spätantiken Askese fanden sich in Syrien;[70] sie lebten nicht zurückgezogen in einer lebensfeindlichen Wüste jenseits des Kulturlandes (wie viele ägyptische Mönche), sondern an seinem Rande. Auf und an den Hügeln, die das nordsyrische Kalksteinmassiv durchziehen, standen ihre Klöster und Einsiedeleien – sie erhoben sich deutlich sichtbar über dem vor allem zum Olivenanbau genutzten fruchtbaren Gebiet. Diese exponierte Position war natürlich ganz bewußt gewählt; so diente die Säule, auf der der heilige Simeon saß, als eine Art «Leuchtturm» für die Umgebung.[71] Die Scharen von saisonal engagierten Erntearbeitern und projektgebunden verpflichteten Handwerkern, aber auch die Reisenden fanden hier eine Orientierung in ihrem unsteten Leben. Die Asketen übernahmen aber zugleich – wie wir schon sahen – auch mit die Rolle, die die Patrone in dörflichen Gemeinschaften überwiegend wohlhabender Bauern ausübten.

Über die schier unmenschliche Härte der Askese darf man sich keinen Illusionen hingeben. Antonius soll häufig nachts nicht geschlafen haben, dazu nur einmal täglich, und zwar nach Sonnenuntergang, gegessen haben, oft aber erst nach zwei, manchmal auch erst nach vier Tagen. Seine ganze Nahrung soll dabei aus Brot, Salz und Wasser bestanden haben. Und trotzdem «ging er mit sich zu Rate, wie er sich an eine noch härtere Lebensweise gewöhnen könne».[72] Ein Asket versuchte den anderen an Strenge zu überbieten: Als Makarius von Alexandrien von anderen Mönchen hörte, die während der vierzigtägigen Fastenzeit vor Ostern nichts Gekochtes, sondern nur Rohes aßen (sogenannte «Omophagie», griechisch für «Rohessen»), «beschloß er, sieben Jahre nichts mehr zu genießen, was am Feuer zubereitet wird».[73] «Ein andermal wollte Makarius den Schlaf überwinden und blieb deshalb, wie er selbst erzählte, zwanzig Tage unter freiem Himmel, bei Tage von der Sonnenglut versengt, bei Nacht von Kälte starr. Er sagte (sc. nach

Abschluß der Tortur): ‹Ich mußte schnell unter ein Dach gehen und schlafen. Sonst wäre mir das Gehirn vertrocknet, so daß ich auf immer wahnsinnig geworden wäre. Soviel an mir lag, trug ich den Sieg davon; aber ich mußte nachgeben, insofern als die Natur ihren Anspruch geltend machte.›»[74] Diese Fastenwettkämpfe führten – jedenfalls für heutigen Geschmack – zu absurden Ergebnissen: Dem Einsiedler Batthaeus von Edessa krochen, nachdem er sehr lange gefastet hatte, Würmer aus seinen Zähnen.[75] Theodoret berichtet in der Biographie seines Freundes, des Säulenheiligen Simeon, daß dieser nach einer vierzigtägigen Fastenkur «wie leblos am Boden lag. Er konnte nicht sprechen und sich nicht bewegen. Da verlangte er (sc. Bassus, der Vorsteher der Landpriesterschaft) einen Schwamm, benetzte und reinigte damit seinen Mund und reichte ihm die Gestalt der göttlichen Mysterien (sc. Brot und Wein). Dadurch gestärkt, erhob er sich und nahm etwas Speise zu sich, Lattich, Endivie und ähnliches. Ohne viel zu kauen, schluckte er es hinunter.»[76] Theodoret erzählt auch, daß der Stylit Tag und Nacht auf der kleinen Plattform an der Spitze seiner Säule stand und sich verbeugte. «Einmal zählte einer meiner Begleiter eintausendzweihundertvierundvierzig (Verbeugungen). Dann aber wurde er müde und stellte die Zählung ein. Wenn er sich aber bückt, neigt er die Stirn stets bis zu den Zehen. Nur einmal in der Woche erhält sein Leib Speise, und das sehr spärlich. So hält der Rücken seine leichte Beweglichkeit.»[77] Schon in seinem ersten Kloster war Simeon durch abnorme Neigungen zur Askese aufgefallen – und deswegen auch von seinen Mitbrüdern herausgeworfen worden: Durch Stricke scheuerte er seinen Rücken blutig, fastete monatelang, bekämpfte durch ständiges Stehen die Neigung zum Schlaf und ließ sich einmal zehn Jahre lang einmauern. Auf der knapp vier Meter breiten Plattform seiner etwa zwanzig Meter hohen Säule verbrachte er dreißig Jahre, ohne Dach, nur durch Kapuze und Schaffell über dem Gewand vor Sonne, Wind und Regen geschützt. Einmal in der Woche wurde ihm auf einer Leiter Nahrung herangebracht; ein Kanal sorgte für einfachste Hygiene.[78] Als ihn einmal ein Pilger aus dem norditalienischen Ravenna fragte, ob er ein Mensch oder ein unkörperliches Wesen (also ein Engel) sei, zeigte Simeon ihm die böse eitrige Wunde, die er sich durch das ständige Stehen zugezogen hatte. Die Erzählung Theodorets schließt: «Mit Staunen sah der

Mann das entsetzliche Geschwür und erfuhr dabei, daß der Heilige Nahrung zu sich nahm.»[79]

Die ausführliche syrische Lebensbeschreibung Simeons, wahrscheinlich die offizielle Vita seines Klosters,[80] stellte eine bis heute interessante Frage, die mit geringfügigen Änderungen an sehr viele Asketen gerichtet werden könnte: «Vielleicht gibt es jemand, der spricht: ‹Was zwang ihn?› oder ‹War es notwendig, daß er sich auf die Säule stellte? Konnte er denn auf der Erde oder in diesem Winkel Gott nicht gefallen?› (...) Überall, wo ein Mensch Gott anruft in Aufrichtigkeit, da findet er ihn (...). Bei dem Herrn Simeon gefiel es aber seinem Herrn, ihn auf die Säule zu stellen in diesen Tagen und den letzten Zeiten, denn er sah, daß die Menschheit gleichsam eingeschlafen war. Durch die Qual seines Knechtes wollte er die Welt von der Versenkung in tiefen Schlaf aufwecken.»[81] Der Asket als das staunenswerte Exempel besonderer, qualvoller Frömmigkeit, mit der Gott die schlafende Menschheit wachrütteln will – diese theologische Deutung eines radikalen asketischen Einzelgängers neutralisiert die Bedrohung, die von solchen Existenzen für die in Stadt und Land familiär und beruflich eingebundenen Gemeindeglieder ausgeht, und vollendet die Integration in die Gesellschaft, die Simeon selbst vor allem durch seine Beratungstätigkeit faktisch vorgenommen hatte.

Die Erwartungen der «einfachen» Gemeindeglieder an Asketen und Mönche waren hoch, wie ein mehr oder minder zufälliges Beispiel zeigen kann. Aus dem Ägypten des vierten Jahrhunderts ist ein Brief eines Christen namens Justinus an einen Mönch namens Paphnuthius erhalten. Man kann aus ihm rekonstruieren, daß ein Bruder des Justinus diesen Brief mit einer «Kleinigkeit Öl» als Dankesgabe dem Mönch überbrachte. Der Autor bat Paphnuthius, den er als «Gebieter» anredet, «meiner in Deinen heiligen Gebeten zu gedenken», also um den Dienst der Fürbitte. Von dem Gebet des religiösen Profis versprach sich der Laie offenbar viel, denn er hielt den Ausgang des Endgerichtes für den angeschriebenen Mönch schon für entschieden: «Wir glauben an dein Bürgerrecht im Himmel», spielt er auf Paulus an (Phil 3,20): «Daher betrachten wir dich, den Gebieter, auch als neuen Menschen.» Der Mönch hat den alten Menschen mit seinem durch die Vergänglichkeit gezeichneten Körper abgelegt; als solcher vermag seine Fürbitte bei Gott mehr als die eines «alten Menschen».[82] Zu diesem Briefformular existieren viele Parallelstücke, ein spätes aus dem sechsten Jahrhundert stammt von einer Frau namens Kyra: Sie erinnert die Mönche an die Pflicht der Fürbitte und beschwört sie «bei den Geheimnissen Christi, die vollzogen werden in diesen Tagen», d. h. bei der Eucharistie.[83]

Asketische Haltungen stießen aber auch auf Kritik. Beispielsweise fragte ein unbekannter, aber gut informierter paganer Kritiker ironisch, woher es denn komme, wenn Jesus kein Gebot über die Jungfrauen ausgegeben habe (so Paulus in 1 Kor 7,25), daß «gewisse Leute sich ihrer Jungfräulichkeit rühmen, als sei es eine große Sache, und sagen, sie seien vom heiligen Geist erfüllt ähnlich wie die, die Jesus ausgetragen habe» (sc. Maria).[84] Eine phrygische Inschrift vom Anfang des vierten Jahrhunderts berichtet von einer Ammia, die sich zum großen Kummer ihrer Eltern zu heiraten weigerte, und gibt Einblick in das Familiendrama einer ländlichen phrygischen Familie.[85] Erst nach ihrem frühen Tode brachte eine Vision die Eltern dazu, ihren Lebensweg anzuerkennen – dabei wollten sie die Tochter wahrgenommen haben, wie sie erklärte: «Mich hat mein Heiland Jesus Christus gerecht gemacht.»[86] Und diese Autorität überzeugte die verzweifelten Eltern offensichtlich.

DIE GEMEINSCHAFT

Jesus von Nazareth hat – in weder aus dem zeitgenössischen Rabbinat noch dem apokalyptischen Prophetentum ableitbarer Weise – eine mit ihm eng verbundene, wenn auch offenbar schon hierarchisch gestufte Gemeinschaft von Menschen um sich gesammelt, die ihm nachfolgten. Wie nach dem Zeugnis des Alten Testamentes Propheten durch Gott berufen werden (z. B. Jes 6,8–10), so beruft Jesus an der Stelle Gottes Menschen in seine Nachfolge.[1] Während die ersten Jünger (und Jüngerinnen) teilweise radikal mit ihrer Herkunft, ihrem Beruf und Wohnort brechen, gibt es von Anfang an auch ortsfeste Unterstützer (und Unterstützerinnen), die in ihrem jeweiligen Beruf und Umfeld verbleiben. Von Anfang an war die Bekehrung zu Jesus Christus mit einer Umkehr (griechisch: «*metanoia*», deutsch auch: «Buße») verbunden. Diejenigen, die sich der Gemeinde anschließen, wenden sich mindestens teilweise von ihren bisherigen Einstellungen und Handlungsweisen ab, bekennen sie als «Sünde» und erfahren Vergebung. Evangelien und Apostelgeschichte beschreiben allerdings vergleichsweise nüchtern, wie diese Gemeinschaft trotz Buße und Sündenbekenntnis von Beginn an durch Rangstreitigkeiten (Mt 18,1–5 bzw. 20,20–28), durch Eigennutz (Apg 5,1–11) und durch Furcht (Joh 20,19) gefährdet worden ist. Vor allem der Apostel Paulus ebenso wie der Evangelist Johannes verstanden das christliche Leben und den christlichen Gottesdienst als eine Gemeinschaft mit Gott beziehungsweise mit Christus (auch mit seinem Leiden und Sterben: Röm 6; 1 Kor 10,14–22), aber auch als eine Gemeinschaft der Glaubenden, die von gegenseitiger Umsicht und Rücksichtnahme auf die Schwachen bestimmt sein soll (Röm 12–14); das entspricht der jesuanischen «Gemeinschafts»-Ethik der Geschwisterlichkeit. Die Nachfolge Jesu gewinnt für Paulus Gestalt in der Gemeinde als dem «Leib Christi» (Röm 12,5 / 1 Kor 12,27).

Der Gemeinschaftsgedanke ist auch in der paganen griechisch-römischen Kultur eine prägende Vorstellung für die Gesellschaft gewesen; das hat sich in der Geselligkeit antiker Menschen niedergeschlagen. Epiktet, der in Westgriechenland an der Wende vom ersten ins zweite Jahrhundert stoische Philosophie lehrte, bezeichnete den Menschen entsprechend als ein «Gemeinschaftswesen»;² der organisatorische Ausdruck solcher Ansichten fand sich im reich ausgebildeten Vereinswesen dieser Zeit. So nannten sich die Teilhaber von Kaufmanns-, Handels- und Pachtgesellschaften – man kann sie sich nach Analogie unserer Kommanditgesellschaften vorstellen – zumeist untereinander «Freunde». Die Christen, deren gemeindliche Organisationsform manchen paganen Zeitgenossen an einen solchen Verein erinnert haben mag, fielen jedoch spätestens seit dem Ende des ersten Jahrhunderts als eigenständige Gruppe aus dem Sonderrecht religiöser Gemeinschaftsbildung, das man dem Judentum zugebilligt hatte (von Tertullian als «erlaubte Religion», *religio licita*, bezeichnet³), heraus. Damit konnte das reine Bekenntnis zum Christentum Grund einer Anklage und der Verurteilung zum Tode werden. Erst nach den großen Verfolgungen in der Mitte des dritten und zu Beginn des vierten Jahrhunderts wurde nicht nur die Ausübung der christlichen Religion toleriert (s. o. S. 38 f.), vielmehr bildete der christliche Klerus im Zuge von Konstantins Religionsgesetzgebung seit dem Jahr 320 eine auch staatlich anerkannte Korporation bzw. Körperschaft.⁴ Der Vergleich von Christen- und Bürgergemeinde lag nahe; Origenes hat ihn in der Mitte des dritten Jahrhunderts antithetisch durchgeführt: «Man betrachte zum Beispiel die Gemeinde Gottes in Athen! Sie liebt den Frieden und die Ordnung, da sie dem allmächtigen Gott gefallen will; die athenische Bürgergemeinde ist dagegen zu Aufruhr geneigt und kann in keiner Weise mit der Gemeinde Gottes verglichen werden, die sich dort befindet. Dasselbe wird man von der Gemeinde Gottes in Korinth und der Volksgemeinde der Korinther und zum Beispiel auch von der Gemeinde Gottes in Alexandria und der Volksgemeinde der Alexandriner sagen können.»⁵

Ein Blick auf die Terminologie christlicher Gemeinschaft in der Antike erlaubt interessante Rückschlüsse auf die Theologie der Gemeinschaft: Das griechische Wort für «Gemeinschaft», «*koinonia*», ist in der christlichen Antike praktisch nie im Sinne einer Bezeichnung reiner «Gemeinschaft» oder «Genossenschaft» der Glaubenden untereinander verwendet worden, sondern wurde in

Fortsetzung paulinischer Begrifflichkeit (1 Kor 10,16) auf das Sakrament der Eucharistie bezogen und von daher verstanden.[6] Der Apostel schrieb, um die Unvereinbarkeit von christlichem und paganem Kult zu demonstrieren: «Der gesegnete Kelch, den wir segnen, ist der nicht die Gemeinschaft («*koinonia*») des Blutes Christi? Das Brot, das wir brechen, ist das nicht die Gemeinschaft («*koinonia*») des Leibes Christi? Denn ein Brot ist's: So sind wir viele ein Leib, weil wir alle an einem Brot teilhaben.» (1 Kor 10,16–17) Durch die eucharistische Speise werden für Paulus Menschen also in den «Leib Christi» eingegliedert, geraten insofern in eine «Gemeinschaft» mit Gott. Natürlich ignorierten die Theologen der Antike nicht, daß sich zu diesem Zweck eine Gemeinschaft versammelte, deuteten diese Versammlung allerdings wie der Apostel als göttliches Werk, indem sie sich auf die paulinische Vorstellung und Rede vom «Leib Christi» bezogen – so beispielsweise Chrysostomus in seinen Korinther-Predigten: «Denn was meine ich mit Koinonia? (...) Wir sind jener Leib selbst. Denn was ist das Brot? Leib Christi. Was aber werden die (sc. an diesem Sakrament) Anteilhabenden? Leib Christi. Nicht viele Leiber, sondern ein Leib. Denn gleich wie das Brot aus vielen Körnern vereinigt ist, so daß die Körner überhaupt nicht mehr erscheinen, sondern zwar noch da sind, aber so, daß durch ihre Verbindung ihre Unterschiedlichkeit nicht mehr sichtbar ist, so werden wir untereinander und mit Christus verbunden. Denn du wirst nicht aus einem Leib genährt, jener aber aus einem anderen, sondern alle aus ein und demselben. Deshalb fügt er auch hinzu: ‹Denn wir haben alle von einem Brot empfangen.› Wenn aber von ein und demselben, so werden wir auch alle dasselbe.»[7] Die Glaubenden wurden mit anderen Begriffen als eine solche Gemeinschaft bezeichnet, beispielsweise durch die Ausdrücke «Versammlung» (*congregatio*) oder «Gemeinschaft» (*communitas*). Der lateinische Ausdruck *communio* bezeichnet spätestens seit Anfang des dritten Jahrhunderts eine Relation, «nämlich die durch die Kirche hergestellte Gemeinschaft ihrer Glieder in bezug auf den Glauben, auf das Bekenntnis und selbstverständlich auch auf die Sakramente. Der Gebrauch des Wortes kann sich auch kirchenrechtlich verengen. Er meint dann die aufgrund gegenseitiger Anerkennung der Rechtgläubigkeit und Rechtmäßigkeit zwischen den Bischöfen bestehende Kirchengemeinschaft, aber niemals die Gesamtheit der Bischöfe.»[8]

Seit dem Ende des zweiten Jahrhunderts wurde die so beschriebene Gemeinschaft durch die als «drei apostolische Normen»[9] bezeichneten drei Grundmaßstäbe Glaubensregel, Schriftkanon, kirchliches Amt stabilisiert und gesichert. Die alte Vorstellung, das ungeordnete frühe Leben der Gemeinschaft im Geist sei so über hundertfünfzig Jahre nach Entstehung des Christentums in einer Art von Rechtsetzungsakt gesetzlich fixiert und damit zugleich auch verfremdet worden, entsprach eher aktuellen Bedürfnissen liberaler protestantischer Theologie der Jahrhundertwende denn der historischen Wirklichkeit der kaiserzeitlichen Antike. Kurze, knappe und in Details variable Formulierungen über den Glauben («Glaubensregel» oder «Kanon der Wahrheit») basierten auf der Substanz des christlichen Glaubens, wie er in den Gemeinden lebte, und verrieten die theologischen Spezifika der Autoren, die sie *in actu* formulierten. Eine Normativität wurde nicht gesetzt, sondern ergab sich. Auch die Entstehung eines im Kernbestand normierten Kanons biblischer Schriften wird man nicht als plötzlichen normativen und das Urchristentum in seinen Anliegen verfremdenden Akt deuten dürfen, sondern als organische Entwicklung aus dem autoritativen Selbstbewußtsein Jesu (s. o. S. 96); für das Amt wird eine ähnliche Kontinuität zu den Anfängen bei aller Entwicklung zu beobachten sein (s. u. S. 198–212). Natürlich darf man die Leistungsfähigkeit dieser drei «Normen» nicht überschätzen;[10] die theologischen und organisatorischen Probleme der christlichen Gemeinden des dritten Jahrhunderts sind durch eigenständige theologische und soziale Entwicklungen auf beschriebener Basis gelöst worden.

Das Gemeindeleben

In der vorkonstantinischen Frühzeit bleiben viele Details des Gemeindelebens im dunkeln, weil uns erst die großen Predigtzyklen des vierten und fünften Jahrhunderts Informationen über den Alltag der christlichen Kirchen geben. So lassen sich für diese Epoche kaum konkrete Angaben über die *Größe* der Gemeinden machen. Für die stadtrömische Gemeinde, immerhin die christliche Kirche der Reichshauptstadt, gibt erst ein Brief aus dem Jahre 251 konkrete

Zahlen an. Da die Metropole aber aus begreiflichen Gründen bis weit ins vierte Jahrhundert einen besonders hohen paganen Bevölkerungsanteil hatte, zugleich aber die christliche römische Gemeinde von besonderer Bedeutung für die Gesamtkirche war, darf man auf der anderen Seite diese einzelne Notiz in keinem Fall verallgemeinern. Der römische Bischof Cornelius schreibt an seinen Kollegen Fabius von Antiochia: Ein Bischof stünde der römischen Gemeinde vor, «in der es (...) sechsundvierzig Priester, sieben Diakone, sieben Subdiakone, zweiundvierzig Akolythen, zweiundfünfzig Exorzisten, Lektoren und Türwächter und mehr als tausendfünfhundert Witwen und Hilfsbedürftige gibt, welche alle die Gnade und Güte des Herrn ernährt».[11] Die Zahl der Personen, die die Gemeinde durch ihre Finanzen ernährt, bleibt beeindruckend. Solange aber nicht mehr zu erfahren ist, wie viele von den circa 700 000 römischen Einwohnern Christen waren, schwebt sie etwas im luftleeren Raum. Man hat zwar aus dem Verhältnis von Hilfsbedürftigen zur Gesamtbevölkerung die Zahl der Christen auf siebentausend Gemeindeglieder hochzurechnen versucht,[12] aber das setzt voraus, daß in den Christengemeinden nicht mehr Hilfsbedürftige vorhanden waren oder unterstützt wurden als in der übrigen Gesellschaft. Und das wiederum wäre angesichts des unterentwickelten Sozialfürsorgesystems der römischen Kaiserzeit eher die unwahrscheinlichere Annahme. Für die nachkonstantinische Zeit haben wir etwa die hochinteressanten Angaben aus Gaza, die freilich in ihrer Authentizität umstritten bleiben (s. o. S. 128 f.).

Auch über das *Bildungsniveau* vieler christlicher Gemeinden darf man sich, trotz der vielen – auch in dieser Darstellung immer wieder zitierten – Nachrichten über wohlhabende und gebildete Mitglieder der Gemeinde, keine zu großen Illusionen machen – dafür ein einziges Beispiel: Oberhalb des Sees Genezareth in südöstlicher Richtung liegt die Stadt Gadara (das heutige Umm Qeis, direkt an der jordanisch-israelischen Grenze). Ausgrabungen von Badeanlagen sowohl auf der Höhe wie unten am See (letztere bei noch heute benutzten heißen Quellen) zeugen vom vergleichsweise gehobenen Wohlstand der Stadt. Das grundsätzlich bildungsfreundliche Klima der Stadt wird man hinsichtlich des Niveaus nicht unterschätzen dürfen: Menipp, der Erfinder der Satire (3. Jh. v. Chr.), stammte von dort, ebenso der Epigrammatiker Meleager (2./1. Jh. v. Chr.) – von ihm stammen die Zeilen «doch Gadara war meine Heimat/jenes neue Athen in der Assyrer Land».[13] Etwas später wurde am Ort als Sohn von Sklaven (so die Suida) Theodoros geboren, der zwischen 33 und 30 v. Chr. den späteren Kaiser Tiberius unterrichtete (übrigens so gut, daß dieser seinem leiblichen Vater Tiberius Claudius Nero im Alter von neun Jahren eine Leichenrede halten konnte[14]). Zu Beginn des zweiten nachchristlichen Jahrhunderts war die Stadt schließlich Heimat des Kynikers Oinomaus. Angesichts dieser stolzen und noch nicht einmal vollständigen Liste verwundert es nicht wenig, daß im fünften Jahrhundert der Bischof der christlichen Gemeinde dieser Stadt nicht einmal schreiben konnte: In den Akten des Konzils von Ephesus (431 n. Chr.) unterzeichnete nicht etwa der in der kleinasiatischen Metropolis anwesende Oberhirte Theodorus selbst, sondern sein Archidiakon Aetherius. Und zwanzig Jahre später, beim großen Konzil in der kaiserlichen Sommerresidenz Chalkedon, hatte jener Bischof Theodorus immer noch nicht schreiben gelernt, Aetherius zeichnete wieder für ihn: «Ich, Theodor, Bischof von Gadara, habe durch eines anderen Hand unterschrieben, nämlich durch die des Archidiakons Aetherius.»[15] Offenbar gehörte der Bischof zu den zwei Dritteln Analphabeten, die für die Reichsbevölkerung dieser Zeit errechnet worden sind.[16]

Von allem Anfang an zentrierte sich das Gemeindeleben in den Versammlungen, in *Gottesdienst* und gemeinsamem *Mahl*. Die Feier des Abendmahls, d. h. die seit dem zweiten Jahrhundert «Eucharistie», also «Danksagung», genannte Handlung, ist spätestens seit dem dritten Jahrhundert spezifischer und zentraler Gottesdienst der Christen.[17] Am Beginn der Entwicklung stand das letzte Mahl Jesu vor seiner Hinrichtung in Jerusalem. Die sogenannten «Einsetzungsworte», die von der Stiftung eines Gedächtnismahles durch den historischen Jesus berichten (1 Kor 11,23–25 bzw. Mt 26,26–29; Mk 14,22–25 und Lk 22,15–20), mögen selbst schon als liturgische Textabschnitte formuliert sein, also als zu gottesdienstlicher Rezitation bestimmte Passagen. Jedenfalls entwickeln sich aus der normalen «liturgischen» Abfolge der jüdischen Mahlzeit auf der Basis dieses letzten Mahles Jesu und den gemeinsamen Mahlzeiten der Urgemeinde christliche Kultformen. Zunächst sind liturgisch geordnete Sättigungsmahlzeiten (Agapen) und sakramentales, d. h.

eucharistisches Mahl noch nicht voneinander getrennt. Die christliche, geschwisterliche Liebe (Agape) konkretisiert sich in gemeinsamen Mahlzeiten, in denen die vornehmeren ihren ärmeren Mitchristen Sättigung ermöglichen sollten (1Kor 11,21 f.). Vermutlich um die Mitte des zweiten Jahrhunderts wurden Sättigungs- und Kultmahl endgültig voneinander getrennt.

Die erste ausführlichere Darstellung des Ablaufs des selbständigen Kultmahles findet sich bemerkenswerterweise in einem für Nichtchristen bestimmten Text, der Apologie des römischen Theologen Justin. Der Autor beschreibt, daß der Eucharistie ein gemeindliches Fürbittengebet vorausging und der Bruderkuß die eigentliche Feier einleitete. Dem ‹Vorsteher der Brüder› wurden «Brot und ein Becher mit Wasser und Wein gebracht»;[18] es entsprach antiker Praxis, Wein praktisch nie unverdünnt zu trinken. «Der nimmt es und sendet Lob und Preis dem Vater aller Dinge durch den Namen des Sohnes und des heiligen Geistes empor und spricht eine lange Danksagung (‹*eucharistia*›) dafür, daß wir dieser Gaben von ihm gewürdigt worden sind. Ist er mit den Gebeten und der Danksagung zu Ende, so gibt das ganze Volk seine Zustimmung mit dem Worte ‹Amen› (...). Nach der Danksagung des Vorstehers teilen die, welche bei uns die Diakone heißen, jedem der Anwesenden von dem Brot, Wein und Wasser, über die die Danksagungsgebete gesprochen worden sind, mit und bringen davon auch den Abwesenden» (die sogenannten «*apophoreta*» [= Geschenke]).[19] Justin erklärte auch, daß diese Speise «Eucharistie» genannt wurde und Ungetaufte nicht an ihr teilnehmen durften: «Denn nicht wie gewöhnliches Brot oder alltäglichen Trank nehmen wir diese Dinge. Im Gegenteil: Wie Jesus Christus, unser Heiland, der durch den göttlichen Logos Fleisch wurde, um unserer Errettung willen sowohl Fleisch als auch Blut besaß, so ist nach unserer Lehre die Speise, die durch den auf ihn zurückgehenden Wortlaut des Gebetes geweiht worden ist und durch die unser Blut und Fleisch im Sinne von einer Umwandlung (‹*kata metabolen*›) genährt werden, Fleisch und Blut des fleischgewordenen Jesus.»[20] Der neutestamentliche Einsetzungsbericht wurde also in der stadtrömischen Eucharistiefeier des zweiten Jahrhunderts mindestens in seinem Kern und vielleicht in jener liturgischen Kurzform, die Justin selbst mitteilte, rezitiert; außerdem verstand man offenbar die eucharistischen Elemente nach Analogie antiker Ernährungstheorien: Sie würden, so Justin, wie jedes aufgenommene Essen in das Fleisch und Blut dessen, der esse, verwandelt. Behauptet wurde also noch keine Verwandlung der Elemente, sondern eine Verwandlung dessen, der sie zu sich nahm. Zum Sakrament der Eucharistie wurde nicht jeder zugelassen; schon die Didache verbietet den Genuß von Wein und Brot der Eucharistie durch Nichtgetaufte: «Denn auch darüber hat der Herr gesagt: ‹Gebt das Heilige nicht den Hunden.›»[21] Die Türen wurden von Diakonen oder Subdiakonen überwacht. Auf dieser Linie liegen auch die Aufforderungen zur Selbstprüfung, die Johannes Chrysostomus an seine Gemeinde verbunden mit Warnungen vor reiner Feiertagschristlichkeit richtete: «Wir sollten nicht so handeln, wie wir es jetzt machen, indem wir uns mehr durch die Zeit als durch den frommen Sinn bestimmen lassen, die heilige Kommunion zu empfangen. Denn wir sind nicht darauf bedacht, wohlvorbereitet, von unseren Sünden gereinigt und mit zerknirschtem Herzen zu nahen, sondern wir begnügen uns, es nur an Festtagen zu tun, wenn alle hingehen (...). Wer das heilige Opfer zu berühren gedenkt, (...) darf sich nicht nachlässig und elend durch einen Festtag bestimmen lassen hinzuzutreten, doch auch, wenn er reumütig und vorbereitet ist, sich nicht fernhalten, mag auch kein Festtag sein.»[22]

Die Analogien dieser sakralen Mahlzeit zu den verschiedenen entsprechenden Mählern in anderen paganen Kulten der Antike sind schon Zeitgenossen aufgefallen und wurden von ihnen entsprechend kommentiert. Justin setzte sich beispielsweise gegen den Vorwurf zur Wehr, die Christen hätten mit ihrer Eucharistie Vollzüge der Mithrasmysterien nachgeahmt, indem er den Vorwurf einfach umdrehte: «Auch diesen Brauch haben die bösen Dämonen in den Mithrasmysterien nachgeahmt.»[23] Das könnte insofern stimmen, als die eigentlichen römischen Mithrasmysterien samt ihrer (Initiations-?)Mahlzeit mit Brot und Wasser tatsächlich später als das Christentum entstanden sind;[24] eine historische Ableitung der einen Praxis aus der anderen bleibt ohnehin gänzlich unwahrscheinlich. Die Klientel beider Kulte ist außerdem gar nicht deckungsgleich gewesen: Die Mithrasmysterien blühten vor allem zwischen 140 und 312 n. Chr. in Rom und an den Militärgrenzen des römischen Reiches und waren besonders unter Offizieren und Beamten aus dem Ritterstand einerseits und Sklaven und Freigelassenen des Kaisers andererseits verbreitet.

Nachdem die Agapen vom eucharistischen Gottesdienst abgetrennt worden waren, wandelte sich ihr Charakter zu einem Instrument der auf Armenfürsorge konzentrierten Gemeinschaftsmahlzeit. Tertullian hat in seiner Apologie durch eine detaillierte Schilderung versucht, pagane Verdächtigungen und Vorurteile gegen diese Form christlichen Zusammenseins auszuräumen: «Unsere Mahlzeit gibt ihren Sinn vom Namen her zu erkennen: Mit einem Ausdruck wird sie bezeichnet, der bei den Griechen ‹Liebe› bedeutet (sc. «*Agape*»). Wie teuer sich der Aufwand auch darstellen mag, ein Gewinn ist es, um der Frömmigkeit willen Aufwendungen zu machen, da es jedesmal Arme sind, die wir mit dieser Erquickung stärken (...). Wenn der Anlaß des Gastmahls anständig ist, dann beurteilt die übrige Abfolge, die vorgeschrieben ist, von dem Anlaß aus! Da sie sich aus einer religiösen Verpflichtung herleitet, läßt sie nichts Niedriges, nicht Ungehöriges zu. Nicht eher legt man sich zu Tisch, als ein Gebet zu Gott im voraus verkostet ist; man ißt so viel, wie man für den Hunger braucht; man trinkt so viel, wie Anständigen gut ist (...). Nachdem das Wasser für die Hände gereicht ist und die Lichter angezündet sind, wird jeder aufgefordert, wie er es aus den heiligen Schriften oder aus eigenem Können vermag, vor den anderen Gott Lob zu singen; damit wird geprüft, in welcher Weise er getrunken hat.»[25] Daß Tertullian aus apologetischen Motiven den Idealfall schilderte, zeigt sein ungefähr zeitgenössischer Kollege Clemens in Alexandrien mit seinen Polemiken gegen Entartungen. Nach einer langen und böswilligen Aufzählung von Leckereien und anderen Feinkostwaren, die sich die christliche Schickeria der Metropole auf ihre Tische liefern ließ («Vögel aus Phasis, Haselhühner aus Ägypten, Pfauen aus Medien: [...] von zischenden Bratpfannen umrauscht und ihr ganzes Leben mit Mörser und Keule beschäftigt, wollen diese gefräßigen Menschen alles verzehren wie Feuer das Holz»[26]), kommt Clemens, ein Theoretiker maßvoller Ernährung, auf den eigentlichen Punkt: «Wenn aber einige mit zuchtloser Zunge jene nach Bratendampf und Brühen duftenden Festgelage eine Agape zu nennen wagen, wobei sie (...) die geheiligte Liebe mit ihren Kochtöpfen und ihrem Verschütten von Brühen entehren (...), so täuschen sie sich.»[27] Bis ins vierte Jahrhundert hielt sich aber auch eine Form von Agapen unter Leitung von Geistlichen, teilweise sogar in der Kirche. So ordnete beispielsweise im vierten Jahrhundert eine Synode im phrygischen Laodizäa an, «daß man nicht in den kirchlichen Räumen oder den Kirchen sogenannte Agapen veranstaltet und im Hause Gottes ißt und Speisesofas aufschlägt».[28]

Justin gab in seiner Apologie in der Mitte des zweiten Jahrhunderts auch eine Darstellung des sonntäglichen Wortgottesdienstes: An diesem Tage fände «eine Versammlung aller statt, die in den Städten oder auf dem Lande wohnen; dabei werden die Erinnerungen der Apostel oder die Schriften der Propheten vorgelesen, entsprechend der Zeit, die zur Verfügung steht. Hat der Vorleser aufgehört, so gibt der Vorsteher durch eine Rede eine Ermahnung (oder: Tröstung) und eine Aufforderung zur Nachahmung all dieses Guten».[29] Der Gottesdienst enthält also eine feste Leseordnung (vielleicht eine in Abschnitten fortlaufende Lesung wie in der Synagoge) mit Stücken aus den Evangelien des sich formierenden Neuen Testamentes beziehungsweise den prophetischen Schriften des Alten. Diese Verbindung einer Schriftlesung, einer Homilie mit dem abschließenden Gebet stammt aus dem zeitgenössischen Synagogengottesdienst und zeigt neben manchen Details der Gebetssprache, wie viel der christliche Gottesdienst der jüdischen Synagoge verdankt.

Die weitere Entwicklung der christlichen Liturgie im dritten und vierten Jahrhundert ist auf der einen Seite von einer großen Variabilität und geographischen Vielfalt geprägt. Das lag daran, daß Bischöfe bis zur Mitte des dritten Jahrhunderts die Freiheit besessen haben, einen wesentlichen Teil der Liturgie des Sakramentsgottesdienstes (nämlich das sogenannte «eucharistische Hochgebet») zu improvisieren. Erst im vierten Jahrhundert setzte sich eine schon länger angelegte Tendenz «from freedom to formula»[30] endgültig durch. Trotzdem bleibt der christliche Gottesdienst seinem Vorbild, dem jüdischen Synagogengottesdienst, verpflichtet – das bewahrt eine gewisse Einheitlichkeit der Struktur bei allen Unterschieden. Außerdem lassen sich die verschiedenen Liturgien in Familien ordnen, diese wiederum sind grob nach den verschiedenen Patriarchaten (s. u. S. 189) zu gliedern. Die lokalen liturgischen Abweichungen wurden in aller Regel (die Streitigkeiten um den Ostertermin bildeten die charakteristische Ausnahme) nicht als Gefährdung gesamtkirchlicher Einheit empfunden, wie Mitte des dritten Jahrhunderts ein kleinasiatischer Bischof dokumentierte: «So wird ja auch in den meisten anderen Provinzen gar manches je nach der verschiedenen Gegend und Bevölkerung anders gemacht, aber dennoch hat man sich deswegen vom Frieden und von der Einheit der katholischen Kirche noch niemals getrennt.»[31]

In der Frühzeit der christlichen Gemeinden gab es natürlich noch keine festen und öffentlich zugänglichen Kirchengebäude; man traf sich in den Privathäusern vermögender Gemeindemitglieder. In Syrien sind glücklicherweise solche Hauskirchen erhalten geblieben. Das berühmteste Beispiel findet sich in der römischen Grenzgarnison Dura Europos am Euphrat; ein weniger bekanntes in Qirqbize (bei Qalb Lhose) im Belus, einer östlich von Antiochia gelegenen fruchtbaren Gegend, in der hauptsächlich Oliven und Wein durch größere landwirtschaftliche Betriebe angebaut wurden, um dann in der Hauptstadt der Provinz umgeschlagen zu werden. Vergleicht man beide Anlagen, so zeigen sich viele Gemeinsamkeiten, obwohl die Hauskirche von Dura über ein halbes Jahrhundert früher entstanden ist. Hier wie dort wurde ein für den Ort typisches Haus in eine Kirche umgestaltet. In Dura handelt es sich um ein normales Stadthaus mit Atrium, über dessen Datierung (1. bzw. 2./3. Jh.) bisher keine Einigkeit erzielt worden ist (Abb. 8); in Qirqbize um ein römisches Landhaus des dritten Jahrhunderts (Abb. 9). In beiden Fällen wurde ein Kirchenraum durch Zusammenlegung des Hauptwohnraumes mit einem benachbarten Raum gewonnen. Beide «Kirchen» sind geostet, und in beiden «Gemeindezentren» läßt sich ein allmähliches Anwachsen der Räumlichkeiten konstatieren: In den dreißiger Jahren des dritten Jahrhunderts entstanden die entsprechenden Räume in Dura, während der Raum in Qirqbize sukzessive ein östliches Podium (= Bema) für den Altar und die Geistlichkeit, einen Triumphbogen und ein weiteres, westlich der Raummitte gelegenes Podium erhält – die Kirche wird also stärker nach dem für die Geistlichkeit reservierten Bereich und einem Raum für die Laien differenziert. Die Tatsache, daß auf den Podien von Qirqbize etwa vierzehn Personen Platz finden konnten, erlaubt interessante Rückschlüsse auf den Umfang des Klerus in dieser dörflichen Siedlung. Falls es nicht Mönche eines angrenzenden

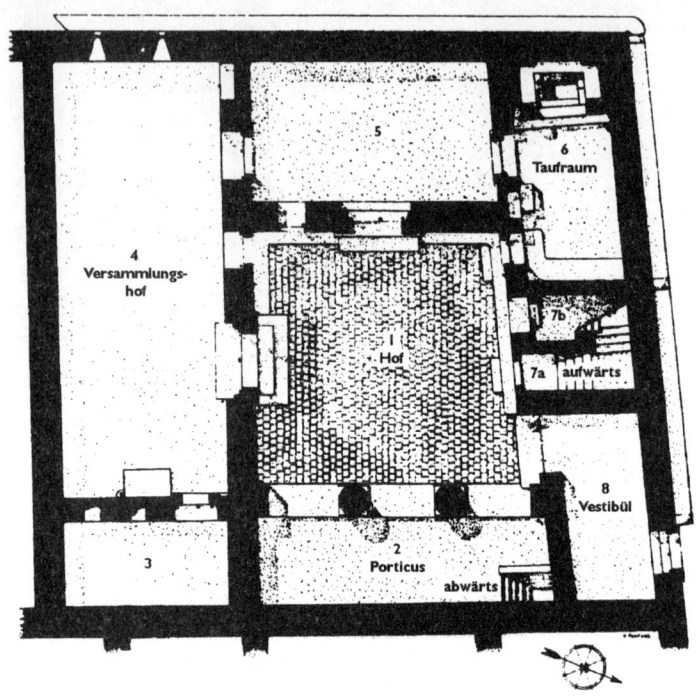

Abb. 8: Hauskirche von Dura Europos (Syrien)

Klosters waren, durften vielleicht auch die Laien hier an bevorzugter Stelle Platz nehmen. Die Maße beider Versammlungsräume sind ebenfalls vergleichbar: Der Hauptraum in Dura mißt ca. 16 x 5 Meter, in Qirqbize 15 x 7,5; da die dortige Anlage Platz für sechzig bis siebzig Personen bot, wird man in Qirqbize ähnliche Zahlen vermuten dürfen (allerdings führte der Einbau des westlichen Bemas natürlich zur Verknappung des Platzangebotes). Die Zahlen sind deswegen besonders erstaunlich, weil die Größe der zugehörigen Siedlungen kaum vergleichbar ist: Nach dem Plan von Qirqbize umfaßte diese Siedlung kaum mehr als zehn Gehöfte, während es sich bei Dura um eine veritable städtische Siedlung hauptsächlich von Militärangehörigen und ihren Familien gehandelt hat. Man wird die Differenz einfach dadurch erklären können, daß im nordsyrischen Dörfchen wesentlich mehr, wenn nicht gar schon alle Ein-

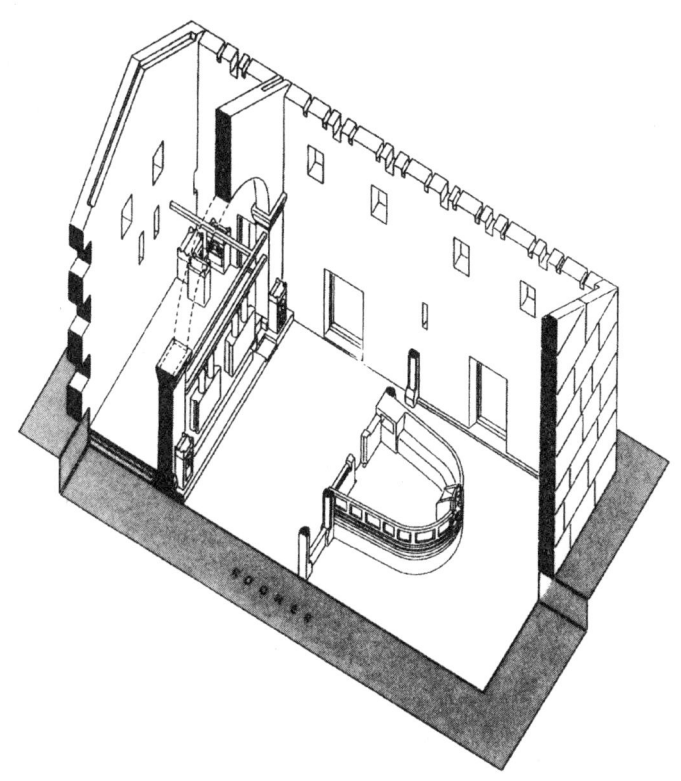

Abb. 9: Hauskirche von Qirqbize (Syrien)

wohnerinnen und Einwohner zu dem Zeitpunkt, als die Kirche genutzt wurde, Christen waren. Dagegen zeigt die künstlerische Ausstattung der Hauskirche von Dura (vergleicht man sie einmal mit anderen Kulträumen, etwa dem der jüdischen Synagoge oder dem des Mithräums), daß die Christen von Dura eher eine weniger bedeutende Minderheit dargestellt haben. Rückschlüsse auf den sozialen Status der Gemeinde kann man allenfalls aus der Randlage des Hauses direkt an der Stadtmauer und einige Fußminuten vom Stadtzentrum entfernt zu ziehen versuchen. In Qirqbize beherrscht das christliche Gemeindezentrum einen freien Platz in der Ortsmitte. Da aber in Dura ein griechisches Papyrusfragment der zu damaliger

Zeit in Syrien verwendeten Evangelienharmonie (das Diatessaron Tatians) in erheblicher Entfernung von der Hauskirche von den Ausgräbern gefunden wurde, darf man hier auch keine übereilten Schlüsse ziehen. Außerdem wurde die Gemeinde offenbar trotz der reichsweiten Verfolgung unter Kaiser Decius (250 n. Chr.) weiter toleriert, es finden sich jedenfalls keinerlei Spuren von einer mutwilligen Beschädigung etwa der Fresken. Erst eine in der Stadt vermutlich vollkommen unumstrittene, weil unumgängliche Verteidigungsmaßnahme zerstörte das Kirchengebäude: Man schüttete an die Stadtmauer ein Glacis an, um ihre Unterhöhlung und Zerstörung durch heranrückende persische Truppen im Jahr 256 n. Chr. zu verhindern (übrigens ohne Erfolg).

Die Ausstattung einer «Dorfkirche» wie der von Qirqbize erlaubt nochmals Rückschlüsse auf die liturgischen Abläufe des Gottesdienstes, der hier gefeiert wurde: In der Mitte des westlich gelegenen Podiums stand ein durch die Rosetten der Lehne besonders geschmückter Thron für den Priester; er besaß ein kleines Fach, in welchem man sich wahrscheinlich den Aufbewahrungsort liturgischer Bücher oder auch von Lektionaren mit den wichtigsten Texten für die Gottesdienste vorstellen darf. Im nördlichen Teil des Podiums in der östlichen Apsisplattform befinden sich noch heute am Ort drei Ölreliquiare. Man konnte hier Öl oben in einen Steinsarkophag einfüllen, es floß dann über die Gebeine verehrter Märtyrer (bzw. -innen) und Heiliger und konnte unten auf der Seite bequem in einer Ampulle aufgefangen werden. Wir sind gewohnt, solche Reliquiare vor allem in Beziehung zum Kult besonderer Heiliger, zu Wallfahrten und Pilgerbetrieb zu setzen – entsprechende Ampullen konnte man mit ortsspezifischem Dekor als Souvenir mitnehmen. Aber das Beispiel Qirqbize zeigt, daß es sich wohl auch um eine verbreitete Frömmigkeitsform einer schlichten Dorfgemeinde handelte, in deren wirtschaftlichem Leben das Öl wie in der ganzen Region eine nicht zu unterschätzende Rolle spielte. Als Altar diente wahrscheinlich hier wie anderswo in Syrien eine normale Tischplatte von der Art, die man in einigermaßen wohlhabenden Haushalten verwendete. Da solche Platten in ihrer Form dem umgekippten Buchstaben C entsprechen (einer älteren Form des griechischen Buchstabens «S»), nennt man sie «Sigmatafeln». Die Adaption dieser gewöhnlichen Tischplattenform in den christlichen Kult – anstelle etwa der normalen paganen Altarformen, zumeist blockhafte Steine mit Volutenverzierungen oder ähnlichem – ist so erklärt worden, daß die Christen, als sie noch in den Häusern zusammenkamen, selbstverständlich das gleiche Mobiliar besaßen wie die Menschen ihrer Umwelt. Schließlich war es noch bis in das sechste Jahrhundert hinein in den normalen römischen Haushalten üblich, zu den Mahlzeiten an den Sigmatischen auf einer entsprechend gebogenen Bank zu Tisch zu liegen. Ein etwas erhöhter Rand begrenzte die Sigmaplatten in Privathäusern und kirchlichen Räumen, da erst in der späten Kaiserzeit Tischtücher üblich wurden und man so das Herunterfallen bzw. -fließen von Speiseresten und ähnlichem vermeiden konnte.

Eine gewichtige Bedeutung für die Struktur der christlichen Gemeinde der Antike hatte auch das *Bußwesen*, das sich allerdings erst langsam ausbildete – diese von Kämpfen und theologischen Debatten begleitete Entstehung einer Ordnung kirchlicher «Schlüsselgewalt» (i. e. Binde- und Lösegewalt) kann hier freilich nicht ausführlich nachgezeichnet werden.[32] Aus der ursprünglichen Möglichkeit einer einmaligen Umkehr und Sündenvergebung bei der Taufe (s. o. S. 80f.) entwickelte sich bis zum dritten Jahrhundert eine regelrechte kirchliche Verfahrensordnung für die Buße, mit deren Hilfe schließlich auch grobe Verstöße gegen den kirchlichen Sittenkodex gesühnt werden konnten. Eine der Voraussetzungen dieses Prozesses war die theologische Bewältigung der immer wiederkehrenden Erfahrung, daß die «Heiligkeit» der einmal bekehrten Christen im Alltag der Welt gefährdet war. «Sünde» wurde nun stärker als eine bleibende Erscheinung selbst des christlichen Lebens und nicht mehr nur als abzulegendes wie ablegbares Kennzeichen eines paganen Lebenswandels wahrgenommen. Auf der anderen Seite übte die Gemeinde immer beherzter ihr Recht aus, in Stellvertretung Jesu Christi und in der Vollmacht des heiligen Geistes (vgl. Joh 20,22 f.) Sünden zu vergeben. Sogenannte «Todsünden» wie Abfall vom Christentum (zum Beispiel in der Verfolgung), Verehrung fremder Gottheiten («Götzendienst»), Mord und bestimmte Formen der Sexualität waren allerdings sehr lange von der Vergebung ausgeschlossen. Hier veränderten erst die Probleme mit der großen Zahl der sogenannten *lapsi*, die sich in den großen Verfolgungen Mitte des dritten und Anfang des vierten Jahrhunderts (s. o. S. 38 f.) vom Christentum abgewandt hatten und nach Abklingen der staatlichen Pressionen wieder Kontakt zur Kirche suchten, den ursprünglichen Rigorismus der Bußdisziplin. Auch gegenüber Menschen, die Kapitalverbrechen begangen hatten, ließ man zunehmend eine etwas größere Milde walten. Relativ früh, nämlich schon im zweiten Jahrhundert, hatte sich im Westen die Praxis durchgesetzt, daß man im Bußgewand und mit Asche bestreut (in «Sack und Asche», vgl. schon Mt 11,21) öffentlich im Gottesdienst vor die Gemeinde trat, sich zu seinen Verfehlungen bekannte und Vergebung erflehte. Die Kleidung entsprach der gewöhnlichen Trauergewandung. Ein erstes Zeichen der zunehmenden Verrechtlichung des Bußwesens stellen die vier «Bußstufen» dar, die sich im Osten seit dem dritten Jahrhundert ausgebildet haben: «Weinende» («*prosklaiontes*»), die im Vorhof die Gottesdienstbesucher um ihre Fürbitte anflehten; «Hörende» («*akroomenoi*»), die wenigstens am Wortgottesdienst teilnehmen durften; «Kniende» («*hypopiptontes*»), die zusätzlich noch eine besondere Segnung des Bischofs empfingen, und schließlich die «Mitstehenden» («*systantes*»), die auch am eucharistischen Gottesdienst teilnehmen durften, aber dies, ohne die Kommunion zu empfangen. Ein weiteres Zeichen der Verrechtlichung stellte die Fixierung der drei klassischen «Bußleistungen» (Gebet, Fasten und Almosen) in konkreten Synodalkanones dar. Dreißig Jahre betrug die Bußzeit, d. h. der Ausschluß vom Abendmahl, für Päderasten, Sodomisten und Mörder in der Gemeinde des Bischofs Basilius im kappadozischen Caesarea im letzten Drittel des vierten Jahrhunderts, elf Jahre bei Totschlag.[33] Die Bedeutung dieser Form des öffentlichen Umgangs mit kleineren und größeren Verfehlungen, aber auch mit schweren Verbrechen für das Leben einer konkreten christlichen Gemeinschaft kann man also schwerlich überschätzen.

Das alltägliche Gemeindeleben zeichnete sich durch eine besondere Form der Gemeinschaft aus, die sich durch ihre bestimmten sprachlichen Wendungen, Gesten, Formen und Einrichtungen von vergleichbaren Organisationen erheblich unterschied. So waren beispielsweise in Vereinen normalerweise nur Berufskollegen, also Menschen einer einheitlichen sozialen Schicht und geistigen Interessenlage, Mitglied. Obwohl die christliche Gemeinschaft ein durch den «Patriarchalismus» der Männer und der vornehmen Schichten geordnetes und beschränktes Miteinander darstellte, fanden sich doch in der Antike nur wenig ähnlich bunte und sozial breitangelegte Verbindungen.

Zu den bestimmten sprachlichen Wendungen, die diese schichtensprengende Gemeinschaft betonten, zählte anfangs die gegenseitige Anrede als «Bruder» und «Schwester». Sie fand sich allerdings zur selben Zeit auch in paganen Einrichtungen, so werden innerhalb der Berufsgenossenschaften die Mitglieder und ebenso zahlreiche Mithrasmysten inschriftlich als «Brüder» bezeichnet, mindestens einmal auch «Schwestern» genannt.[34] Ein wichtiges Motiv dieser Anrede in den christlichen Gemeinden dürfte die Praxis des historischen Jesus dargestellt haben, die sich in einem verwandtenkritischen Spitzensatz äußerte: «Wer Gottes Willen tut, der ist mein Bruder und meine Schwester und meine Mutter.» (Mk 3,35) Die jesuanische Ethik der Feindesliebe erlaubte zudem die sprachliche Integration von Menschen, die nicht zur christlichen Gemeinde zählten; Tertullian unterschied ein allgemeines Bruderschaftsverhältnis zu Nichtchristen von der besonderen Bruderschaft zu denen, «die Gott als ihren einen Vater erkannt, die den einen Geist der Heiligkeit eingesogen haben, die aus einem Leib derselben Unwissenheit zu dem einen Licht der Wahrheit emporgeschreckt sind».[35] Spätestens aber seit dem vierten Jahrhundert wurde die alte innergemeindliche Anrede nur noch zwischen Bischöfen und Klerikern und unter Mönchen verwendet: «mit Brüdern, d. h. Mönchen», heißt es in einem Pilgerbericht des späten vierten Jahrhunderts.[36]

Zu den innergemeindlichen Gesten gehörte der sogenannte «heilige Kuß» («*philema hagion*»), mit dem die Gemeinde ihrer besonderen Gemeinschaft sicht- und fühlbaren Ausdruck verlieh; er steht neben den verschiedenen anderen Kußgesten des Individuums (s. o. S. 108 f.). Schon Paulus forderte am Schluß von Briefen auf: «Grüßt alle Brüder mit dem heiligen Kuß.» (1 Thess 5,26; ebenso 1 Kor 16,20; 2 Kor 13,12; Röm 16,16). Der Kontext dieser Bitten zeigt, daß der Apostel in der Geste den sichtbaren Ausdruck der in Gebet und persönlicher Zuwendung vertieften Verbundenheit der Gemeinde sah und einen festen Teil des Grußrituals. Durch das Adjektiv «heilig» bleibt deutlich, daß die Geste nicht in den Bereich profaner Rituale oder gar von intimer Zärtlichkeit gehört, sondern

– jedenfalls nach dem Selbstverständnis antiker Christen – zur göttlichen Sphäre. Aus diesen Briefpassagen kann man rekonstruieren, daß der «heilige Kuß» der Gemeindeglieder vor der Feier des Herrenmahls stand. Und ebenso bezeugen es die späteren Nachrichten über die Liturgie bei Justin (Mitte des zweiten Jahrhunderts[37]) und in der ausgeführten Liturgie des sogenannten klementinischen Meßformulars, das aus dem vierten Jahrhundert stammt und gewisse Regularien gegen den Mißbrauch einer guten Gelegenheit verrät: «Und es begrüße der Bischof die Gemeinde und spreche: ‹Der Friede Gottes sei mit euch allen!› Und das Volk antworte: ‹Und mit deinem Geiste!› Und der Diakon sage zu allen: ‹Grüßt einander durch einen heiligen Kuß!› Und es küssen die Kleriker den Bischof, die männlichen Laien die Laien, die Frauen die Frauen.»[38]

Eine große Rolle im Gemeindeleben spielte weiter die Unterstützung der Armen, das Almosenwesen (dazu oben, S. 127–131). Im vierten Jahrhundert zeichnete sich freilich eine Tendenz zur Privatisierung dieser gesamtgemeindlichen Aufgabe ab, die mit dem Aufstieg von mächtigen Bischofsgestalten in den Städten zusammenhängt. Sie rückten in die Stellung von Patronen für das Gemeinwesen ein und fühlten sich entsprechend verantwortlich. In Ankyra (Ankara) versammelte sich zum Beispiel «eine Menge von Kranken, sowohl Verheiratete als auch Ledige, die in der Vorhalle der Kirche lagen und auf ihre tägliche Essensration warteten».[39] Aus solchen Menschen rekrutierte sich nun die «Familie» beziehungsweise die «Klientel» der Bischöfe. Auch die bereitwillige finanzielle Unterstützung und der Besuch von Inhaftierten in Gefängnissen prägten das Gemeindeleben. Die Berichte über das Martyrium einer karthagischen Matrone namens Vibia Perpetua und ihrer Sklavin Felicitas vom Anfang des dritten Jahrhunderts enthalten entsprechende Nachrichten und Hinweise auf die schlimmen Zustände in den Gefängnissen der afrikanischen Provinzhauptstadt: vollständige Finsternis, drangvolle Enge und quälende Hitze wegen Überbelegung.[40] Zwei Diakone der christlichen Gemeinde erreichten aber durch Bestechung für die Frauen bessere Plätze im Gefängnis; der Aufseher der Anstalt ließ viele Christen zu Besuchszwecken ein. Konstantins letzter Rivale auf dem Weg zur Alleinherrschaft, sein Schwager Licinius, erließ entsprechend unter seinen antichristlichen Maßnahmen (wie Massenverhaftungen) auch ein Gesetz, daß «sich niemand gegenüber den Unglücklichen in den Gefängnissen durch Mitbringen von Speise menschenfreundlich zeigen noch derer, die in Fesseln an Hunger eingingen, sich erbarmen dürfe».[41] Im heutigen jordanischen Jerasch, dem antiken Gerasa, baute Bischof Paulus zu Beginn des sechsten Jahrhunderts sogar ein Gefängnis, um die Haftbedingungen zu erleichtern.[42]

Einen wesentlichen Platz nahm schließlich die gegenseitige Hilfe und Protektion ein. Chrysostomus drückte das so aus: «Kommt einer auf den Markt und trifft er dort auch nur mit einem einzigen Freund zusammen, so schwindet ihm häufig alle Trauer. Wir aber gehen nicht auf den Markt, sondern in die Kirche. Dort treffen wir nicht nur einen Freund, sondern so viele, und kommen mit so vielen Brüdern und Vätern zusammen. Wie sollten wir da nicht unsere Mutlosigkeit ablegen und alle Freude ernten.»[43] Besonders seit dem vierten Jahrhundert betätigten sich jene Schichten, die bisher für öffentliche Bauwerke und andere kommunale Aufgaben gespendet hatten, innerhalb der christlichen Gemeinde: Sie stifteten nun Mosaikfußböden für Kirchen und andere Einrichtungen. In einer der bislang zehn ergrabenen Kirchen im jordanischen Madaba (südlich von Amman), der Apostelkirche, ist noch heute im Mittelschiff ein breites Mosaik mit paarweise einander zugeordneten Papageien und einem zentralen Medaillon mit einer Personifikation des Meeres (Abb. 10) zu sehen. Die Inschrift jenes Ende des sechsten Jahrhunderts entstandenen Fußbodenbelags nennt die Stifter und den Handwerker: «O Herr, der du den Himmel und die Erde geschaffen hast, schenk Athanasius, Thomas und Theodora Leben, ebenso Salamain dem Mosaikkünstler.»[44] Daneben verfügte das Kirchengebäude über insgesamt drei ebenfalls mosaifizierte Nebenräume, ihre Inschriften dokumentieren die religiöse Dimension solcher Stiftungen: «O Herr, nimm an das Opfer derer, die Früchte gebracht haben und Früchte bringen für den Tempel der heiligen Apostel zur Erinnerung an den Priester Johannes durch den Eifer des Diakons Anastasius.» – «Zur Zeit des heiligsten Bischofs Johannes ist dieser Ort mosaifiziert worden durch den Eifer des allerfrömmsten Mönches Johannes.»[45] Theodoret, der schon mehrfach erwähnte Bischof des Wallfahrtsstädtchens Kyrrhos im nordsyrischen Belus, kümmerte sich um die Steuerrückstände des Ortes und ließ Aquädukte und Brücken der Stadt restaurieren.[46]

Übergemeindliche Strukturen und Kommunikationsformen

In der Frühzeit besaß die Unterscheidung zwischen Ortsgemeinde und Gesamtkirche noch keine besondere Bedeutung. Die eine Kirche wurde als unteilbarer Leib Christi empfunden, die gleichwohl lokale Einheiten kannte. Paulus schreibt «der Kirche Gottes, die sich in Korinth befindet» (1 Kor 1,2). Anfangs war jede Ortsgemeinde, also in aller Regel die Christengemeinde einer Stadt, eine selbständige Struktur. Sie wurde von Menschen geleitet, die für gewöhnlich aus ihr selbst hervorgegangen waren. Es fehlte zunächst jede übergeordnete kirchenleitende Instanz, so daß sich innerhalb der Gemeinsamkeiten große lokale Unterschiede ausbildeten, sowohl hinsichtlich der kirchlichen Sitten, des Gottesdienstes und seiner Liturgie als auch hinsichtlich theologischer Charakteristika und der exakten Abgrenzung des Kanons biblischer Schriften. Spätestens nach dem Ende der christlichen Jerusalemer Urgemeinde im jüdischen Aufstand entfiel auch der Brauch, daß kleinasiatische Gemeinden – wie seit der Makkabäerzeit die jüdische Diaspora – für diese eine Kollekte, eine freiwillige Spende, sammelten; mit deren Überbringung war Paulus befaßt gewesen (1 Kor 16,1 f.). Allerdings darf man solches Fehlen übergeordneter Strukturen nicht als Beziehungslosigkeit mißdeuten. So scheint es schon am Ende des ersten Jahrhunderts die Gewohnheit gegeben zu haben, daß im Falle von innerkirchlichem Streit eine benachbarte oder bedeutende Gemeinde um ein Gutachten oder Schlichterwort angerufen wurde oder sich zu einem solchen berufen fühlte. Jedenfalls wendete sich zu diesem Zeitpunkt die römische an ihre korinthische Schwestergemeinde, um ihr einen recht deutlichen Rat zur Lösung eines Konfliktes zu geben. Regelrechte Delegierten-Versammlungen zur Lösung von kirchlichen Konflikten («Synoden» von griechisch «*synhodos*», «die Zusammenkunft») tagten erstmals im Zusammenhang von Auseinandersetzungen um eine prophetische Bewegung in Phrygien: «So kamen die Gläubigen der Provinz Asia wiederholt an verschiedenen Orten zusammen, prüften die neue Lehre, erkannten ihre Gemeinheit und verurteilten die Sekte, worauf diese Leute aus der Kirche hinausgeworfen und aus der Gemeinschaft ausgeschlossen wurden.»[47] Anläßlich der Streitigkeiten um den Ostertermin (s. o. S. 45–49) traten solche Synoden um 190 n. Chr. in Palästina unter Vorsitz des Theophilus von Caesarea und des Narcissus von Jerusalem, in Ephesus unter Polykrates, in Rom unter Bischof Viktor, in Amastris/Pontus unter Palmas, in Gallien unter Irenäus und in der Osroëne zusammen – fast ein «Generalkonzil», dem jedoch der gemeinsame Versammlungsort und das gemeinsame Ergebnis fehlten. Eine neue Qualität von synodalen Versammlungen wurde erreicht, als Kaiser Konstantin begann, Bischofstreffen einzuberufen, um kirchliche Streitfragen zu lösen, und kaiserliche Kommissare das Geschehen (mit recht unterschiedlichem Erfolg) begleiteten und gelegentlich zu dominieren versuchten. Einen ersten Höhepunkt stellte die schon von Zeitgenossen als «ökumenische» (d. h. reichsweite) Synode bezeichnete Versammlung von Nizäa dar. Sie wurde im Juni 325 in den kaiserlichen Palast der landschaftlich reizvoll an einem See gelegenen bithynischen Sommerresidenz (Iznik) einberufen. Kaiser Konstantin wollte nach dem Sieg über seinen Konkurrenten Licinius im September 324 sein politisches Werk durch eine «Einheitssynode» krönen, auf der auch die letzten einheitsstörenden kirchlichen Konflikte ausgeräumt werden sollten. Das gelang freilich nur während des Treffens selbst und kurz danach, bald darauf brach der theologische Konflikt wieder auf. Während der Synode beherbergte und verköstigte der Monarch die Bischöfe «in reicher Fülle»; er selbst zog mit Gefolge ein und wohnte auf einem kleinen Goldthron dem Treffen bei. Zum Schluß feierte der Kaiser mit den Bischöfen sein zwanzigjähriges Regierungsjubiläum und beschenkte sie reich.[48]

Zu den übergemeindlichen Strukturen zählten weiter die Ausbildung der Metropolitanverfassung, die Entstehung des römischen Primates und des Papsttums. Tendenzen zu einer Zusammenfassung von Christengemeinden nach regionalen Gesichtspunkten und nach den römischen Provinzen finden sich möglicherweise schon sehr früh: Paulus schrieb an die Christen der Landschaft (oder, wie eine andere Interpretation will: der Provinz) Galatien. Der korinthische Bischof Dionys schrieb am Ende des zweiten Jahrhunderts sowohl an einzelne städtische Gemeinden als auch an ganze Regionen.[49] Die Gemeinden der gallischen Nachbarorte Lyon und Vienne korrespondierten zu etwa derselben Zeit mit den «Brüdern in Asien und Phrygien». Die starke Konzentration der christlichen Gemein-

Abb. 10: Madaba (Jordanien), Apostelkirche,
Detail des Mittelschiffmosaiks

den auf die städtischen Metropolen des römischen Reiches, die ja zugleich Provinzialhauptstädte waren (Karthago, Alexandria, Caesarea, Antiochia, Ephesus, Korinth, Lyon und Mailand), blieb ebenfalls nicht folgenlos. So lag in dieser Art der Verbreitung des Christentums zugleich der Keim für den engsten, aber zunächst unbewußten Anschluß an die Organisationen des Staates. Im Laufe des dritten Jahrhunderts ist diese auf die Provinzen und ihre jeweilige Provinzialhauptstadtv(«*metropolis*») konzentrierte Ordnung der übergemeindlichen Beziehungen eingeführt gewesen, sie wird daher Metropolitanverfassung genannt. Eine Synode, die wohl Anfang der dreißiger Jahre des vierten Jahrhunderts in Antiochia tagte, machte die rein pragmatische Motivation dieses Details antiker christlicher Kirchenverfassung klar, als sie bestimmte: «Die Bischöfe in jeder Provinz sollen wissen, daß der Bischof in der Metropolis die Aufsicht über die ganze Provinz hat, weil die Leute von allen Gegenden wegen ihrer Geschäfte dorthin kommen. Er soll also auch den ersten Rang haben, und die übrigen Bischöfe sollen nach der alten, schon bei unseren Vätern etablierten Vorschrift nichts ohne ihn tun als das, was ihre Diözese und den zugehörigen Bezirk betrifft. Denn darüber hat jeder Bischof Vollmacht (...). Aber weiter soll er nichts tun ohne den Bischof der Metropolis, so wie auch dieser nichts ohne die Meinung der anderen Bischöfe (einzuholen).»⁵⁰ Eine weitere enge Anbindung an die politische Ordnung erfolgte im späten vierten Jahrhundert. Im Zuge der diokletianischen Reichsreform kurz vor Ende des dritten Jahrhunderts war es auf der einen Seite zu einer Dezentralisierung in Gestalt einer Erhöhung der Zahl der Provinzen, auf der anderen Seite zur Schaffung neuer Zentralinstanzen gekommen. Die vier bzw. fünf Prätorialpräfekten und zwölf bzw. fünfzehn Diözesanvikare nahmen aber in Städten Residenz, die in den allermeisten Fällen längst große (oder kleinere) christliche Metropolen mit zum Teil eigenen theologischen Schwerpunkten waren: Trier, Mailand, Rom, Karthago, Konstantinopel, Ephesus, Caesarea/Kappadozien, Antiochia, Alexandria. Gegen Ende des vierten Jahrhunderts übernahm die Kirche dieses Modell und entwickelte das System der «Obermetropolitanverfassung». Ein Reichskonzil, das in der östlichen Hauptstadt Konstantinopel 381 tagte, setzte fest, daß die Bischöfe jeweils einer Diözese eine höhere Verwaltungseinheit bilden sollten, sich aber bei synodalen Entscheidungen auch nicht über die Grenzen ihrer jeweiligen Diözese hinaus äußern sollten. Bei der übernächsten reichsweiten Bischofsversammlung in der Kaiserresidenz Chalkedon billigte man dem Bischof von Konstantinopel mit der ausgesprochen politischen Begründung, daß sich dort der Sitz des «Kaisertums und Senates» befinde, die Weihe der Obermetropoliten von drei östlichen Diözesen zu. Das endgültig im siebenten Jahrhundert normierte System der fünf Patriarchate Rom, Konstantinopel, Alexandrien, Antiochien und Jerusalem ist dagegen ein später Versuch, «den Schleier ökumenischer Einheit über die Rivalitäten zwischen Rom, Byzanz und Alexandrien zu breiten».⁵¹

Der römische Bischof widersetzte sich freilich seit dem vierten Jahrhundert allen Versuchen, seine Kathedra durch solche Modelle den anderen großen Bischofssitzen gleichzuordnen. Er konnte sich dabei beispielsweise auf einen Beschluß des erwähnten Konzils von Konstantinopel (381) berufen, daß «der Bischof von Konstantinopel nach dem Bischof von Rom den Ehrenprimat haben (soll), weil es (sc. Konstantinopel) das neue Rom ist».⁵² Zwar erhob das Konzil mit seinem Tagungsort ein bisher eher unbedeutendes Suffraganbistum allein wegen seiner gestiegenen politischen Bedeutung zu hohen Ehren (wogegen Rom auch prompt protestierte), anerkannte aber auch einen Vorrang, der sich spätestens Mitte des dritten Jahrhunderts im Selbstbewußtsein der römischen Bischöfe abzeichnete und seit der Mitte des vierten auch faktisch kaum noch angezweifelt wurde. Dieses gesteigerte Selbstbewußtsein geht auf ein entsprechendes Selbstbewußtsein der römischen Gemeinde zurück. Sie hat sich offenbar auch schon vor der Ausformung eines Monepiskopates im zweiten Jahrhundert (s. u. S. 202–205) des Martyriums der beiden Apostel Petrus und Paulus gerühmt (1Clem 5,3–7); Irenäus von Lyon redete gegen Ende des zweiten Jahrhunderts bereits von der «großen und besonders alten und aller Welt bekannten, von den beiden hochberühmten Aposteln Petrus und Paulus in Rom gegründeten und organisierten Kirche»,[53] vertrat also eine historische Fiktion. Irenäus stimmte allerdings noch keinem gesamtkirchlichen Vorrang Roms zu, sondern mahnte die Apostolizität, d. h. Kontinuität von Teilkirchen zur apostolischen Tradition, an.[54] Auch wenn in der Folgezeit noch lange römische Bischöfe, die mit großer Energie, aber nicht immer erfolgreich einen Vorrang beanspruchten, und solche, die in dieser Hinsicht vergleichsweise unauffällig amtierten, wechselten, wird man sagen können: Nachdem sich bereits in der Mitte des dritten Jahrhunderts ein römischer Bischof auf seine Petrusnachfolge berufen hatte, um eine theologische Position durchzusetzen, und etwa zur gleichen Zeit der karthagische Bischof Cyprian biblische Argumente zusammenstellte, mit denen man später gegen seine ursprüngliche Intention einen römischen Führungsanspruch untermauerte, wurde seit Mitte des vierten Jahrhunderts der juristische und kirchenpolitische Vorrang Roms zementiert. Es hat sich – mindestens in der protestantischen Kirchengeschichtsschreibung – eingebürgert, den römischen Bischof Damasus (366–384 n. Chr.) als ersten «Papst» zu bezeichnen, weil er von einem lateinischen Theologen ca. 376/377 n. Chr. als Inhaber eines besonderen römischen «Petrusamtes» angesprochen wird (und sich selbst entsprechend verhalten hat): «Mit dem Nachfolger des Fischers und einem Schüler Christi rede ich. Indem ich keinen anderen Führer anerkenne außer Christus, bin ich mit deiner Heiligkeit verbunden, das ist mit der Kathedra Petri. Denn ich weiß, daß auf diesen Felsen die Kirche gegründet ist.»[55] Generell gilt, daß dieser Anspruch der Wirklichkeit des

Papsttums im Grunde bis ins Mittelalter vorausläuft; der faktische Einfluß auf die kirchenpolitische und theologische Entwicklung wurde in der Spätantike durch die jeweiligen Kaiser und die äußerst agilen Obermetropoliten von Alexandria und Konstantinopel begrenzt.

Eine wesentliche Voraussetzung für die Entstehung solcher übergemeindlicher Strukturen bildeten die übergemeindlichen Kommunikationsformen. Seit den Tagen der Apostel standen die verschiedenen Teile der einen Kirche, die diversen Gemeinden in den verschiedenen Regionen des römischen Reiches, in regem Kontakt. Es wurde viel gereist und ebenso viel über Briefe ausgetauscht; diese pflegte man in der paganen Antike in aller Regel durch besondere Boten, die man aus seinen Sklaven oder Freigelassenen auswählte, zuzustellen. Die Christen paßten sich mit ihren Reisegewohnheiten dem Brauch der Philosophen, Ärzte und hohen Staatsbeamten an, die für den heutigen Geschmack teilweise ein unruhiges Wanderleben führten. Der spätere Kaiser Pertinax (geboren als Sohn eines Freigelassenen 126 n. Chr. in Ligurien) begann beispielsweise seine Karriere als Kohortenpräfekt in Syrien, ging als Militärtribun nach England, darauf nach Obermoesien, Köln, ferner dann an die mittlere Donau, Oberitalien, an die obere Donau, Syrien und schließlich nach Nordafrika und Rom. Dort wurde er im Jahre 192 als erster Militär durch Militärs zum Kaiser ausgerufen und schon 193 ermordet. Der alexandrinische Theologe und Religionsphilosoph Clemens studierte nach eigenem Bericht Ende des zweiten Jahrhunderts bei zwei Lehrern in Griechenland, die ihrerseits aus Syrien und Ägypten stammten, ferner «im Osten» bei einem assyrischen und einem jüdischen Lehrer aus Palästina. Als letzten nennt er seinen alexandrinischen Meister (wohl Pantaenus).[56]

Reisen waren seit der energischen Bekämpfung des Seeräuberunwesens im östlichen Mittelmeer und den verschiedenen Straßen- und Brückenbaumaßnahmen wesentlich leichter geworden. Auch wenn das Straßennetz mit seinen Pferdewechselstationen und Herbergen zunächst der militärischen Kommunikation diente, wurde es doch auch vom allgemeinen Verkehr benutzt. Nur die kaiserliche Post (*cursus publicus*) diente ausschließlich der Kommunikation unter Behörden und solchen Personen, die aufgrund guter Beziehungen zu hohen Beamten oder wegen eines zeitlich begrenzten

Auftrags mitreisen durften: Gregor der Wundertäter, später Bischof der Gemeinde von Amasea/Pontus, konnte aufgrund solcher Verbindungen mit der Staatspost zum Antritt seines Jurastudiums nach Berytus (Beirut) reisen. Er verfügte über genügend von den begehrten Erlaubnisscheinen (*diploma*). Der spätere Kaiser Pertinax mußte dagegen um 160 n. Chr. die knapp hundertfünfzig Kilometer von Antiochia zu seinem ersten Dienstort an der syrischen Reichsgrenze zu Fuß reisen, weil er über keine Erlaubnis zur Benutzung der Staatspost verfügte.[57] Die auf Konstantin folgenden Kaiser gestatteten dann den Bischöfen die Benutzung der Staatspost, was die großen reichsweiten Synoden des vierten und fünften Jahrhunderts mit mehreren hundert Teilnehmern aus allen Teilen des Reiches überhaupt erst möglich machte. Der pagane Geschichtsschreiber Ammianus Marcellinus hat Ende des vierten Jahrhunderts diese Entwicklung bissig kommentiert: «Scharen von Bischöfen eilten mit den Gespannen der Staatspost hierhin und dorthin zu sogenannten Synoden, und während er (sc. Kaiser Konstantius II.) den gesamten Ritus nach seinem Willen zu gestalten versuchte, durchschnitt er die Nerven des Postwesens.»[58] Allerdings stand in allen Reichsteilen ein Netz von privaten Fuhr- und Transportunternehmern zur Verfügung, die in der Regel alle Bedürfnisse befriedigen konnten, die finanziellen Mittel einmal vorausgesetzt. Handelskorporationen organisierten und finanzierten den Transport für Kaufleute; daneben entwickelten sich in der Kaiserzeit auch ein gewisser Kurtourismus und ein Heilstätten-Pilgerwesen vermögender Schichten. Gewöhnlich reiste man nur tagsüber und in Abschnitten zwischen jeweils zwei Raststationen (*mansiones*), also in der Regel Strecken von etwa siebzig bis neunzig Kilometern. Viele Reisende werden auch zu Fuß gegangen sein. Schiffahrt war dagegen nur zwischen März und Spätherbst möglich, außerdem vermied man es, sich zu weit von der Küste wegzubewegen und etwa quer über das Mittelmeer zu reisen. Angaben über die Dauer von Reisen auf antiken Schiffahrtsrouten sind naturgemäß schwierig; Strömungs- und Windverhältnisse ließen Fahrtzeiten oft von den Durchschnittswerten abweichen (z. B. Alexandria–Puteoli mindestens neun, eher fünfzehn, höchstens zwanzig Tage; Caesarea/Palästina–Ostia mindestens zwanzig Tage; Karthago–Ostia zwischen drei und fünf Tagen). Die Bedeutung der Schiffsrouten darf nicht unterschätzt werden; zwischen Rom und Alexandria spielte sich der größte Massengutverkehr der antiken Handelsgeschichte ab. Da es keine speziellen Passagierschiffe gab, mußten Frachtschiffe benutzt werden – der Reisende hatte also keinen Einfluß auf die Fahrtroute. Teilweise reisten auf den großen Fahrten bis zu sechshundert Passagiere mit; Schiffbruch stellte eine häufige Reiseunterbrechung dar.[59]

Wie stark sich Christen von Anfang an an diesem «Weltreisebetrieb» beteiligten, zeigt die schnelle Ausbreitung des Christentums in den antiken Metropolen (s. o. S. 13–21). Das mag auch mit den Berufen zu tun gehabt haben, die Christen ausübten. So wendete sich zum Beispiel der Jakobusbrief des Neuen Testamentes gegen christliche Kaufleute, die ohne Rücksicht auf göttliches Planen und Leiten ihre eigenen, von den Erfordernissen des Geschäftes bestimmten Pläne machten und sagten: «Heute oder morgen wollen wir in die oder die Stadt gehen und wollen ein Jahr dort zubringen und Handel treiben und Gewinn machen.» (Jak 4,13) Christen waren untereinander gehalten, sich gegenseitig aufzunehmen; die früheste erhaltene Kirchenordnung bestimmt: «Jeder, der im Namen des Herrn kommt, soll aufgenommen werden, dann aber sollt ihr ihn prüfen, denn ihr werdet schon wissen, was rechts und links (i. e. richtig und falsch) ist. Wenn der Ankömmling auf Durchreise ist, helft ihm, soviel ihr könnt. Er soll aber nur zwei oder, wenn es nötig ist, drei Tage bei euch bleiben. Wenn er sich aber bei euch niederlassen will und ein Handwerker ist, soll er arbeiten und sich so ernähren. Wenn er aber kein Handwerk hat, sollt ihr eurer Einsicht entsprechend Vorsorge treffen, daß ein Christ nicht müßig bei euch lebt. Wenn er sich aber nicht danach richten will, ist er einer, der mit Christus Geschäfte macht. Hütet euch vor solchen!»[60] Echte Propheten und Lehrer sollte man freilich unterstützen. Christen reisten gewöhnlich mit Empfehlungsbriefen; der Bischof Polykarp von Smyrna fügte Anfang des zweiten Jahrhunderts in seinem Brief an die Philipper einen solchen an: «Ich schicke euch diesen Brief durch Crescens, den ich euch schon mündlich früher empfohlen habe und jetzt aufs neue empfehle. Denn er hat ohne Tadel unter uns gelebt; ich vertraue aber, daß er sich ebenso unter euch halten wird.»[61] Auch auf Papyrus sind einige solche Texte erhalten, so bat ein gewisser Sotas Ende des dritten oder Anfang des vierten Jahrhunderts irgendwo in Oberägypten «den geliebten Bruder Petrus», «unseren Bruder Herakles aufzunehmen, wie es der Gewohnheit entspricht. Deswegen bitten dich und alle Brüder, die mit dir sind, ich und die, die mit mir sind.»[62] Offenbar hat es auch Probleme mit diesem Verfahren gegeben. Die Synode von Elvira beschäftigte sich Anfang des vierten Jahrhunderts mit der Praxis, daß Bekenner (*confessores*) solche Empfehlungsbriefe ausstellten und andere diese vorwiesen, um damit zu beeindrucken. Die spanische Bischofsversammlung bestimmte, diese in schlichte gemeindliche Schreiben ohne Nennung des Bekenner-Namens umzutauschen, um Mißbrauch zu vermeiden.[63]

Eine Form eher unfreiwilligen, aber nicht minder herzlichen Kontaktes entstand durch die Verurteilung von Christen zur Bergwerksstrafe, also zur schwersten nach der Todesstrafe. Die zu solcher Zwangsarbeit zum Beispiel in den Bergwerken Nordafrikas Verurteilten wurden als Strafsklaven des Staates betrachtet und gebrandmarkt. Mit geschorenem Haupthaar taten sie ihre Arbeit in der Regel angekettet unter militärischer Aufsicht. Gelegentlich wurden die für die Arbeit nicht mehr Brauchbaren nach zehn Jahren den Verwandten «zurückgegeben». Die Arbeit in Marmorbrüchen wie dem im nordafrikanischen Chemtou/Simitthus (heute Tunesien) war – schon allein wegen der extremen Temperaturschwankungen – anstrengend; gewaltige Schutthalden zeigen noch heute, daß das Volumen des Abfalls dem des gewonnenen Materials entsprochen hat. Die Arbeiter waren in einem ummauerten Lager kaserniert; es haben sich auch Christen unter den Arbeitern nachweisen lassen, die den berühmten «numidischen Marmor» brachen. Diese Menschen stammten teilweise von weit her, wodurch Christen aus allen Gegenden des Reiches zusammenkamen. Vier christliche Bildhauer, die unter Diokletian Anfang des vierten Jahrhunderts zur Zwangsarbeit in den Steinbrüchen Pannoniens verurteilt wurden, fanden dort einen antiochenischen Bischof vor.[64] Freilich wurden solche Gefangenen nicht allein gelassen; der Bischof Dionysius von Korinth bedankt sich um 170 n. Chr. beim römischen Bischof Soter für finanzielle Gaben, die zur Unterstützung der «in den Bergwerken lebenden Brüder» bestimmt waren.[65]

Ein jüngst publiziertes bibliographisches Repertorium christlicher Briefliteratur[66] zeigt die immer noch beeindruckenden Überreste der reichlichen literarischen Kommunikation zwischen den

Gemeinden in den ersten drei Jahrhunderten; allein für den griechischen Bereich werden knapp hundert Seiten benötigt: Die römische Gemeinde schrieb Ende des ersten Jahrhunderts an die korinthische (1Clem); der Bischof Ignatius von Antiochien (oder ein anonymer Autor in seinem Namen) schrieb auf seinem Gefangenentransport nach Rom sieben Briefe an kleinasiatische Gemeinden und den Kollegen Polykarp. Dieser wiederum verfaßte einen Brief an die Gemeinde in Philippi; Polykrates von Ephesus korrespondierte in der zweiten Hälfte des zweiten Jahrhunderts mit seinem römischen Kollegen. Die Gemeinden von Lyon und Vienne berichteten über eine Verfolgung des Jahres 177 n. Chr. ihren Mitchristen in Asien; die Gemeinde im kleinasiatischen Smyrna informierte einige Jahre zuvor über das Martyrium ihres Bischofs Polykarp. Bischof Alexander von Jerusalem schrieb zu Beginn des dritten Jahrhunderts an die Gemeinde von Antiochia; der alexandrinische Bischof Dionys – überhaupt ein fleißiger Briefschreiber – Mitte des dritten Jahrhunderts an den Bischof von Antiochia, dazu an mehrere römische Kollegen. Daneben stehen die teilweise umfangreichen Schreiben, mit denen die alexandrinischen Bischöfe den Osterfesttermin bekanntgaben. Die Konzentration von Schreiben an die römische Gemeinde ist auffällig und dokumentiert die zentrale Bedeutung der hauptstädtischen Gemeinde schon in diesen frühen Zeiten. Wollte man auch noch die umfangreiche Amts- und Privatkorrespondenz bekannter lateinischer Bischöfe wie Cyprian von Karthago und der Kirchenlehrer wie Origenes dazunehmen, würde das hier gezeichnete Bild noch bunter und dichter. Den Briefwechsel des Origenes hat man erst ein Menschenalter nach seinem Tode (253/254 n. Chr.) gesammelt; ein Katalog des späten vierten Jahrhunderts unterscheidet fünf Gruppen,[67] nämlich zwei Miszellansammlungen mit insgesamt elf Bänden, den Briefwechsel mit einem Freund und einem Schüler sowie zwei (aus kirchenpolitischen Gründen zur Verteidigung des Autors) später erstellte, jeweils zweibändige Exzerptsammlungen – leider sind diese Mengen bis auf wenige Fragmente und zwei vollständige Briefe verloren. Besonders bitter ist das im Falle des an Kaiser Philippus Arabs (244–249 n. Chr.) und seine Gattin Otacilia Severa gerichteten Schreibens: Hier handelte es sich immerhin um einen Privatbrief eines Christen an die Monarchen des römischen Weltreiches! Die cyprianische Briefsammlung ging dagegen auf ihren Autor selbst zurück und umfaßt heute fünfundsechzig Briefe des karthagischen Bischofs samt dreizehn Schreiben, die an ihn gerichtet worden sind – fast ebenso viele Briefe Cyprians sind verlorengegangen, weil sie nicht in die Sammlung aufgenommen worden waren, die zudem in der Spätantike noch wesentlich weniger umfangreich zirkulierte. Über ein Viertel der erhaltenen Korrespondenz ist nach Rom gerichtet oder stammt von daher, der Rest betrifft Briefpartner in Karthago, Nordafrika, Sizilien, Spanien, Gallien und sogar in Kappadozien.

Die kirchlichen Ämter

Wieso entwickelt sich überhaupt eine kirchliche Ämterhierarchie? Diese Frage stellt sich nicht nur dem neuzeitlichen, womöglich protestantischen und also eher amtskritischen Historiker. Im «Arzneikasten gegen die Häresien», einem antihäretischen Kompendium, das der Bischof der Stadt Salamis auf Zypern, Epiphanius, zwischen 374 und 377 zusammensammelte, wird über eine heute nahezu völlig vergessene Gruppe aus dem Pontus berichtet – über Theologen, die man im vierten Jahrhundert (historisch falsch) auf den alexandrinischen Presbyter Arius zurückführte, der 325 n. Chr. auf dem Konzil von Nizäa verurteilt worden war und nach einem Widerruf seiner Position 336 verstorben war. Epiphanius nannte diese Gruppe nach einem gewissen Priester Aërius «Aërianer» und teilte aus ihren Schriften bemerkenswerte wörtliche Zitate mit. Möglicherweise stammen sie von Aërius selbst: «Was ist ein Bischof mehr wert gegenüber einem Presbyter? Jener unterscheidet sich in keinem Punkte von diesem. Es besteht eine (einzige) Ordnung, eine Ehre, eine Würdigkeit. Der Bischof legt die Hände auf (z. B. im Rahmen der Ordination, C. M.), in gleicher Weise auch der Priester. Der Bischof tauft, in gleicher Weise auch der Priester. Der Bischof hält den Gottesdienst, und der Priester in derselben Weise. Es sitzt der Bischof auf dem Thron, es sitzt auch der Priester.»[68] Im vierten Jahrhundert konnte man wohl mit kaum einer These die Wirklichkeit der verfaßten Kirche schärfer angreifen als mit dieser Frage. Bischof Epiphanius, der ein eifriger (um nicht zu sagen eifernder) Ketzerbekämpfer war, reagierte auch entsprechend scharf und wies diese im vierten Jahrhundert ungewöhnliche Kritik am Vorrang des bischöflichen Amtes mit einem etwas gehässigen, aber gewöhnlichen literarischen Motiv der Polemik gegen Ketzer zurück: Aërius habe diese «verrückte Theorie» entwickelt, weil er selbst gern Bischof geworden wäre, aber bei der Wahl einem Freund unterlegen sei. Gleichzeitig überlieferte der zypriotische Bischof aber auch die historische Argumentation, mit der Aërius offenbar seine Fragen und Thesen untermauerte. Er wies nämlich darauf hin, daß der Apostel Paulus nur «Presbytern und Diakonen», aber nicht Bischöfen geschrieben habe – das trifft zu, wenn man in Phil 1,1 unter «Episkopen und Diakonen» noch nicht das spätere Bischofsamt versteht. Mit ihrer exegetisch-historischen Argumentation gegen Ehrenvorrang und höhere liturgische Kompetenz des bischöflichen Amtes kamen Aërius und die Aërianer freilich recht spät, denn die dreistufige Hierarchie von Bischof, Presbytern/Priestern und Diakonen war nach dem gegenwärtigen allgemeinen Forschungskonsens in der zweiten Hälfte des zweiten Jahrhunderts im wesentlichen ausgebildet.[69] Spätestens zu Anfang des dritten Jahrhunderts stand an der Spitze jeder christlichen Gemeinde ein einziger Bischof, daneben existierten Presbyter und Diakone, und kaum jemand zweifelte daran, daß diese Ordnung richtig war, dem göttlichen Willen entsprach und mit der Tradition der Apostel übereinstimmte. Insofern wirken die Aërianer wie ein Solitär, der *ex post* eine Entwicklung in Frage stellte, die selbst als Entwicklung kaum mehr jemandem bewußt war. Erst die spätmittelalterliche und neuzeitliche Kirchenkritik (teilweise auch innerhalb der Kirche) hat das historische und theologische Problem dieser Entwicklung wieder schärfer in den Blick genommen; die bekannteste und zugleich griffigste Formulierung stammt von dem 1940 in der Exkommunikation verstorbenen französischen Reformkatholiken Alfred Loisy: «Jesus annonçait le royaume, et c'est l'église qui est venue.»[70] Ob zwischen dieser Kirche und der Verkündigung Jesu Kontinuität mindestens in Form eines «inneren geistigen Bandes»[71] besteht, ist ohnehin immer wieder umstritten. Die historische Nachzeichnung der Entstehung eines hierarchisch gegliederten Amtes wirkt wie die Nagelprobe für alle Thesen zu diesem Thema und ist selbstverständlich in besonderem Maße abhängig von dem jeweiligen religiösen Standort dessen, der diese Aufgabe unternimmt.

Zunächst einmal ist die Tatsache erstaunlich, daß etwa hundertfünfzig Jahre nach Jesus und den noch von ihm selbst berufenen Menschen solche Strukturen schon ausgebildet sind. Denn während der Lebenszeit Jesu gab es ja keine gegliederte kirchliche Organisation, die horizontal in einer Verschiedenheit von bestimmten Diensten und vertikal als hierarchische Über- beziehungsweise Unterordnung dieser Dienste ausdifferenziert war. Trotzdem handelte es sich bei der «Jesus-Bewegung» nicht um einen amorphen anarchischen Volkshaufen, der dem Meister durch Galiläa nachzog. Jesus von Nazareth sammelte aus seiner erheblich größeren Anhängerschar (Lk 8,2 f.) um sich einen Kreis von zwölf Aposteln als eine Art von innerem Kern der Bewegung, wohl als Symbol des endzeitlichen Israel der zwölf Stämme, zu dessen Sammlung er sich gerufen glaubte (Mt 19, 28). Eine nachösterliche Entstehung dieser Führungsgruppe ist wohl behauptet worden, aber doch nicht wahrscheinlich. Für die «Ordnung» dieses inneren Kreises spielte der Begriff des «Dienstes» eine zentrale Rolle: «Wer groß sein will unter euch, der soll euer Diener sein, und wer unter euch der erste sein will, der soll aller Sklave sein» (Mk 10,43 f.). Diese Ordnung eines inneren Zwölferkreises, verstanden als Dienstgemeinschaft, blieb nach der Hinrichtung Jesu lediglich eine kurze Zeit lang in groben Zügen bewahrt. Schnell hoben sich aus dieser Gruppe einzelne Gestalten heraus. Der Apostel Paulus wollte bei seinem ersten Jerusalembesuch (ca. 35/36 n. Chr.) Kephas (gräzisiert: Petrus) kennenlernen, und schon bei den gewöhnlich als «Apostelkonzil» bezeichneten Verhandlungen (ca. 48 n. Chr.) hatte er es nur noch mit einem Dreier-Gremium, bestehend aus Jakobus, dem Bruder Jesu, Simon Kephas/Petrus und dem Zebedaiden Johannes, zu tun. Dieses Gremium (Paulus nennt sie «die Angesehenen» und «die Säulen»: Gal 2,6 u. 9) und nicht mehr der Zwölferkreis bildete also nicht einmal zwanzig Jahre nach dem Tode Jesu den inneren Kern, aber wohl auch schon die hierarchische Spitze der Jerusalemer Gemeinde. Diese Umordnung war offenbar wesentlich bedingt durch den besonderen Rang, den man den sogenannten «Auferstehungszeugen» (1 Kor 15,5–9) zuwies. Dieser relativ schnelle Umbruch in der Gemeindeleitung nach Jesu Kreuzigung zeigt aber auch, wie stark die Organisationsform der frühesten Gemeinde von der charismatischen Persönlichkeit Jesu bestimmt gewesen war; die relativ weitgehende Freiheit von allen Bindungen bürgerlicher Existenz implizierte natürlich auch eine eher institutionenkritische Haltung.[72] Mit dem Tode Jesu und dem offensichtlichen Ausbleiben des selbstverständlich erwarteten nahen Weltendes fehlte aber ein wichtiger Impuls für ein missionarisches Wanderleben und seine institutionenkritischen Züge. Die Tatsache, daß dann in der Jerusalemer Gemeindeleitung auch leibliche Verwandte Jesu eine Rolle spielten, obwohl dieser doch zu Lebzeiten eine recht kritische Haltung zu seiner Familie eingenommen hatte, stellte ein normales Akkulturationsphänomen (hier in das orientalische Clan-Wesen) dar. Die Ausbildung von hierarchischen Strukturen erfolgte trotzdem nicht überall mit gleicher Schnelligkeit. Die erste Kirchenordnung aus dem zweiten Jahrhundert enthielt noch Bestimmungen für Wanderpropheten – also für eine der Urgemeinde relativ nahe Form christlicher Existenz. Allerdings ist die Tendenz des Textes schon kritisch: «Jeder Apostel, der zu euch kommt, soll wie der Herr aufgenommen werden. Er soll aber nicht länger als einen Tag bleiben; wenn es jedoch nötig ist, auch noch einen zweiten; wenn er aber drei (Tage) bleibt, ist er ein Pseudoprophet. Bei der Abreise soll der Apostel nichts annehmen außer Brot, bis er übernachtet. Wenn er Geld fordert, ist er ein Pseudoprophet.»[73] Man fürchtete also eher Betrüger, als daß man auf ehrlich meinende christliche Missionare und Reisende zu hoffen wagte. Wieviel Geld man auf einer solchen religiös motivierten Wanderschaft verdienen konnte, zeigt die inschriftliche Nachricht von einem Sklaven der syrischen Göttin aus Kafr-Hauwar am Fuße des Hermon-Gebirges, der von jeder seiner Bettelfahrten siebzig Bettelsäcke mitgebracht haben will.[74] Jedenfalls ist auffällig, daß die prophetisch-charismatische Ordnung der Urgemeinde im syrischen Raum noch eine ganze Weile den Tod Jesu überlebte.

Eine der einschneidensten Veränderungen des frühen Christentums dürfte der Wandel von einer eher ländlich geprägten Bewegung zu einer ausgesprochen städtischen Religion gewesen sein. In diesen größeren und kleineren Städten und Kommunen gab es selbstverständlich hierarchisch gegliederte Ämter, gab es allerlei berufsständische Organisationen und Vereine (beispielsweise Bestattungsvereine). In dieser Umwelt etablierte sich nun das Christentum, ihm strömten Menschen zu, denen solche hierarchischen Strukturen vollkommen selbstverständlich waren. Die christlichen Gemeinden entwickelten zunächst eine Verfassungsordnung, die im Prinzip der solcher Vereine ähnelte und schließlich fast eine «Stadt in der Stadt» bildete – und seit dem dritten Jahrhundert auch zunehmend Aufgaben der städtischen Verwaltungen übernahm (etwa die der Armenversorgung). Da man sich einmal auf diesen Weg eingelassen hatte, überrascht es nicht, daß die Gemeinden schließlich die Provinzialverfassungen rezipierten, übergemeindliche Strukturen einrichteten und im vierten Jahrhundert auch reichsweite Kommunikationsstrukturen schufen, «immer halb negierend, halb zustimmend».[75]

Die Verfassungsform, die nun ihren Siegeszug antrat, wird gewöhnlich «Presbyterialverfassung» genannt; sie stammte ursprünglich aus Palästina. Schon in den vierziger Jahren gab es, wie die Apostelgeschichte zeigt, in der Jerusalemer Gemeinde nach jüdischem Modell einen Ältestenrat («*presbyterion*» – ein Terminus, der übrigens auch im griechischen Vereinswesen belegt ist[76]). Die von Paulus gegründeten oder dominierten Missionsgemeinden kannten diese Verfassung zunächst allerdings nicht, sondern folgten noch dem charismatischen Modell der Urgemeinde – in freilich variierter Form. In den «unbestritten echten Paulinen ist von Presbytern nirgends die Rede, obwohl es auch in den paul(inischen) Gemeinden nicht an einer Ordnung und bestimmten Ämtern fehlt (...). Die Gemeinde ist bei Paulus also nicht als eine wie immer verfaßte, gestufte oder geschichtete Organisation gesehen, sondern als ein einheitlicher, lebendiger Kosmos freier geistlicher Gaben, die einander dienen und ergänzen, deren Träger sich aber niemals übereinander erheben oder gegeneinander verschließen können.»[77] Gleichwohl werden im Präskript des paulinischen Philipperbriefes erstmals zwei für die weitere Entwicklung zentrale «Ämter» mit Begriffen gekennzeichnet: «Episkopen und Diakone». Der Titel «Episkopen» als Amtsbezeichnung stellt keine christliche Erfindung dar; in Athen wurden durch Los Episkopen bestimmt, die in den unterworfenen Städten des delisch-attischen Seebundes Statthalterfunktionen ausübten; auch in den Vereinen der Kaiserzeit tritt der Titel (ohne einheitliche feste Abgrenzung eines Amtes) auf. Bemerkenswerterweise begegnet der Titel «Episkopen» in dieser Frühzeit nur im Plural – unter anderem deswegen hat sich die Konvention ausgebildet, bis zur Entstehung der auf jeweils einen gemeindeleitenden Bischof («*episkopos*») konzentrierten Gemeindeverfassungen im zweiten Jahrhundert ein und dasselbe griechische Wort «*episkopos*» noch mit «*episkope*» (und nicht mit «Bischof») zu übersetzen, um den Unterschied deutlich zu machen: Im einen Fall handelt es sich um ein gemeindliches Amt unter anderen, im anderen Fall um das Amt der Gemeindeleitung. Die Episkopen der Frühzeit wurden – wie im Judentum beispielsweise bei Rabbinen üblich – durch Handauflegung ins Amt gesetzt; sie zeichneten sich offenbar durch eine besondere Verwaltungsgabe aus (1 Kor 12,28 f.) und stellten damals noch eine Untergruppe der Presbyter dar. Das «Diakonenamt» dürfte sich, wie schon der griechische Begriff «*diakonos*» zeigt, aus dem Tischdienst entwickelt haben; die Versorgung der Armen in der Gemeinde wird in ihr «Ressort» gefallen sein – jedenfalls hätte dies der Jerusalemer Praxis entsprochen (Apg 6,1–7).

Die Amts- und Verfassungsstruktur, die sich im zweiten Jahrhundert durchsetzte, bestand aus einer Kombination des Jerusalemer Modells presbyterialer Ordnung und des eher heidenchristlichen Modells paulinischer Missionsgemeinden. Das erste Zeugnis für diese Verfassungsverhältnisse ist ein offizielles Schreiben der römischen an die korinthische Gemeinde vom Ende des ersten Jahrhunderts. Aus diesem Brief läßt sich erkennen, daß es in Korinth nun ebenfalls Presbyter, daneben oder eher darüber aber auch «die Leitenden» (griechisch «*hegoumenoi*»: 1 Clem 1,3) gab. Sie wurden auch als «Episkopen» und «Diakone» bezeichnet (42,4 f.; 44,1/4) – und die Funktion der «Episkope» war eine wesentlich kultische. Interessanterweise führten die römischen Absender des Briefes diese Ordnung theologisch auf eine (historisch natürlich unzutreffende) Linie zurück, die von Gott Vater über Christus zu den Aposteln führt: Diese hätten die ersten Episkopen und Diakone eingesetzt und Anweisung gegeben, daß nach deren Tod «andere erprobte Männer deren Dienst übernehmen sollten» (1 Clem 44,2). Die Einsetzung dieser *viri probati* sollte nun durch «andere angesehene Männer unter Zustimmung der gesamten Gemeinde» auf Lebenszeit erfolgen. Deswegen protestierte die römische Gemeinde mit ihrem Brief auch gegen die Absetzung von Amtsträgern in Korinth. Terminologie und Vorstellungen des Briefes entsprechen sehr stark dem hellenistischen Amtsstil, wie er beispielsweise in den Urkunden über Beamteneinsetzung und Beamtenehrung auftritt; allerdings wird im Brief auch eine Kontinuität zu den alttestamentlichen Kultuseinrichtungen hergestellt. Das Schreiben der römischen Gemeinde dokumentiert, daß sich in den städtischen Gemeinden ein «Amt» im Sinne einer «rechtlich eindeutig festgelegten und gesellschaftlich anerkannten Führungsstelle mit Hoheitsrechten und Machtmitteln»[78] entwickelt hatte; nicht zufällig findet sich hier auch der erste Beleg für die terminologische Unterscheidung zwischen Priestern und «Laien» (1Clem 40,5). Seit Ende des zweiten Jahrhunderts, nämlich zuerst bei Clemens, Tertullian und Origenes, begegnete dann auch der komplementäre griechische Begriff Klerus («*kleros*») für die liturgischen Ämter, der eigentlich «Los» bedeutet; offenbar meinte man damit die vom Bischof ausgewählten Personen seines Mitarbeiterkreises. Allerdings fällt auf, daß die Begriffe «Priestertum» und «Priester» («*hierateuma*» und «*hiereus*») in diesen Zusammenhängen zunächst noch kaum fallen. Die christlichen Gemeinden wollten sich vom paganen Kult, den sie als Götzendienst verstanden, energisch (und eben auch: terminologisch) abgrenzen. Gleichwohl verweist der Titel «Presbyter» schon auf ein Amt, das religionsphänomenologisch betrachtet als «Priesteramt» anzusprechen wäre; man kann daher das griechische Wort «Presbyter» («*presbyteros*») spätestens im vierten Jahrhundert mit dem deutschen Wort «Priester» wiedergeben, da es dann auch explizit als Synonym zum entsprechenden griechischen Begriff gebraucht wird.

Ganz offenbar wurden römische wie korinthische Gemeinde zu dieser Zeit noch kollegial geleitet; die Spezialisierung von Ämtern – so scheint es einen besonders für die Außenbeziehungen zuständigen Amtsträger gegeben zu haben – begründete keine Hierarchie oder Subordination von Personen des Gemeindeleitungskollektivs. Daher stellte die Propagierung des sogenannten «Monepiskopates» durch Briefe an kleinasiatische Gemeinden einen mindestens ebenso entscheidenden Umbruch in der Verfassungswirklichkeit der antiken Christenheit dar.[79] «Monepiskopat» bezeichnet mit dem griechischen Wort für «einzig, allein» («*monos*») die Tatsache, daß nun ein einziger Bischof die Gemeinde leitet – der früher übliche Ausdruck «monarchischer Episkopat» trägt unpassenderweise Verhältnisse des dritten und vierten Jahrhunderts in das zweite ein.[80] Niemand beansprucht in dieser frühen Zeit monarchische Herrschaft über die Presbyter, die keinen Platz mehr für die Mitarbeit von Presbytern und Diakonen an der Leitung der Gemeinde läßt. Außerdem war der Umfang dieser Herrschaft nicht sehr groß – Gregor der Wundertäter wurde, wie wir sahen (S. 22), Mitte des dritten Jahrhunderts Bischof in einer Stadt mit siebzehn Christen. Ignatius (oder der anonyme Autor, der später unter seinem Namen schrieb) jedenfalls bemühte sich mit großer Energie, dieses Modell des Monepiskopats den Gemeinden, an die er schrieb, einzuschärfen. Höchstwahrscheinlich darf man diese Intensität als Hinweis darauf nehmen, daß die von ihm empfohlene Verfassungsordnung an diesen Orten nicht in Geltung stand und ihre Einführung auch nicht erwogen wurde: «Denn wenn ihr euch dem Bischof unterordnet wie Jesus Christus, scheint ihr mir nicht nach der Art der Menschen zu leben, sondern nach Jesus Christus (...). Ganz ebenso sollen alle den Diakonen Ehrfurcht erweisen wie Jesus Christus, ebenso auch dem Bischof als Abbild des Vaters und den Presbytern als Ratsversammlungen Gottes und als Bund der Apostel.»[81] – «Folgt alle dem Bischof, wie Jesus Christus dem Vater, und dem Presbyterium wie den Aposteln; die Diakone aber achtet wie Gottes Gebot. Keiner soll etwas von den kirchlichen Dingen ohne den Bischof tun. Jede Eucharistiefeier gelte als zuverlässig, die unter dem Bischof oder einem von ihm Beauftragten stattfindet. Wo der Bischof erscheint, soll die Gemeinde sein, wie da, wo Jesus Christus ist, die katholische Kirche (es handelt sich übrigens um den ersten Beleg dieser Verbindung). Ohne Bischof darf man weder taufen noch das Liebesmahl halten; was aber jener für gut findet, das ist auch Gott wohlgefällig, auf daß alles, was ihr tut, sicher und zuverlässig sei.»[82] Ob die hier zugrundegelegte Typologie, die Gott mit dem Bischof und die Apostel mit dem Presbyterium zusammenbringt, diese energischen Propagierungen des Monepiskopates initiiert, unterstützt oder nur nachträglich legitimiert hat, läßt sich nicht mehr mit Sicherheit entscheiden. Da Ignatius aber gleichzeitig den Dienstcharakter des Bischofsamtes betonte, darf man aus dem Brief auch keinen vollkommenen Solitär innerhalb der Amtsentwicklung machen. Für die Erklärung der Entwicklung weg von der Kollegialverfassung gibt es mangels weiterer Quellen nur Hypothesen: Die einen verweisen auf natürliche Entwicklungen innerhalb von kollegial strukturierten Organen,[83] die anderen auf die Notwendigkeit, häretischen Bewegungen im zweiten Jahrhundert eine mit ganzer Autorität sprechende Führungsgestalt entgegenzustellen.[84] Jüngst ist auch die Vorstellung von der Gemeinde als einem «Haus Gottes» herangezogen worden. Dem antiken Haushalt pflegte ein souverän agierender Hausvorstand in Gestalt des Hausherren vorzustehen, so daß im Rahmen dieses Kirchenbildes die Entwicklung zu einem Monepiskopat konsequent wäre.[85] Die antike Christenheit selbst hat das Phänomen der Entwicklung kaum wahrgenommen und daher nur sehr selten Erklärungen zu bieten versucht. Der antiochenische Theologe Theodor, Ende des vierten Jahrhunderts Bischof im kilikischen Mopsuestia, schrieb: «Der Apostel Paulus hat in 1 Tim 3 (hier sind nur Episkopen und Diakone genannt, C.M.) die Presbyter nicht vergessen, sondern dieselben Amtspersonen führten am Anfang sowohl den Namen ‹Presbyter› als auch den Namen ‹Bischof›. Die aber, welche die Vollmacht der Weihe (von Amtsträgern durch Handauflegung, C.M.) besaßen und jetzt ‹Bischöfe› heißen, standen nicht einer Kirche, sondern einer ganzen Provinz vor und führten den Namen ‹Apostel› (...). Somit waren in jener alten Zeit die, die jetzt ‹Bischöfe› heißen, für eine ganze Provinz das, was jetzt für eine einzelne Stadt und ein einzelnes Dorfgebiet die (zu Bischöfen) Geweihten sind. So beschaffen war in jener Zeit die kirchliche Verfassung. Als sich aber die Religion mächtig ausgeweitet hatte und nicht nur Städte, sondern auch Dörfer mit Gläubigen füllte, die seligen Apostel aber gestorben waren, da kamen die, welche danach zur Leitung des Ganzen (sc. der ganzen Provinz) bestellt wurden, jenen Früheren nicht mehr gleich; auch vermochten sie nicht das Zeugnis durch Wundergaben wie jene für sich geltend zu machen (...). Daher empfanden sie es als eine Last, den Namen ‹Apostel› zu führen; die anderen Bezeichnungen aber verteilten sie: Den Namen ‹Presbyter› überließen sie den Presbytern, den ‹Bischof› wiesen sie dem zu, der zu weihen befugt sein sollte, so daß er nun mit der Leitung des Ganzen betraut wäre.»[86]

In Rom begann sich diese Form des Monepiskopats etwa ab der Mitte des zweiten Jahrhunderts zu etablieren; der mit den Beziehungen zu den auswärtigen Gemeinden betraute Presbyter gewann einen deutlichen Bekanntheits- und Autoritätsvorsprung vor seinen Kollegen. Eingeführt war jene Form spätestens im Jahre

189 n. Chr.,[87] und ein nicht unwichtiges Zeichen für sie stellte die Einführung einer Datierung nach Bischöfen dar. Diese Chronologie wurde durch die Aufstellung von Bischofslisten ermöglicht, die durch lückenlose Kataloge die neue Verfassungsordnung in die apostolische Frühzeit zurückprojizierten. In diese Zeit datiert wahrscheinlich auch der Umbruch im Verständnis des Begriffes «Presbyter», der nun auch sprachlich zum Synonym für den Ausdruck «Priester» wird. Im Westen spricht Tertullian schon ungeniert von «priesterlichen Aufgaben» und nennt den Bischof «den höchsten Priester».[88] Die eucharistische Handlung wird als «Opfer» bezeichnet, und der Altar heißt Opferstätte («*thysiasterion*»). Das ursprüngliche Ältestenamt hatte sich also deutlich in ein Priesteramt verwandelt; das frühere Ehrenamt war klerikalisiert worden, und der Abstand zwischen der Gemeinde und kirchlichem Amt, zwischen den Priestern und Laien hatte sich deutlich vergrößert. Ein Grund für diesen Wandel des Presbyterbildes und zugleich ein weiteres Moment der Stabilisierung des Monepiskopates dürfte die vor allem im Westen übliche Variante des östlichen, von Ignatius propagierten typologischen Verhältnisses zwischen Christus und dem Bischof gewesen sein, das Modell der «Stellvertretung». Man bezeichnet es nach der lateinischen Vokabel für einen Stellvertreter (*vicarius*) als «Vikariatsidee».[89] Christus, so wurde gelehrt, habe Gemeindevorsteher als Nachfolger der Apostel eingesetzt, und so amtiere der Bischof (und in seiner Vertretung der Priester) als apostolischer Stellvertreter beziehungsweise Amtsnachfolger. Besonders der karthagische Bischof Cyprian hat sich in der Mitte des dritten Jahrhunderts für solche Konzeptionen stark gemacht. Aus dem lukanischen «Wer euch hört, hört mich» (Lk 10,16) folgerte er: «Der Bischof ist in der Kirche und die Kirche in dem Bischof; wer nicht mit dem Bischof ist, ist nicht in der Kirche.»[90] Und auf einer Synode des Jahres 256 in Karthago, der Cyprian vorstand, erklärte ein anderer Bischof (namens Clarus aus Mascula, heute Khenchela/Algerien) auf genau derselben Linie: «Die Meinung unseres Herrn Jesus Christus ist eindeutig, er sandte seine Apostel aus und übertrug ihnen allein die Vollmacht, die ihm vom Vater gegeben war. Ihre Nachfolger sind wir, die wir mit gleicher Vollmacht die Kirche des Herrn lenken und auf den Glauben der Glaubenden hin taufen.»[91]

Es verwundert, daß – sehen wir einmal von den Aërianern und mehrheitskirchenkritischen Bewegungen wie den Gnostikern ab – kaum Nachrichten über Widerstand gegen die Einführung dieser episkopalen Verfassungsordnung überliefert sind. Ein gewisser Schlußpunkt bei der Entwicklung des Amtes war schon im dritten Jahrhundert erreicht, wie die «Apostolische Tradition» zeigt. Es ist umstritten, ob diese Schrift stadtrömische Verhältnisse beschreibt oder nicht vielmehr den Brauch der alexandrinischen Kirche[92] im Blick hat. Sicher ist nur ihre Datierung vor den großen Verfolgungen in der Mitte des dritten Jahrhunderts. In diesem Text wird nun klar zwischen Klerikern und Laien geschieden, ferner zwischen einem höheren und einem niederen Klerus. Der höhere Klerikerstand teilte sich in Bischof, Presbyter und Diakone – diese gelangten durch Handauflegung und ein Gebet um den heiligen Geist in ihr Amt. Nicht ganz zufällig beginnt die Schrift unmittelbar nach der Vorrede mit den Bestimmungen über die Bischöfe. Um die Mitte des dritten Jahrhunderts kam als Bischofskandidat im Grunde nur noch in Frage, wer sich durch die kirchliche Ämterlaufbahn bereits empfohlen hatte – entsprechend wurden Abweichungen wie die Wahl eines Laien, die trotzdem noch vorkamen, besonders hervorgehoben. Bischöfe wurden zunächst vom ganzen Volk gewählt, an der Wahl waren aber auch einige Bischöfe der Nachbargemeinden und das Presbyterium beteiligt. Die «Apostolische Tradition» bestimmte: «Zum Bischof soll eingesetzt werden, wer vom ganzen Volk gewählt wurde und wer untadelig ist. Sobald er vorgeschlagen ist und alle zugestimmt haben, soll sich das Volk am Sonntag mit dem Presbyterium und den anwesenden Bischöfen versammeln. Unter Zustimmung aller sollen diese dem Kandidaten die Hände auflegen, und das Presbyterium soll still dabeistehen.»[93] Die genaue Wahlprozedur ist kaum mehr zu rekonstruieren, aber das «demokratische» Element der Volkswahl wurde von der erforderlichen Bestätigung der Wahl durch Handauflegung der Bischöfe umliegender Kirchen faktisch begrenzt. Die Begrenzung wurde jedoch theologisch begründet: Die Handauflegung sollte dem Kandidaten den göttlichen Geist vermitteln, dessen Weitergabe man in einer Wahlprozedur nicht sichergestellt glaubte. An einem Sonntag wurde der Bischof geweiht; die Handauflegung der anderen Bischöfe (die die Gemeinschaft der Kirchen repräsentierten) ließ die Wahl gültig werden. Presbyterium und Gemeinde beteten in der Stille um die Herabkunft des heiligen Geistes, standen aber schweigend («epikletisches Schweigen») am Rande der Zeremonie. Im Ordinationsgebet wurde Gott um die Gabe des Geistes gebeten, und dann fuhr man fort: «Laß, Vater (...), deinen Diener, den du zum Bischofsamt erwählt hast, deine heilige Herde weiden und als Hohepriester dir ohne Tadel Tag und Nacht dienen. Er möge unablässig dein Angesicht gnädig stimmen und die Gaben deiner heiligen Kirche darbringen. Gib ihm die Vollmacht (...), gemäß deiner Weisung Sünden nachzulassen, gemäß deiner Anordnung die Ämter zu vergeben und (...) von jeder Fessel zu lösen».[94]

Demgegenüber wird in der erwähnten Kirchenordnung wesentlich kürzer berichtet, wie die Mitglieder des Presbyterkollegiums zu weihen sind. Auch ihr Weihegebet fällt kürzer aus. Die Presbyter halfen dem Bischof bei einzelnen liturgischen Vollzügen, sprachen zum Beispiel das Dankgebet bei der Eucharistie mit. Presbyter und Diakone sollten sich täglich an einem bezeichneten Orte einfinden, um die Gemeinde zu lehren. Der Diakon schließlich wurde nicht zum Priesteramt geweiht, sondern zum Dienst für den Bischof. Dieser Unterschied bildete sich in der Weihe ab; die Presbyter wurden durch den Bischof und die übrigen Presbyter geweiht, der Diakon durch den Bischof allein.[95]

Darunter ordnet die «Apostolische Tradition» als weitere Ämter eines «niederen Klerus» die «Bekenner», Gemeinde-Witwen, Lektoren (sie werden ohne Weihe durch Übergabe des Buches eingesetzt), Jungfrauen, Subdiakone und Menschen, die die Gabe der Heilung besitzen. Den Inhabern dieser Ämter wurde «die Hand nicht aufgelegt»,[96] sie wurden also nicht geweiht und sind damit von den Vertretern des «höheren Klerus» deutlich abgegrenzt. Die alte pneumatisch-charismatische Auffassung des Amtes, wie sie die Struktur der paulinischen Missionsgemeinden geprägt hatte und ein Erbe der Urgemeinde und des historischen Jesus darstellte, ist selbst auf dieser entfalteten hierarchischen Stufe der Entwicklung des christlichen Amtes noch in Resten erhalten geblieben. Das zeigen vor allem die für alle drei höheren Ämter (Bischof, Presbyter/Priester, Diakon) ausführlich mitgeteilten Weihegebete, in denen stets der heilige Geist um seinen Beistand für den Amtsträger angerufen wird.

Auffällig ist, daß für die Frauen hier zwei Substitut-Ämter (Gemeinde-Witwe bzw. Jungfrau) reserviert wurden, da ihnen das dreifach gegliederte Amt der Mehrheitskirche verschlossen war. Es ist vor allem jüngst darauf aufmerksam gemacht worden, daß in der urchristlichen Epoche durchaus noch Frauen als dominierende Figuren von Hauskirchen (z. B. Phöbe in Kenchreae: Röm 16,1 oder Lydia in Philippi: Apg 17,15.40) und als Inhaber kirchlicher Ämter wie dem des Diakonats (vgl. Röm 16,7 und die Diskussion über das Geschlecht von Iounias) denkbar waren, weil dies ihrer Stellung in den Haushalten dieser Zeit entsprach. Überhaupt zeigt sich an diesem Punkt die tiefe Abhängigkeit der christlichen Theologie der Antike von dem gesellschaftlich und sozial konstruierten Frauenbild vor allem der Mittelschicht. Öffentliche priesterliche Funktionen im eigentlichen Sinne übten Frauen nur in einigen Gruppen am Rande der Kirche aus. Innerhalb der Mehrheitskirche wurde der Ausschluß der Frauen vom dreigliedrigen Amt nicht einmal begründet, was auf eine Selbstverständlichkeit hindeutet. Auch im Jerusalemer Tempel amtierten keine Frauen als Priester. Interessanterweise gab es aber Versuche, die erwähnten Substitutämter, vor allem das Witwenamt, aufzuwerten. So haben nach dem Zeugnis einer syrischen Kirchenordnung aus dem dritten Jahrhundert offenbar Witwen im Rahmen der Bekehrung von Nichtchristen theologisch gelehrt, kleinere liturgische Handlungen selbständig durchgeführt (Gebet und Handauflegung), vielleicht sogar getauft. Der Autor der Kirchenordnung versuchte allerdings, diese Praxis als Mißbrauch zu bekämpfen und solche Frauen überhaupt auf häusliche Tätigkeiten zu beschränken; dazu diffamierte er öffentliches Auftreten von Frauen: «Eine Witwe soll nicht herumrennen und zwischen den Häusern hin- und herwandern.»[97] Auch die Laien sind als Gemeindeglieder natürlich keine *quantité négligeable* gewesen; ihre Bezeichnung als «Volk» (lateinisch: *plebs*) war wohl nicht abwertend gemeint. Welche Bedeutung Laien zumindest theoretisch noch innehatten, zeigte sich am Verfahren der Bischofswahl, für die die Akklamation des «Volkes» durch den Ruf «Würdig» («*axios*») vonnöten war.

Ein interessantes Zeugnis für die entfaltete Amtstheologie des vierten Jahrhunderts findet sich in einer Schrift des Johannes Chrysostomus, die er möglicherweise vier Jahre nach seiner eigenen

Priesterweihe um das Jahr 390 verfaßte:[98] «Über das Priesteramt». Sie hat sowohl in der Antike als auch in der frühen Neuzeit beträchtliche Wirkungen entfaltet; man kann hier geradezu etwas anachronistisch von einem «Berufsbild» des Priesters sprechen. Der Autor trug Vorstellungen über die persönlichen Voraussetzungen eines Priesters und die richtige Führung des Priesteramtes vor, die Allgemeingültigkeit beanspruchten. Er kontrastierte dieses «Berufsbild» mit einer wenig befriedigenden «Berufswirklichkeit» und verfaßte eine «Reformschrift»,[99] die die «Berufswirklichkeit» nach dem «Berufsbild» reformieren wollte. In dieses Amt wird man nach Chrysostomus eigentlich von Christus berufen, aber es bestehen zugleich hohe Anforderungen für die, die es anstreben: Seine Träger müssen, weil ihnen so viele Seelen anvertraut werden, sich hinsichtlich des Wertes ihrer Seele aus der Menge so hervorheben wie der Mensch aus der der Tiere. «Als ob sie nämlich schon in den Himmel versetzt wären und die menschliche Natur abgelegt hätten und von unseren Leidenschaften erlöst seien, zu so einer großen Autorität wurden sie erhoben.»[100] Auf der Basis der Zwei-Stufen-Ethik – und somit asketisch-mönchischer Argumentation – forderte der Autor von den Amtsinhabern besondere Christusliebe und Selbsthingabe. Seine Schrift stellte ein deutliches Votum gegen den massenhaften Eintritt dekurionaler städtischer Schichten in kirchliche Ämter dar, wie er sich schon im dritten Jahrhundert abzeichnete und zu einer Übernahme von ursprünglich kommunalen Aufgaben durch die Kirche führte. Wenn der Autor bei seinen Amtskollegen «Ehrsucht», «irdische Vergnügungen» und «Schmeichelei gegen die Reichen» geißelt,[101] dann entlarvt er damit nur die psychologische Entartung des wohltätigen Verhaltens städtischer Oberschichten, die für ihre Spenden, etwa für religiöse und sportliche Feste, öffentliche Anerkennung erwarten durften. Johannes Chrysostomus bestritt also implizit die Vergleichbarkeit dekurionaler und kirchlicher Aufgaben, indem er auf die anderen Voraussetzungen des geistlichen Amtes hinwies. Er hat dazu den ‹Beruf› des Priesters in einem sehr exklusiven Sinne definiert, sowohl hinsichtlich der besonderen Qualitäten derer, die ihn ausübten, als auch hinsichtlich der besonderen Merkmale dieses Berufes an sich: «Das Priesteramt wird auf der Erde ausgeübt, aber es gehört doch zu den himmlischen Einrichtungen. Und das mit Recht. Denn kein Mensch, kein Engel, kein Erzengel, keine andere geschaffene Kraft, sondern der Paraklet (sc. der heilige Geist) selbst hat diese Stufe eingerichtet und hat Menschen, die sich noch im Fleisch befinden, gewürdigt, den Dienst der Engel sichtbar zu machen.» Ohne dieses Amt können Christen «weder des Heils noch der verheißenen Güter teilhaftig werden»:[102] Die Priester helfen in der Taufe zu neuem Leben und vermitteln in Eucharistie und Sündenvergebung das Heil. Daher verdienen sie, von anderen weltlichen Berufen kategorial geschieden, mehr Ehrfurcht als Magistrate und Könige. Die Schrift des Chrysostomus stellt aber nicht nur ein Zeugnis der «Erneuerung des kirchlichen Amtes im vierten Jahrhundert» dar, sondern zugleich ein hochinteressantes Dokument der Rezeption paulinischer (und deuteropaulinischer) Theologie. Paulus ist das ideale Vorbild des rechten Priesters durch seine übergroße Hingabe und Opferbereitschaft: «Niemand hat mehr als Paulus Christus geliebt, niemand hat größeren Eifer gezeigt, keiner ist größerer Gnade gewürdigt worden.»[103] Die Amtstheologie des Autors entspricht der Amtstheologie der Pastoralbriefe, die sich selbst als paulinische Schultradition verstehen; die Ratschläge zur Methodik der Amtsführung greifen schließlich auf den historischen Paulus zurück, der in großer missionarischer Sensibilität (vgl. 1 Kor 9,20) und zugleich großer kirchenleitender Strenge (ebd. 5,5) seine Gemeinden führte. Von daher erklären sich die starken seelsorgerlichen Töne und Impulse der Schrift, die die massierte Amtstheologie vor Einseitigkeit bewahren. Es sei, so Chrysostomus beispielsweise, nicht erlaubt, «mit Gewalt die Fehler der Sünder bessern zu wollen»,[104] anstelle der Strenge solle Überredung stehen. Neben den Taten müsse die Einstellung ihrer Täter berücksichtigt werden.

In diese sehr deutliche Tendenz zur Unterscheidung des priesterlichen Amtes von dem Stand des Laien läßt sich ebenfalls die Forderung einordnen, daß Priester nicht mehr heiraten dürfen, also zölibatär leben sollen. Priesterliche Sexualität wurde als Verunreinigung und Makel für die Reinheit der Opferhandlung empfunden. Der Ausdruck *caelibatus*, eheloser Stand, selbst bezeichnete seit der frühen Kaiserzeit eigentlich eine moralisch verwerfliche Verweigerung gegenüber der Staatsbürgerpflicht der Kinderzeugung. Das konnte seit republikanischer Zeit in einem Sittengerichtsverfahren mit der Ehrlosigkeitserklärung enden, unter Augustus wurden die

Strafen noch verschärft. Die kirchliche Forderung nach dem Zölibat der Priester bildete sich im Laufe des dritten Jahrhunderts, zunächst als Minderheitsmeinung, aus. Auch hier wird man wieder den Einfluß der stetig anwachsenden asketischen Bewegungen nicht zu gering veranschlagen dürfen. In Rom protestierte bereits in den ersten Jahren des dritten Jahrhunderts ein Theologe gegen verheiratete Priester; aber noch die Synode von Elvira zu Beginn des vierten Jahrhunderts rechnete mit verheirateten Amtsträgern. Sie untersagte nur den «Bischöfen, Priestern und Diakonen und (überhaupt) allen Klerikern, die eine Funktion im (Altar-)Dienst haben, (...) mit ihren Frauen zu verkehren und Kinder zu zeugen; wer es dennoch tut, soll der Klerikerwürde verlustig gehen».[105] Dagegen verbot das erste reichsweite Konzil von Nizäa (325 n. Chr.), daß schon zölibatär lebende Bischöfe, Presbyter und Diakone eine fremde Jungfrau bei sich haben dürften, «außer es sei etwa eine Mutter oder (leibliche) Schwester (...) oder sonst irgendeine Person, bei der aller Verdacht entfällt».[106] Es entsprach dieser Entwicklung, wenn seit Konstantin alle strengen paganen Gesetze gegen den Zölibat aufgehoben worden sind. Das geschah offensichtlich mindestens auch in Rücksicht auf diejenigen Christen, die ehelos lebten – so jedenfalls referiert der palästinische Bischof Eusebius die Motivation des Kaisers: «Andere seien dagegen ohne Kinder geblieben, nicht weil sie keine Kinder hinterlassen wollten, sondern aus Abneigung gegenüber jedem Verkehr mit Frauen, die ihrer überaus heftigen Liebe zur Weisheit entsprungen sei. Eine heilige und vollkommene Jungfräulichkeit aber suchten Frauen, die sich ganz dem Dienste Gottes geweiht und einem reinen und ganz heiligen Leben an Leib und Seele hingegeben hätten. Müsse man denn das für strafwürdig und nicht vielmehr für bewunderungs- und lobenswert halten?»[107] Der Pflichtzölibat als Voraussetzung jeder Priesterweihe ist eine mittelalterliche Einrichtung; allerdings rechnete beispielsweise ein Kanon einer Synode des ausgehenden vierten Jahrhunderts mit Gemeindemitgliedern, die die Eucharistie nicht aus den Händen von verheirateten Priestern empfangen wollten. Auf jener Synode wurde diese Position aber noch anathematisiert.[108]

Auch hinsichtlich ihrer Kleidung und Haartracht unterschieden sich die Kleriker im vierten Jahrhundert noch kaum von den Laien, wie man am berühmten Mosaikportrait des Mailänder Bischofs Ambrosius sehen kann, das sich noch heute in der Kapelle San Vittore in Ciel d'Oro in unmittelbarer Nähe des Bischofsgrabes befindet. Der Bischof trägt eine weiße Tunika mit breiten Ärmeln, auf denen sich zwei blaue Streifen befinden, darunter – wie man am Handgelenk deutlich sehen kann – eine weitere Tunika (die *tunica interior*) mit engeren Ärmeln. Der linke Arm trägt den Bausch eines bequemen Purpurmantels, der *paenula*, auf der sich ein goldenes Kreuz befindet. Es stellt neben der Stola, dem schmalen Leinenstreifen um den Hals, das einzige Zeichen geistlicher Würde dar. Ambrosius trägt vermutlich noch keine Tonsur, die Gestalt seiner Frisur ist vielmehr auf beginnenden Haarausfall zurückzuführen. Ansonsten tritt dem Betrachter auf dem Mosaik ein etwas hagerer Aristokrat des ausgehenden vierten Jahrhunderts entgegen. Entsprechend hat man auch vermutet, daß die Vorlage dieses bald nach dem Tod des Bischofs im Jahre 397 n. Chr. entstandenen Portraits ein Bildnis aus seiner dem kirchlichen Amt vorangehenden Zeit als Statthalter der Provinz Liguria-Emilia darstellte.[109] Die mittelalterliche Tonsur des Haupthaares war noch nicht üblich, im Gegenteil: Damit man christliche Priester nicht mit den Verehrern der Isis und des Sarapis verwechseln konnte, sollten Priester ihr Haar so lang wachsen lassen, bis die (Kopf-)Haut bedeckt sei.[110]

SCHLUSS

«Zwischen den Welten wandern» – die Geschichte der antiken Christenheit zwischen den Anfängen in kleinen galiläischen Dörfern und dem staunenswerten Aufstieg an den Kaiserhof und der Verbreitung bis in die letzten Winkel des Reiches wird dadurch zusammengehalten, daß Menschen auf ganz unterschiedliche Weise versuchten, als Bürger zweier Welten zu leben. «Sie liebten», erklärt Augustinus einmal in einer Predigt, «dieses Leben wirklich; aber sie schätzten ab: Sie bedachten, wie sehr sie die ewigen Dinge lieben sollten, wenn sie einer derart tiefen Liebe zu Dingen, die vergänglich sind, fähig waren.»[1] Die Existenz zwischen zwei Welten verbindet – bei allen Unterschieden – das vor- und nachkonstantinische Christentum, machte Chance, aber auch Mühe christlicher Existenz aus.

Am Ende eines Durchganges durch die Strukturen der antiken Christenheit bleibt trotzdem die Frage, *warum* das Christentum so große Anziehungskraft ausübte. Es bleibt die Frage, *warum* es sich aus einer kleinen Bewegung in einer kaum beachteten Provinz zur Staatsreligion des untergehenden römischen Reiches entwickelte. Schließlich verlangte es von den Menschen einen vergleichsweise radikalen Bruch mit der Vergangenheit und der heidnischen Umgebung, dazu mit der Familie und den Freunden, die man nun als Götzendiener einzustufen hatte – allein die praktischen Probleme im Alltag müssen ja immens gewesen sein, denkt man etwa an die ritualisierten Auftritte vor den Hausaltären in Familien, in denen es sowohl christliche wie nichtchristliche Mitglieder gab.

Adolf von Harnack hat diese erstaunliche Wirkung der Predigt Jesu von Nazareth einer Mischung von Einfachheit und Weite zugeschrieben: Die christliche Missionspredigt sei so einfach gewesen, «daß man sie in einer großen inneren Erschütterung erfahren konnte und mit wenigen kurzen Worten zu umschreiben vermochte».[2] Wenn man «Einfachheit» lediglich in diesem Sinne versteht, nicht mit «Schlichtheit» verwechselt und den gewaltigen Erklärungs- und

Gestaltungsanspruch der christlichen Botschaft gegenüber dem individuellen Leben und der ganzen Gesellschaft im Blick behält, kann man Harnack noch heute zustimmen. Als «Weite» charakterisiert er wiederum die große Integrationsleistung dieser Religion (Harnack spricht von *complexio oppositorum*): Es handelt sich einerseits um eine neue Bewegung, andererseits werden viele Züge der jüdischen Religion übernommen. Man erzählt – jedenfalls nach antiken Maßstäben – einen Mythos von der Inkarnation eines präexistenten Gottessohnes und bemüht sich doch um die – wieder: nach antiken Maßstäben – vernünftig-wissenschaftliche Durchdringung dieses Mythos. Die Kirche behauptet die Allwirksamkeit Gottes und lehrt doch gleichzeitig (wenn man einmal von Paulus, alexandrinischen Theologen sowie Augustinus und seinen Schülern absieht) den freien Willen des Menschen. Neben der wissenschaftlichen Theologie und der Predigt bietet sie durch «Sakramente» die Feier und emotionale Vertiefung des Geheimnisses an; sie lehrt gleichzeitig die Auferstehung des Fleisches und die irdische Abtötung beziehungsweise Bekämpfung des Fleisches. Neben den radikalen ethischen Forderungen steht das Institut der Buße und Sündenvergebung. Zusammenfassend ist jüngst gesagt worden: «Christianity: a radical and a moderate religion.»[3] Die Kirche stiftet eine religiöse Gemeinschaft, die Schranken von Nation, Geschlecht und sozialer Stellung transzendiert, und richtet zugleich mit der hierarchischen Autorität des Amtes solche Schranken wieder auf. Neben der harschen Staatskritik steht Staatsloyalität, neben polemischer Kritik des kulturellen, wirtschaftlichen und sozialen Lebens Integration, Umformung und Bejahung der Wirklichkeiten des *imperium Romanum*.

Natürlich darf man diesen Katalog nicht so mißverstehen, daß das Christentum einfach für jeden etwas bot – besser ist es, ihn als Beleg dafür zu nehmen, daß die neue Religion als große Synthese schließlich auch eine große Zahl von Menschen integrierte. Zu dieser schlechthin umfassenden Institution von Religiosität gab es in der Antike nichts Vergleichbares – das sahen gerade Kritiker wie Julian besonders klar. Außerdem bietet schon das Neue Testament theologische Ansätze, die sich auf die genannten Gegensatzpaare «Enge-Weite» bzw. «radikal-moderat» verteilen lassen. Auf dieser Basis konnte sich ein in vieler Hinsicht plurales und buntes Christentum entwickeln; die christliche Kirche «war einfach komplexer und in wirtschaftlicher und intellektueller Hinsicht besser gerüstet, als es das Stereotyp von ungebildeten Handwerkern und törichten Frauen wahrhaben will».[4] Dieses Klischee geht im Kern auf pagane antike Polemik zurück: Mit harschen Worten hatte der platonische Philosoph Celsus, der in der Mitte des zweiten Jahrhunderts lebte, den Christen vorgeworfen, es gebe unter ihnen keine «Gebildeten, keine Weisen, keine Verständigen».

Große Vorsicht ist auch gegenüber allen Erklärungen angezeigt, die einfach mit Hinweis auf den politischen, religiösen, sozialen oder gar ethischen Verfall des *imperium Romanum* den Aufstieg des Christentums erklären wollen:[5] Weder die vulgärmarxistische Ansicht, die «wirtschaftliche Verelendung der Massen» habe «das Verlangen nach einem seligen Leben im Jenseits» verstärkt, noch die plakative Formel von der «Universalreligion» für das «Universalreich» befriedigen. Daß das Christentum einer Philosophie entgegengekommen sei, die «autoritäts-, offenbarungs- und wundergläubig» geworden sei, ignoriert den grundsätzlich religiösen Charakter antiker Philosophie. Auch eine psychologistische Variante dieses Modells trägt nicht: Es trifft zumindest für Anfang und Mitte des zweiten Jahrhunderts einfach nicht zu, daß die Menschen in einem «Zeitalter der Angst» gelebt hätten (so aber Eric Robertson Dodds[6]). Für dieses wirtschaftlich günstige und politisch ruhige «goldene Zeitalter» des zweiten Jahrhunderts sind «Angst» und «Unbehaustheit» als Schlüsselworte zur Beschreibung der Mentalitäten zurückzuweisen. Eher treffen sie die Stimmung der Reichskrise des dritten und vierten Jahrhunderts – aber eben die Empfindungen von Heiden wie von Christen. Einer der zentralen Belegtexte der Hypothese vom «Zeitalter der Angst» stammt entsprechend auch nicht aus dem zweiten, sondern aus der zweiten Hälfte des vierten Jahrhunderts: «Die Welt ist eine Bühne und das Leben ein Spielzeug:/verkleide dich und spiel deine Rolle;/doch verbanne jeden ernsthaften Gedanken/sonst droht dir das Herz zu brechen.»[7]

Bemerkenswerterweise berühren sich die hier entfalteten Gründe für die Attraktivität des Christentums mit antiken Äußerungen. Der platonische Philosoph Alexander aus dem oberägyptischen Lykopolis begann am Ende des dritten Jahrhunderts eine kenntnisreiche Widerlegung der Manichäer mit einigen Bemerkungen über das Christentum: «Die christliche Philosophie (also: die christliche Lehre) wird als einfach bezeichnet. Sie selbst legt aber auf die ethische Bildung die meiste Sorgfalt, hinsichtlich der exakten Mitteilungen über Gott macht sie dagegen nur Andeutungen (...). Denn auch bei den ethischen Fragen vermeiden sie die etwas schwierigeren Probleme, wie etwa das, was ethische und was vernünftige Tugend sei (i. e. eine traditionelle philosophische Distinktion) (...), deshalb widmen sie sich besonders der ethischen Ermahnung. Viele Menschen beachten diese Vorschriften und, wie du mit eigenen Augen sehen kannst, machen sie große Fortschritte hinsichtlich der Tugend, und ein Eindruck von Frömmigkeit setzt sich fest in ihrem Verhalten.»[8]

Ein Stück weit wird die Erklärung des Aufstiegs des Christentums in der Antike schon deswegen ein Rätsel bleiben, weil die Quellen nur sehr spärlich überliefert sind oder gar ganz fehlen: Psychologisch auswertbare Bekehrungsberichte existieren kaum. Nur eine sorgfältige Inventarisierung von Charakteristika des antiken Christentums wird die vielfältigen Faktoren zusammenbringen, die für die vergleichsweise schnelle Ausbreitung und erstaunliche Privilegierung dieser Religion verantwortlich sind: Dazu gehören als besondere Stärke des Christentums sicher eine das gesamte Leben umgreifende und regelnde Totalität, die Einfachheit seiner Dogmatik und Präzision seiner ethischen Regeln und das Angebot von gestalteter Frömmigkeit. Daneben beeindruckte offensichtlich der konsequente Monotheismus, der gleichwohl eines Menschen Existenz in das Leben Gottes zu integrieren vermochte; die Sicherstellung einer Verbindung zu diesem Gott durch Gebet, Gottesdienst, Sakrament und Fürbitte der religiösen Spezialisten. Das Moment des Staunens über die aufrechte Haltung der Märtyrer, das entbehrungsreiche Leben der Asketinnen und Asketen und die Prachtentfaltung der Organisation Kirche seit dem vierten Jahrhundert dürfen aber auch nicht unterschätzt werden. Schließlich sind Wunder und Exorzismen beziehungsweise die Berichte darüber zu nennen; die Attraktivität von Märtyrern und heiligen Frauen und Männern; gewiß faszinierte auch der innergemeindliche, ja reichsweite Zusammenhalt unter den Christen, ihre Witwen- und Waisenfürsorge, die Gastfreundschaft – das alles suchte in der

Antike seinesgleichen. Christ zu sein brachte mehr Protektion und Hilfe für das alltägliche Leben, als man als paganer *civis Romanus* je bekommen konnte. Ein weiterer Anlaß, Christ zu werden, lag höchstwahrscheinlich in der Offenheit der Bewegung für alle Schichten und für beide Geschlechter. Ob tatsächlich der christliche Kult (wegen der Abschaffung der blutigen Opfer) für die Menschen billiger kam als der pagane, wird man angesichts der Verpflichtung zu Almosen zu bezweifeln haben.[9] Die kaum lösbare Frage, ob auch soziale Gründe für eine Konversion ausschlaggebend waren, bedarf weiterer, sorgfältiger Untersuchungen; kaum läßt sich aber bestreiten, daß einfachere Menschen schlicht dem Beispiel der vermögenderen folgten, also etwa dem ihrer Patrone.

Man könnte, um den Aufstieg des Christentums zu beschreiben, zunächst ein modernes Interpretament bemühen und zusammenfassend von «Komplexitätsreduktion» (Hermann Lübbe) und «seelischer Entlastung» sprechen: Das junge Christentum reduzierte diese Komplexität und Diversität der Welt. Es reduzierte sie, weil es die Welt als eine gute Schöpfung Gottes erklärte, in der das Leben nach den Geboten Gottes Sinn habe. Mit einer einfachen Ethik und wenigen Vorschriften war den Menschen gesagt, was sie zu tun hätten. In Jesus Christus kam ihnen der ferne Gott wieder nahe. Anstelle einer fast verwirrenden Vielfalt von Göttergestalten mit allerlei mehr oder minder überzeugenden Mythen predigte das Christentum nur den einen Schöpfer der Welt, der in Gestalt seines Sohnes, eines wahren Menschen, auf dieser Erde wandelte. Das Institut der Sündenvergebung und die Perspektive einer himmlischen Fortexistenz entlasteten die Glaubenden seelisch ebenso wie das vorbildliche Leben und die Fürbitte der heiligen Frauen und Männer. Gleichzeitig aber thematisierte das Christentum jenen «mythischen Rest», jenes Verlangen nach «mehr», das nicht in dieser Welt aufgeht: Und dieser Spagat zwischen zwei so ganz verschiedenen Welten hat offenbar große Menschenmassen angesprochen.

ANHANG

Abkürzungen

(a) *Bibel*

Apg	Apostelgeschichte des Lukas
Apk	Apokalypse des Johannes
Cant	Hohes Lied (Canticum)
Dan	Buch (des Propheten) Daniel
Dtn	Fünftes Buch Mose (Deuteronomium)
Eph	Brief an die Epheser
Ex	Zweites Buch Mose (Exodus)
Ez	Buch (des Propheten) Ezechiel (Hesekiel)
Gal	Brief des Paulus an die Galater
Gen	Erstes Buch Mose (Genesis)
Hebr	Brief an die Hebräer
Jak	Brief des Jakobus
Jer	Buch (des Propheten) Jeremia
Jes	Buch (des Propheten) Jesaja
Joh	Evangelium nach Johannes
1 Joh	Erster Brief des Johannes
Kol	Brief an die Kolosser
1 Kor	Erster Brief des Paulus an die Korinther
Lk	Evangelium nach Lukas
2 Makk	Zweites Buch der Makkabäer
Mk	Evangelium nach Markus
Mt	Evangelium nach Matthäus
Num	Viertes Buch Mose (Numeri)
1 Petr	Erster Brief des Petrus
Phil	Brief des Paulus an die Philipper
Ps	Psalmen
Röm	Brief des Paulus an die Römer
1 Sam	Erstes Buch Samuel
Sir	Buch Jesus Sirach
1 Thess	Erster Brief des Paulus an die Thessalonicher
1 Tim	Erster Brief an Timotheus

(b) *sonstige antike Schriften*
1 Clem   Erster Clemensbrief
GrHen   Griechischer Henoch
Hom   Homilie

(c) *moderne Reihen bzw. Ausgaben*
BHO   Bibliotheca Hagiographica Orientalis
BiTeu   Bibliotheca Scriptorum Graecorum Romanorum Teubneriana
BKV   Bibliothek der Kirchenväter
CChr.SL   Corpus Christianorum, Series Latina
CIG   Corpus Inscriptionum Graecarum
CIL   Corpus Inscriptionum Latinarum
CSEL   Corpus Scriptorum Ecclesiasticorum Latinorum
FChr   Fontes Christiani
GCS   Griechische christliche Schriftsteller
ILCV   Inscriptiones Latinae Christianae Veteres
ILS   Inscriptiones Latinae Selectae
MAMA   Monumenta Asiae Minoris Antiqua
OGIS   Orientis Graeci Inscriptiones Selectae
PAES   Publications of the Princeton University Archeological Expedition to Syria (Leiden 1907–1929)
PLS   Patrologiae Cursus Completus Supplementum (ed. A. Hamman, Turnhout 1990 = Paris 1959)
SC   Sources Chrétiennes
SIG   Syllogae Inscriptionum Graecarum
WUNT   Wissenschaftliche Untersuchungen zum Neuen Testament

(d) *übrige*
sc.   natürlich (folgt eine Erläuterung)

Anmerkungen

Einleitung

1 R. M. Grant, Christen als Bürger im römischen Reich, Göttingen 1981
2 C. Andresen, Die Kirchen der alten Christenheit, Stuttgart u. a. 1971
3 Für die institutionellen Rahmenbedingungen der antiken christlichen Theologie fehlte bisher eine ausführliche Darstellung. Der Verfasser legt sie gerade vor: Ch. Markschies, Kaiserzeitliche christliche Theologie und ihre Institutionen. Prolegomena zu einer Geschichte der antiken christlichen Theologie, Tübingen 2006.
4 Bei Paulus, Phil 3,20
5 Hierzu liegt vom Autor eine Reihe von Detailstudien vor, auf die er sich zu verweisen erlaubt; vgl. auch oben Anm. 3.
6 Ch. Markschies, Die Gnosis (C. H. Beck Wissen in der Beck'schen Reihe 2173), München ²2006

Das antike Christentum – Raum und Zeit

1 Lateinische Panegyriker V 20,2 f.
2 Vgl. Mt 9,1; 11,20 sowie Joh 1,44
3 Julian, Contra Christianos p. 199,1–6 Neumann
4 Justin, Dialog mit Trypho 40,4
5 Theophilus, An Autolykus III 26
6 W. Bauer, Rechtgläubigkeit und Ketzerei im ältesten Christentum, Tübingen 1964², S. 53–57
7 A. M. Ritter, Das frühchristliche Alexandrien im Spannungsfeld zwischen Judenchristentum, «Frühkatholizismus» und Gnosis – zur Ortsbestimmung clementinisch-alexandrinischer Theologie, in: ders., Charisma und Caritas, Göttingen 1993, S. 117–136
8 Dion Chrysostomus, Oratio XXXII 51
9 Sokrates, Kirchengeschichte VII 15
10 Melito von Sardes, Passa-Predigt §§ 2, 6 u. 8
11 Cassius Dio, 67,14,1 f.; Sueton, Domitian 15,1 u. Eusebius, Kirchengeschichte III 18,4
12 So jedenfalls Tertullian: Gegen Marcion IV 4,3/Prozeßeinreden 30,2. – Die Summe stellte ein mittleres, aber für einen Mann aus der Provinz auch ganz ordentliches Vermögen dar; in Rom benötigte man freilich als Senator mindestens eine Million Sesterzen Vermögen.
13 G. Schöllgen, Ecclesia Sordida?, Münster 1985, S. 268 f.
14 So im vierten Jahrhundert Hieronymus in seinen Kirchenväterbiographien (*De viris illustribus* § 53,1)

15 Bei Eusebius, Kirchengeschichte III 20,1–3
16 Eusebius, Onomastikon p. 112
17 R. MacMullen, Christianizing the Roman Empire, New Haven 1984, S. 109 f.
18 Gregor von Nyssa, Vita des Gregor, Gregorii Nysseni Opera X/1 p. 16,3 f. Heil; vgl. auch 20,20 f.
19 A. v. Harnack, Mission und Ausbreitung des Christentums, Leipzig ⁴1924, S. 381
20 R. Merkelbach, Mithras, Königstein/Taunus 1984, S. 153–188
21 Berliner Griechische Urkunden I 27
22 So Theodor Nöldecke: Die Chronik von Arbela, übers. v. P. Kawerau, Corpus Scriptorum Christianorum Orientalium 468, Löwen 1985, S. 5 f.
23 W. Wischmeyer, Von Golgatha zum Ponte Molle, Göttingen 1992, S. 21–62
24 Aberkius-Inschrift, Zz. 8–13 (Text und Übersetzung: Th. Klauser, Art. Aberkios, Reallexikon für Antike und Christentum, Bd. 1, Stuttgart 1950, S. 13 f.)
25 Plinius d. Ä., Naturgeschichte XXVII 3
26 W. Dittenberger, SIG³ 685
27 K. Wengst, Pax Romana, München 1986, S. 25
28 F. Vittinghoff, Arcana imperii – Zur politischen Integration sozialer Systeme in der hohen römischen Kaiserzeit, in: ders., Civitas Romana, Stuttgart 1994, S. 272–281, hier S. 274
29 W. Dittenberger, OGIS 613
30 CIL VIII, 10570
31 So P. Brown, Die Gesellschaft und das Übernatürliche, Berlin 1993, S. 50
32 A. Alt, Bischofskirche und Mönchskirche im nördlichen Ostjordanland, in: Palästinajahrbuch 33 (1937), S. 89–111
33 Johannes Chrysostomus, Katechesen III/7 4
34 P. Brown, Die Gesellschaft und das Übernatürliche, Berlin 1993, S. 52
35 A. v. Harnack, Kleine Schriften zur Alten Kirche, Opuscula IX/2, Leipzig 1980, S. 200–226 (= Sitzungsberichte der Berliner Akademie der Wissenschaften 1913, S. 157–183)
36 Firmilian von Cäsarea bei Cyprian, Brief 75
37 Cherubim-Hymnus der sogenannten Chrysostomusliturgie
38 So jedenfalls K. Holl, Die religiösen Grundlagen der russischen Kultur, in: ders., Gesammelte Aufsätze II, Darmstadt 1964, S. 418–432, hier S. 419 f.
39 Orosius, Weltgeschichte VII 43,19 bzw. VII 1,3
40 Aelius Aristides, Oratio III 26. 64 und 10
41 Aelius Aristides, Oratio III 109; vgl. Vergil, Aeneis I 279: *imperium sine fine*
42 Augustinus, Sermo 105,7–10; ebenso 81,9
43 Tertullian, Apologeticum 32
44 Hippolyt, Danielkommentar IV 21

45 Melito von Sardes, Fragment 1
46 Eusebius, Kirchengeschichte I 2,23 und IV 27,6
47 Prudentius, Gegen Symmachus II 634-636
48 Orosius, Weltgeschichte VII 7,10; 10,5; 12,3; 15,4; 17,4; 19,2; 21,3; 22,3; 23,6; 25,13; 27,14 und 28,1. – Für die Regierungsjahre der genannten Kaiser vgl. die Zeittafel auf S. 256 f.
49 Orosius, Weltgeschichte VII 26, 2
50 Augustinus, Vom Gottesstaat XVIII 52
51 Laktanz, Über die Todesarten der Verfolger 34,4
52 Laktanz, Über die Todesarten der Verfolger 48,2-12, bzw. Eusebius, Kirchengeschichte X 5,2-14, 15-17
53 Codex Theodosianus I 27, 1; ebd. II 8,1
54 Eusebius, Leben Konstantins III 64,1-65,3
55 Codex Theodosianus XVI 10,2 bzw. 10,4
56 Codex Theodosianus XVI 1,2
57 Markus, der Diakon, Leben des Bischofs Porphyrius § 41
58 A. Schindler, Artikel Catholicus,-a, in: Augustinus-Lexikon I, Basel 1986-1994, S. 815-820
59 Tertullian, Apologeticum 1,7
60 So Ende des zweiten Jahrhunderts Hegesipp in seinen «Erinnerungen», aufbewahrt bei Eusebius, Kirchengeschichte II 23,6 f.
61 Ignatius, An die Magnesier 9,2
62 Eusebius, Leben Konstantins IV 18,3
63 Pseudo-Eusebius von Alexandrien, Sermo XVI
64 Eusebius, Sermo XVI 1,4 und 8
65 So B. Lohse, Das Passafest der Quartadecimaner, Gütersloh 1953, S. 101-103
66 W. Huber, Passa und Ostern, Berlin 1969, S. 25-31
67 Anders ebd., S. 31-33
68 So Eusebius, Kirchengeschichte V 24,16
69 Eusebius, Kirchengeschichte V 24,9-11
70 Brief des Bischofs Irenäus von Lyon und weiterer gallischer Bischöfe an Viktor bei Eusebius, Kirchengeschichte V 24,13
71 So Huber, Passa und Ostern, Berlin 1969, S. 64-68
72 Eusebius, Leben Konstantins III 18,2/3
73 Eine Übersichtstafel über den römischen Festkalender bei H. Lietzmann, Petrus und Paulus in Rom. Liturgische und archäologische Studien, Arbeiten zur Kirchengeschichte 1, Berlin/Leipzig 1927, S. 72-83

Das Individuum

1 G. Bardy, Menschen werden Christen, Freiburg 1988, S. 17
2 H. Dessau, ILS 1264
3 Prudentius, Peristephanon X 1036-1040

4 Syrischer Baruch 41,4
5 A. Deissmann, Licht vom Osten, Tübingen 1923, S. 391 f.
6 Justin, Dialog mit Trypho 3,1–8,1; Zitat aus 8,1
7 Platon, 7. Brief (341 C): «(...) entsteht es (sc. das Verstehen) plötzlich wie ein Licht, das von einem springenden Funken entfacht wird, in der Seele».
8 Gregor, Lobrede auf Origenes 6,83; neuere Bedenken gegen die Zuschreibung an Gregor überzeugen nicht.
9 Gregor, Lobrede auf Origenes 6,74–80
10 Gregor, Lobrede auf Origenes 7,93–15,183 bzw. 5,50 (Zitat)
11 So jedenfalls Hieronymus, Chronik zum Jahr Abrahams 2343 = 327 n. Chr.
12 Cyprian, An Donatus 3 bzw. 4
13 G. Alföldy, Der heilige Cyprian und die Krise des Römischen Reiches, in: ders., Die Krise des römischen Reiches. Geschichte, Geschichtsschreibung und Geschichtsbetrachtung, Stuttgart 1989, S. 295–318
14 Origenes, Gegen Celsus III 55; vgl. auch III 50
15 Tatian, Rede an die Griechen 33,2
16 Origenes, Gegen Celsus III 55
17 Augustinus, Bekenntnisse VII 9,13
18 Augustinus, Bekenntnisse VIII 12,29
19 Augustinus, Bekenntnisse VIII 12,30
20 H. Dessau, ILS 6091 = MAMA VII, 305: *quod omnes ibidem sectatores sanctissimae religionis habitare dicantur*
21 Augustinus, Über die wahre Religion 16,31–83
22 Augustinus, Retractationes I 13,7 bzw. Brief 93,5 = Luk 14,21–23
23 Augustinus, Brief 93,17.5. 14 und 16
24 Dazu kontroverse Positionen bei F. R. Trombley, Hellenic Religion and Christianization c. 370–529, Bd. I, S. 246–282, und J. Hahn, Gewalt und religiöser Konflikt, Heidelberg 1992/1993, S. 313–363.
25 Markus, der Diakon, Leben des Porphyrius § 19 bzw. 21
26 Markus, der Diakon, Leben des Porphyrius § 31
27 Markus, der Diakon, Leben des Porphyrius § 61 und 72
28 Markus, der Diakon, Leben des Porphyrius § 72 bzw. 74
29 Markus, der Diakon, Leben des Porphyrius § 76
30 F. R. Trombley, Hellenic Religion and Christianization c. 370–529, Bd. II, S. 66–73
31 Markus, der Diakon, Leben des Porphyrius § 93
32 P. Brown, Die Heiligenverehrung, Leipzig 1991, S. 38
33 Symmachus, Relatio III 3
34 Symmachus, Relatio III 8–10
35 Anonymes Gedicht, Zz. 93 f.
36 Der Brief wurde als Nr. 93 in das Corpus der Hieronymus-Briefe aufgenommen und blieb so erhalten.

37 Markus, der Diakon, Leben des Porphyrius § 17
38 Origenes, Homilien über das Buch Josua VIII 4
39 Cyprian, Brief 67,6
40 Kanon Elvira II
41 Kanones Elvira LV und I
42 Kanon Elvira III
43 Julius Africanus, Fragment aus Buch VII – Nr. 12 bei Thee
44 VII 14; die Zuweisung des Kapitels an Julius Africanus ist umstritten.
45 Tertullian, Apologeticum 18,4
46 Nach Eusebius, Kirchengeschichte VI 19,6
47 A. v. Harnack, Mission und Ausbreitung des Christentums, Leipzig ⁴1924, S. 437
48 Eusebius, Über die palästinischen Märtyrer 11,8
49 J. Jeremias, Die Kindertaufe in den ersten vier Jahrhunderten, Göttingen 1958, S. 41 f.
50 Theodoret von Kyrrhos, Heilung der griechischen (i. e. paganen) Krankheiten VIII 55
51 Juvenal, Satiren VI 592–597
52 Didache 2,2 (vielleicht Mitte des zweiten Jahrhunderts in Syrien entstanden)
53 Äthiopische Petrus-Apokalypse § 8 / Griechische Petrus-Apokalypse § 26
54 Kanon Elvira LXIII, Kanon Ankyra XXI sowie Kanon Lerida II
55 Methodius von Olympus, Gastmahl I 6, 46
56 Didache 5,2 und Petrus-Apokalypse § 8
57 Clemens von Alexandrien, Eclogae Propheticae 50,1
58 Tertullian, Über die Seele 37,1
59 Clemens von Alexandrien, Pädagoge I 48,1
60 Clemens von Alexandrien, Pädagoge II 83,4–5
61 P. Brown, Die Keuschheit der Engel, München 1991, S. 147 f.
62 Clemens von Alexandrien, Pädagoge II 91,1 / 93,1 bzw. Teppiche VII 71,5 und III 72,1–4
63 Clemens von Alexandrien, Pädagoge II 91,2 = Platon, Gesetze VIII 841 d
64 Julius Africanus, Fragment IX 4 Thee
65 A. M. Kropp, Zaubertexte III, 198–203
66 So Johannes Chrysostomus in seinen Predigten über den ersten Korintherbrief XII 7
67 Ambrosius, Über die Jungfrauen I 25/26
68 P. Brown, Die Keuschheit der Engel, München 1991, S. 350 f.
69 M. Meslin, Les Ariens d'Occident 335–430, Patristica Sorbonensia 8, Paris 1967, S. 51
70 Palladius, Historia Lausiaca § 36
71 Gerontius von Jerusalem, Leben der hl. Melania § 61. 69
72 Aelius Aristides, Oratio XXX 1 und 19
73 Tertullian, Über den Kranz 3,3

74 Origenes, Matthäus-Kommentar X 22; der nicht genannte Ausleger ist der jüdische Exeget und Religionsphilosoph Philo von Alexandria, der in der ersten Hälfte des ersten Jahrhunderts wirkte.
75 Augustinus, Sermo 301,1
76 Ps.-Augustinus, Quaestiones Veteris et Novi Testamenti 127,10–23
77 Ambrosius, Über die Jungfrauen III 1
78 Ammianus Marcellinus, Römische Geschichte XXI 2,5
79 Ps.-Cyprian, De Pascha computus 18/19: «Darum sagte auch schon der Prophet Maleachi mit Recht zum Volk: ‹Es wird euch aufgehen die Sonne der Gerechtigkeit.›» (Mal 3,20/4,2)
80 H. Rahner, Griechische Mythen in christlicher Deutung, Freiburg ³1992, S. 133–140
81 Clemens von Alexandrien, Teppiche I 145,5/6
82 De solstitiis et aequinoctiis: PLS I, 557–567 (frühestens viertes Jahrhundert; Zitat p. 567)
83 Hieronymus, Homilia de nativitate domini, p. 214 und 217
84 W. Dittenberger, OGIS 458
85 G. Bornkamm, Taufe und neues Leben bei Paulus, in: ders., Das Ende des Gesetzes, München 1952, S. 34–50, hier S. 43 f.
86 Justin, Erste Apologie 61,4
87 Irenäus von Lyon, Widerlegung der gnostischen Häresie II 22,4
88 J. Jeremias, Die Kindertaufe in den ersten vier Jahrhunderten, Göttingen 1958
89 K. Aland, Die Säuglingstaufe im Neuen Testament und in der Alten Kirche. Eine Antwort an Joachim Jeremias, Theologische Existenz heute. Neue Folge 86, München ²1963
90 Babylonischer Talmud, Traktat Jebamot 48 b [Bar.] u. ö.
91 Didache 7,1–4
92 So G. Schöllgen in seiner zweisprachigen Ausgabe (FChr 1, 46)
93 Irenäus von Lyon, Darlegung der apostolischen Verkündigung 99/100
94 A. Bouley, From Freedom to Formula. The Evolution of the Eucharistic Prayer from Oral Improvisation to Written Texts, Studies in Christian Antiquity 21, Washington 1981
95 Cyprian, Brief 70,2 sowie 69,7 u. 75,11
96 Apostolische Tradition § 21
97 Kanones des Hippolyt § 17; vgl. F. J. Dölger, Der Exorzismus im altchristlichen Taufritual, in: Studien zur Geschichte und Kultur des Altertums 3/1–2, Paderborn 1909, S. 112 f.
98 Apostolische Tradition § 15
99 Apostolische Tradition § 17
100 Apostolische Tradition § 20
101 Pilgerfahrt der Egeria 46,2
102 Apostolische Tradition § 19
103 G. Kretschmar, Die Geschichte des Taufgottesdienstes in der Alten Kirche, Kassel 1970, S. 141 f.

104 Basilius, Homilie XIII 1
105 Basilius, Homilie XIII 3 bzw. 7
106 So J. Gribomont. – Literaturnachweise bei P. Rousseau, Basil of Caesarea, Berkeley u. a. 1994, S. 178 u. 194
107 Johannes Chrysostomus, Katechesen I 1
108 Johannes Chrysostomus, Katechesen I 6 10 und 14
109 Johannes Chrysostomus, Katechesen III/3 24–26 bzw. II/1 16
110 A. Effenberger, Frühchristliche Kunst und Kultur, Leipzig 1987, S. 125 f.
111 CIL V, 617,2 = E. Diehl, ILCV 1841
112 P. Veyne (Hg.), Geschichte des privaten Lebens, Bd. 1, Frankfurt/M. 1989, S. 214
113 Agricola 46,1
114 Seneca, Briefe an Lucilius 63,15–16
115 Papyrus Oxyrhynchos 115
116 Tertullian, Über die Auferstehung des Fleisches 1,4
117 Lukian, Über die syrische Göttin 6
118 Tertullian, Über die Auferstehung des Fleisches 1,1
119 Tertullian, Über die Auferstehung des Fleisches 2,2 bzw. 2,8
120 Bei Origenes, Gegen Celsus V 14
121 W. Schneemelcher, Neutestamentliche Apokryphen, S. 239 f. Vgl. auch Ch. E. Hill, Regnum Caelorum. Patterns of Millennial Thought in Early Christianity, Grand Rapids/Michigan ²2001, S. 75–201
122 U. v. Wilamowitz-Moellendorff, Alexandrinische Inschriften, Berlin 1902, S. 1098
123 Akten der Märtyrer von Scili § 14
124 Cyprian, Über die Sterblichkeit 26
125 Augustinus, Bekenntnisse IX 12,32
126 Syrische Didaskalie § 26
127 Cyprian, Über die Sterblichkeit 20
128 Cyprian, Brief 67,6
129 Augustinus, Die Sorge für die Toten 4,6
130 Apostolische Tradition § 40
131 E. Diehl, ILCV 3759
132 Paulinus, Vita des Ambrosius 45,2
133 Gregor von Nyssa, Vita der heiligen Makrina, p. 395 f. Callahan; vgl. auch R. Albrecht, Das Leben der heiligen Makrina, Göttingen 1986, S. 51–57
134 Gregor von Nyssa, Vita p. 406
135 E. Diehl, ILCV 1549
136 C. Andresen, Die Kirchen der alten Christenheit, Stuttgart 1971, S. 86–91
137 Barnabasbrief 10,11
138 C. Andresen, Die Kirchen der alten Christenheit, Stuttgart 1971, S. 87
139 Diognetbrief 4,6–5,12

140 P. Brown, Die Gesellschaft und das Übernatürliche, Berlin 1993, S. 43
141 Johannes Chrysostomus, Homilien über das Matthäusevangelium V 1
142 H. Lietzmann, Wie wurden die Bücher des Neuen Testaments heilige Schrift?, in: ders., Kleine Schriften II, Texte und Untersuchungen zur Geschichte der altchristlichen Literatur 68, Berlin 1958, S. 15–98, hier S. 15
143 Kanon Laodizäa LIX
144 So vor allem W. G. Kümmel, Notwendigkeit und Grenze des neutestamentlichen Kanons, in: E. Käsemann (Hg.), Das Neue Testament als Kanon, Göttingen 1970, S. 62–97, hier S. 84
145 M. Hengel, Die Evangelienüberschriften, Heidelberg 1984, S. 47–51
146 A. v. Harnack, Die Briefsammlung des Apostels Paulus und die anderen vorkonstantinischen christlichen Briefsammlungen, Leipzig 1926, S. 26
147 Irenäus von Lyon, Gegen die Häresien III 11,8. – Die Zahl ist historisch natürlich zufällig, aber vgl. Ez 1,5–28 a und Apk 4,6–10
148 So H. Freiherr von Campenhausen, Die Entstehung der christlichen Bibel, Tübingen ²2003, S. 200 f.
149 B. M. Metzger, Der Kanon des Neuen Testaments, Düsseldorf 1993, S. 287–290
150 A. v. Harnack, Über den privaten Gebrauch der heiligen Schriften in der Alten Kirche, Leipzig 1912 – freilich baut der Autor auf einer wenig bekannten und noch materialreicheren Vorarbeit auf: Chr. W. F. Walch, Kritische Untersuchung vom Gebrauch der heiligen Schrift unter den alten Christen in den vier ersten Jahrhunderten, Leipzig 1779
151 Origenes, Commentariorum Series 134 zu Mt 27,45.
152 Eusebius, Kirchengeschichte VI 3,9; vgl. jetzt H. Y. Gamble, Books and Readers in the Early Church. A History of Early Christian Texts, New Haven und London 1995, S. 152–158
153 Akten der Märtyrer von Scili § 12
154 A. v. Harnack, Über den privaten Gebrauch der heiligen Schriften in der Alten Kirche, Leipzig 1912, S. 48: Origenes, Numeri-Homilien II 1
155 Johannes Chrysostomus, Homilien über das Matthäusevangelium I 6 bzw. V 1
156 Johannes Chrysostomus, Homilien über das Matthäusevangelium V 1
157 Johannes Chrysostomus, Homilien über das Matthäusevangelium II 5; vgl. auch Lazarus-Homilie III 3
158 Johannes Chrysostomus, Homilien über den Römerbrief I 1
159 Zeno von Verona, Traktate I 24 = II 38
160 Augustinus, Vorträge über das Johannesevangelium VII 12; vgl. auch Johannes Chrysostomus, Homilien über das Matthäusevangelium LXXII 2
161 Eusebius, Kirchengeschichte VIII 2,1

162 Gesta apud Zenophilum consularem 3–4 = J.-L. Maier, Le Dossier du Donatisme, Bd. I (Texte und Untersuchungen 134), Berlin 1987, p. 217–222
163 Chr. Courtois, Les Vandales et l'Afrique, Paris 1955, S. 108
164 Apk 22,18 f.: p. 88 Maier; vgl. auch p. 116 Maier
165 Eusebius, Leben Konstantins IV 36,1–4
166 Cyprian, An Quirinus II 6
167 Papyrus Michigan Inv. 3718, p. 79–81 Froehlich
168 Eusebius, Kirchengeschichte VI 2,8
169 Palladius, Historia Lausiaca § 26
170 Basilius, Mahnrede an die Jugend über den nützlichen Gebrauch der heidnischen Literatur 2
171 Justin, Dialog mit Trypho 7,2
172 Augustinus, Bekenntnisse III 5,9
173 Hieronymus, Briefe 29,7 bzw. 31,1 u. ö.
174 J. Jeremias, Jesus und seine Botschaft, Stuttgart ²1982, S. 30–32
175 Cyprian, Über das Gebet des Herrn 8
176 Ignatius, An die Römer 4,2
177 P. Brown, Die Gesellschaft und das Übernatürliche, Berlin 1993, S. 12–14; ders., Die Heiligenverehrung, Leipzig 1991, S. 24–29
178 Pap. Erzherzog Rainer Nr. 19931
179 Papyrus Oxyrhynchus 925
180 Apostolische Tradition § 41
181 Kanon Nizäa XX
182 E. Peterson, Das Kreuz und das Gebet nach Osten, in: ders., Frühkirche, Judentum und Gnosis, Darmstadt 1982, S. 15–35, hier S. 15
183 Tertullian, Vom Kranze des Soldaten 3,4
184 Nilus von Ankyra, Brief 3, 287; Formular nach Cyrill, Katechesen XIX 4–8
185 Dadisho von Bet Qatraje, Abhandlung über die Einsamkeit, p. 139 Mingana
186 Plinius d. Ä., Naturgeschichte XI 45,103; vgl. aber auch Ovid, Amures I 4,27; ders., Metamorphosen VII 631 f.; Cicero, 2. Rede gegen Verres IV 94, und Tibull, Elegien 12,83–86
187 Papyri Graecae Magicae IV, 656–660
188 Marianus, Leben des Proklus 31
189 Pseudo-Melito, Apologie 9
190 Johannes Chrysostomus, Homilien zum zweiten Korintherbrief XXX 2
191 Apologie gegen Rufin I 19
192 Prudentius, Peristephanon IX 99 f.
193 Sulpicius Severus, Leben des heiligen Martin 18,3
194 Eusebius, Sermo XVI 6 und 9
195 Apostolische Tradition § 37
196 Cyprian, Brief 63,14

197 Theodor von Mopsuestia, Katechetische Homilien XV 20/21
198 Ammianus Marcellinus, Römische Geschichte XXI 14,3
199 Ignatius, An die Trallaner 5,2
200 Anonymus bei Macarius Magnes, Apokritikos IV 21 = Porphyrius, Gegen die Christen, Fragment 76 Harnack
201 PAES III A 3, Nr. 245–248
202 W. Wischmeyer, Griechische und lateinische Inschriften, Gütersloh 1982, Nr. 39
203 Kanon Laodizäa XXXV
204 Sozomenus, Kirchengeschichte II 3,9
205 Eunapius, Sophistenleben 472
206 Basilius, Homilie XIX 8
207 P. Maraval, Lieux saints et pèlerinages d'Orient, Paris 1985, S. 374 bzw. 407
208 Basilius, Homilie XIX 8; zur Datierung vgl. P. Rousseau, Basil of Caesarea, Berkeley u. a. 1994, S. 4ff.
209 Zitate aus Basilius, Homilie XIX 8,2 und 4
210 Martyrium Polykarps 18,2–3; es ist eher unwahrscheinlich, daß es sich um einen sekundären Zusatz zum originalen Brief handelt.
211 J. Jeremias, Heiligengräber in Jesu Umwelt, Göttingen 1958, S. 22f.
212 Pilger von Piacenza 47
213 Cyprian, Brief 12,2
214 C. Andresen, Altchristliche Kritik am Tanz – ein Ausschnitt aus dem Kampf der alten Kirche gegen heidnische Sitte, in: ZKG 72 (1961), S. 217–262
215 Apostolische Tradition § 9
216 Bei E. Diehl, ILCV 2333
217 Z. B. in P. Brown, Die Gesellschaft und das Übernatürliche, Berlin 1993, S. 21–47, und ders., Die Heiligenverehrung, Leipzig 1991, S. 87–103
218 Brief des Priesters Cosmas an Simeon, S. 186 Hilgenfeld
219 Theodoret von Kyrrhos, Historia Religiosa 26,23
220 Theodoret von Kyrrhos, Historia Religiosa 26,1 bzw. 11
221 Akten Cyprians 4,3
222 So Wolfgang Wischmeyer in einem Vortrag 1995 in Oxford: Akten Cyprians 5,3–4
223 V. Turner/E. Turner, Image and Pilgrimage in Christian Culture. Anthropological Perspectives, Oxford 1978, S. 1–34
224 W. Wischmeyer, Von einem, der wallfahren wollte, ohne aufzubrechen. Unterschiedliche Perspektiven von Wallfahrten, in: H.R. Seeliger (Hg.), Kriminalisierung des Christentums? Karlheinz Deschners Kirchengeschichte auf dem Prüfstand, Freiburg 1993, S. 279–288, hier S. 285f.
225 Pilger von Piacenza § 4
226 P. Brown, Die Heiligenverehrung, Leipzig 1991, S. 50

227 Die lexikalische Darstellung der im Osten des Reiches gelegenen Orte von Pierre Maraval umfaßt allein einhundertfünfzig Seiten: P. Maraval, Lieux saints et pèlerinages d'Orient, Paris 1985, S. 251–389.
228 Theodoret von Kyrrhos, Historia Religiosa 26,1
229 Theodoret von Kyrrhos, Historia Religiosa 26,11 und 12
230 Theodoret von Kyrrhos, Historia Religiosa 26,11
231 M. Restle, Art. Kalaat Seman, in: Reallexikon zur byzantinischen Kunst III, Stuttgart 1978, S. 853–892
232 Vgl. ebd., S. 861–866
233 Papyrus Vindobonensis G 16685
234 Gregor von Nyssa, Vita der heiligen Makrina, p. 404 Callahan
235 Johannes Chrysostomus, Homilien zum Kolosserbrief VIII 5
236 Kanon Laodizäa XXXVI
237 Historia Monachorum in Aegypto VIII 36/37 = VII 9,2–3
238 P. Brown, Die Gesellschaft und das Übernatürliche, Berlin 1993, S. 30: «Die Syrer waren beachtliche Flucher»
239 Origenes, Gegen Celsus I 68
240 Berliner Griechische Urkunden III/9, Nr. 954
241 So Wolfgang Fauth in einem Vortrag 1986 in Tübingen, mündlich
242 Kanon Laodizäa XXIV
243 CIG 9792
244 Ps.-Chrysostomus, Gebet (PG 64, 1061 B/C)
245 Didache 4,6 bzw. 1,6; vgl. Sir 12, 1
246 Didache 4,7 f.
247 Tertullian, Apologeticum 39,6 f.
248 Julian, Brief 84 c, 430 D
249 Julian, Brief 89 b, 305 B
250 Julian, Brief 89 b, 305 B/C
251 Johannes Chrysostomus, Homilien über das Matthäusevangelium LXVI 3
252 Johannes Chrysostomus, Homilien über den ersten Korintherbrief XXII 7
253 Markus, der Diakon, Leben des Porphyrius § 94
254 K. Thraede, Soziales Verhalten und Wohlfahrtspflege in der griechisch-römischen Antike, Heidelberg 1990, S. 52
255 Cyprian, Über gute Werke und Almosen 10/11 bzw. 18
256 Cyprian, Über gute Werke und Almosen 15
257 Johannes Chrysostomus, Homilien zum Matthäusevangelium LXXXV 3
258 Didache 8,1
259 Apostolische Tradition § 36
260 Johannes Chrysostomus, Katechesen III/4 2
261 Johannes Chrysostomus, Katechesen I 21
262 Papyrus Erzherzog Rainer Nr. 19889, recto
263 Tertullian, Apologeticum 9,14

264 BHO 22, § 19
265 Johannes Chrysostomus, Homilien über das erste Buch Mose XXVII 5
266 H. Freiherr von Campenhausen, Die Christen und das bürgerliche Leben, in: ders., Tradition und Leben, Tübingen 1960, S. 180–202
267 Tertullian, Apologeticum 42,1–3
268 Tertullian, Über den Götzendienst 23,1–7/Cyprian, Brief 41,1
269 Apostolische Tradition § 16
270 Tertullian, Über den Götzendienst 7,3
271 A. v. Harnack, Militia Christi. Die christliche Religion und der Soldatenstand in den ersten drei Jahrhunderten, Darmstadt 1963 (= Tübingen 1905), S. 121
272 H. Gülzow, Soziale Gegebenheiten der altkirchlichen Mission, in: H. Frohnes/U. W. Knorr (Hrsg.), Kirchengeschichte als Missionsgeschichte I, München 1974, S. 189–226, hier S. 216–219
273 E. Diehl, ILCV 414
274 Apostolische Tradition § 16
275 Kanon Arles III
276 Apostolische Tradition § 16
277 Tertullian, Über den Götzendienst 17/18
278 Kanon Elvira LVI
279 Johannes Chrysostomus, Homilie auf den heiligen Julian 4, S. 672 f.
280 Johannes Chrysostomus, Über den leeren Ruhm 5
281 Johannes Chrysostomus, Katechesen I 20/22
282 A. M. Ritter, Zwischen «Gottesherrschaft» und «einfachem Leben». Dio Chrysostomus, Johannes Chrysostomus und das Problem einer Humanisierung der Gesellschaft, in: ders., Charisma und Caritas, Göttingen 1993, S. 309–330, hier S. 312–314
283 Johannes Chrysostomus, Homilien zum Matthäusevangelium LXVI 3
284 Johannes Chrysostomus, Homilien zum Matthäusevangelium LXVI 3
285 Johannes Chrysostomus, Homilie IV über die Unvergleichlichkeit Gottes 6
286 Die Zahlen nach M. Rostovtzeff, Gesellschaft und Wirtschaft im römischen Kaiserreich (übers. v. L. Wickert), Bd. II, Leipzig 1929, S. 29 mit Anm. 47 auf S. 299
287 Britisches Museum, Papyrus 713 = Grenfell II 73
288 Papyrus Amherst 3 a

Lebensformen

1 Johannes Stobaeus, Anthologium IV 494. 513 und 524
2 Claudianus XXXII 128–130
3 Asterius von Amasea, Homilie V 3,4

4 Asterius von Amasea, Homilie V 5,3 und 5,5
5 So z. B. Origenes in seinen Homilien über den ersten Korintherbrief: Frgm. 37, Z. 34 f.
6 Augustinus, Über das eheliche Gut 3 bzw. 6
7 P. Brown, Die Keuschheit der Engel, München 1991, S. 345 f.
8 Vgl. Kanon Karthago XII und Kanon Laodicäa X
9 Tertullian, An die Gattin II 78; vgl. auch Kanon Laodicäa XXXIX
10 Clemens von Alexandrien, Pädagoge III 58,1
11 Clemens von Alexandrien, Pädagoge III 57,4; vgl. Plutarch, Moralia 47,9 p. 754 A/B
12 Clemens von Alexandrien, Pädagoge III 57,1/59,1 bzw. III 62,2
13 Clemens von Alexandrien, Teppiche VII 70,7
14 H. A. Sanders, A Roman Marriage Contract, in: Transactions and Proceedings of the American Philological Association 43 (1938), S. 104–116, S. 110,1–3; vgl. aber auch Clemens von Alexandrien, Teppiche II 140,1
15 Augustinus, Über das eheliche Gut 3
16 Augustinus, Über das eheliche Gut 3
17 Johannes Chrysostomus, Über die Jungfräulichkeit 19,1
18 Johannes Chrysostomus, Über den leeren Ruhm 19 bzw. 80
19 Johannes Chrysostomus, Über den leeren Ruhm 30
20 Augustinus, Über das eheliche Gut 5; vgl. auch Sermo 312,2
21 So Asterius, Homilie V 11,1–3 und Kanon Elvira IX
22 Kanones Elvira VII, LXI und LXVI
23 Kanon Gangra I
24 Hippolyt, Fragment des Hoheliedkommentars 3 zu Cant 1,4
25 Origenes, Hoheliedkommentar 15,1–5
26 Augustinus, Über die Hochzeiten I 10(11)/21(23).
27 F. Vittinghoff, Soziale Struktur und politisches System der hohen römischen Kaiserzeit, in: ders., Civitas Romana, Stuttgart 1994, S. 253–274, hier S. 255
28 W. Wischmeyer, Von Golgatha zum Ponte Molle, Göttingen 1992, S. 91
29 Ignatius, Brief an Polykarp 4,3. Allerdings bezeugt 1Clem 55,2, daß es offenbar einige römische Christen gab, die unter hohen persönlichen Opfern Geld für ebendiesen Zweck aufgebracht hatten.
30 E. Troeltsch, Die Soziallehren der christlichen Kirchen und Gruppen, Tübingen 1922, S. 67 f.
31 R. M. Grant, Christen als Bürger im römischen Reich, Göttingen 1981, S. 103 f.
32 Didache 4,10–11
33 Origenes, Gegen Celsus V 43
34 Eusebius, Kirchengeschichte VI 23,2
35 So jedenfalls Augustinus, Brief 185 4,15
36 W. Wischmeyer, Von Golgatha zum Ponte Molle, Göttingen 1992, S. 102–108

37 Kanon Elvira V und Kanon Gangra III.
38 Johannes Chrysostomus, Homilien zum ersten Korintherbrief XL 5; vgl. ders., Homilien zur Apostelgeschichte XI 3
39 Johannes Chrysostomus, Homilien zum Epheserbrief XXII 2 bzw. 1
40 Johannes Chrysostomus, Homilien zum Römerbrief XXIV 1
41 J. N. D. Kelly, Golden Mouth, London 1995, S. 99 f. u. 224
42 Laktanz, Vom Zorne Gottes 18,2
43 Ignatius, An die Smyrnäer 13,2 bzw. An Polykarp von Smyrna 8,2
44 Eusebius, Kirchengeschichte V 16,17; vgl. Joh 10,12
45 Epiphanius, Arzneikasten gegen die Häresien 48,12,4
46 Plinius d. J., Briefe X 96,8
47 K. Hopkins, Contraconception in the Roman Empire, in: Comparative Studies in Society and History 8 (1965), S. 124–151
48 A. Jensen, Gottes selbstbewußte Töchter, Freiburg 1992, S. 89–140
49 Welche Frauen man als Ehegattinen nehmen sollte 4 (p. 231)
50 H. Strathmann, Art. Askese I (nichtchristlich), in: Reallexikon für Antike und Christentum I, Stuttgart 1950, S. 749–758, hier S. 749 f.
51 Gavius Bassus, Fragment bei Quintilian, Ausbildung des Redners 16,36
52 Porphyrius, Plotin-Leben 1,1 bzw. ders., Über die Enthaltsamkeit IV 20
53 Jamblich, Pythagoras-Leben 168
54 Philo, Vom beschaulichen Leben §§ 28–29
55 Philo, Vom beschaulichen Leben §§ 73–74
56 G. Theißen, Wanderradikalismus. Literatursoziologische Aspekte der Überlieferung von Worten Jesu im Urchristentum, in: ders., Studien zur Soziologie des Urchristentums, Tübingen ³1989, S. 79–105
57 Ps.-Clemens, Über die Jungfräulichkeit I 2,2
58 Ps.-Clemens, Über die Jungfräulichkeit 13,1; 14,1–2 und 17,2
59 Thomasakten 12
60 Thomasakten 98
61 A. Guillaumont, Perspectives actuelles sur les origines du monachisme, in: Aux Origines du Monachisme Chrétien, Bégrolles en Mauges 1979, S. 215–227, hier S. 220 f.
62 So mit Recht K. Heussi, Der Ursprung des Mönchtums, Aalen 1981, S. 110 f. mit Anm. 2
63 Johannes Cassianus, De Institutis XI 18
64 Athanasius, Antonius-Leben 3,3/4
65 Athanasius, Antonius-Leben 2,3
66 Athanasius, Antonius-Leben 14,7
67 Gregor von Nyssa, Leben der heiligen Makrina, p. 375 Callahan
68 So z. B. die erste griechische Pachomius-Vita § 12
69 Codex Theodosianus XII 1,65
70 P. Brown, Die Gesellschaft und das Übernatürliche, Berlin 1993, S. 25–35
71 Theodoret von Kyrrhos, Historia Religiosa 26,13

72 Athanasius, Antonius-Leben 7,6–7 und 7,4
73 Palladius, Historia Lausiaca § 18
74 Palladius, Historia Lausiaca § 18
75 Sozomenus, Kirchengeschichte VI 34,3
76 Theodoret von Kyrrhos, Historia Religiosa 26,8
77 Theodoret von Kyrrhos, Historia Religiosa 26,20
78 H. Klengel, Syrien zwischen Alexander und Mohammed, Leipzig 1986, S. 54
79 Theodoret von Kyrrhos, Historia Religiosa 26,20/21
80 So H. Lietzmann, Das Leben des Heiligen Symeon Stylites, Leipzig 1908, S. 215
81 Syrische Vita Simeons § 117 S. 164 Hilgenfeld
82 Papyrus Heidelberg (Deissmann) 6
83 Pap. Heidelberg. Inv. G 3850
84 Macarius Magnes, Apokritikos III 36 = Porphyrius, Gegen die Christen, Fragment 33 Harnack
85 W. Wischmeyer, Von Golgatha zum Ponte Molle, Göttingen 1992, S. 115 f.
86 W. M. Calder, Leaves from an Anatolian Notebook, in: Bulletin of the John Rylands Library 13 (1929), S. 254–271, hier S. 260–263

Die Gemeinschaft

1 M. Hengel, Nachfolge und Charisma, Berlin 1968, S. 74–82
2 Epiktet, Fragment 1
3 Tertullian, Apologeticum 21,1
4 Codex Theodosianus XVI 2,3: *clericum consortium*
5 Origenes, Gegen Celsus III 30
6 W. Elert, Abendmahl und Kirchengemeinschaft in der alten Kirche hauptsächlich des Ostens, Berlin 1954, S. 18 f. sowie S. 166–169
7 Johannes Chrysostomus, Homilien zum ersten Korintherbrief XXIV 2
8 W. Elert, Abendmahl und Kirchengemeinschaft in der alten Kirche hauptsächlich des Ostens, Berlin 1954, S. 168
9 So wohl erstmals A. v. Harnack, Dogmengeschichte, Tübingen ^{8}1991 (= ebd. 1922), S. 84 f.; gelegentlich auch und wesentlich unglücklicher: «drei katholische Normen».
10 A. M. Ritter, «Orthodoxie», «Häresie» und die Einheit der Kirche in vorkonstantinischer Zeit, in: ders., Charisma und Caritas, S. 249–264, hier S. 251 f.
11 Eusebius, Kirchengeschichte VI 43,11
12 R. M. Grant, Christen als Bürger im römischen Reich, Göttingen 1981, S. 16
13 Anthologia Graeca VII 417
14 Sueton, Tiberius 6. 57

15 Konzilsakten II 3/1 p. 324
16 P. Brown, Die Gesellschaft und das Übernatürliche, Berlin 1993, S. 26f., bzw. ders., Macht und Rhetorik in der Spätantike. Der Weg zu einem «christlichen Imperium», München 1995, S. 53
17 G. Kretschmar, Art. Abendmahl III/1 Alte Kirche, in: Theologische Realenzyklopädie I, Berlin 1977 = 1993, S. 59–89
18 Justin, Erste Apologie 65,3
19 Justin, Erste Apologie 65,3–5
20 Justin, Erste Apologie 66,1
21 Didache 9,5; vgl. Mt 7,6 und Apostolische Konstitutionen VIII 11,11
22 Homilien zum ersten Korintherbrief XXVIII 1
23 Justin, Erste Apologie 66,4
24 R. Merkelbach, Mithras, Königstein/Taunus 1984, S. 189f.
25 Tertullian, Apologeticum 39,16–19
26 Clemens von Alexandrien, Pädagoge II 3,2
27 Clemens von Alexandrien, Pädagoge II 4,3
28 Kanon Laodizäa XXVIII
29 Justin, Erste Apologie 67,3–4
30 A. Bouley, From Freedom to Formula. The Evolution of the Eucharistic Prayer from Oral Improvisation to Written Texts, Studies in Christian Antiquity 21, Washington 1981
31 Firmilian von Cäsarea, Brief an Cyprian von Karthago = Cyprian, Briefe 75,6
32 Vgl. aber H. Freiherr von Campenhausen, Kirchliches Amt und geistliche Vollmacht in den ersten drei Jahrhunderten, Tübingen 1953, S. 135–162 u. 234–261
33 Basilius, Brief 188,7 bzw. 188,1
34 H. Dessau, ILS 3051 (eine Altarstiftung zweier Mysten zusammen mit ihren «Brüdern und Schwestern»)
35 Tertullian, Apologeticum 39,9
36 Egeria, Pilgerfahrt 10,3
37 Justin, Erste Apologie 65,2
38 Apostolische Konstitutionen VIII 11,2
39 Palladius, Historia Lausiaca 68
40 Passio SS. Perpetuae et Felicitatis 3,5–7; vgl. auch 3,7 und 9,1
41 Eusebius, Kirchengeschichte X 8,11
42 P.-L. Gatier, Nouvelles inscriptions de Gerasa, Syria 62, 1985, S. 297–312, hier S. 297–299
43 Johannes Chrysostomus, Homilien über das erste Buch Mose V 3
44 M. Picirillo, Chiese e mosaici di Madaba. Studium Biblicum Franciscanum. Collectio Maior 34, Jerusalem 1989, S. 105
45 Ebd., S. 106
46 Theodoret von Kyrrhos, Briefe 42 und 81
47 Zitat eines anonymen Schriftstellers aus dem zweiten Jahrhundert bei Eusebius, Kirchengeschichte V 16,10

48 Eusebius, Leben Konstantins III 9 sowie III 15,1–2 und 16. – Auch bei anderen Synoden übernahm Konstantin Kost und Logis für die Bischöfe.
49 Beispielsweise Kreta und Pontus: Eusebius, Kirchengeschichte IV 23,9; vgl. auch Kirchengeschichte V 1,3
50 Kanon Antiochia IX
51 C. Andresen, Die Kirchen der alten Christenheit, Stuttgart 1971, S. 377; vgl. Kanones Konstantinopel III und Chalkedon XXVIII
52 Kanon Konstantinopel III
53 Irenäus von Lyon, Widerlegung der gnostischen Häresie III 3,2
54 N. Brox, Rom und jede andere Kirche im 2. Jahrhundert, in: Annuarium Historiae Conciliorum 7 (1975), S. 42–78; anders H. J. Vogt, Teilkirchen-Perspektive bei Irenäus, in: Theologische Quartalschrift 164 (1984), S. 52–58
55 Hieronymus, Brief 15,2
56 Clemens, Teppiche I 11,1–3 = Eusebius, Kirchengeschichte V 11,3–5
57 Gregor der Wundertäter, Lobrede auf Origenes 5,69; Historia Augusta, Helvius Pertinax 1,6
58 Ammianus Marcellinus, Römische Geschichte XXI 16,18
59 So im Jahr 64 n. Chr. der jüdische Schriftsteller Josephus Flavius: Vita 3,13–16
60 Didache 12,1–5; vgl. auch 13,1–2
61 Ignatius, An die Philipper 14
62 Ch. Wessely, Les plus anciens monuments du Christianisme, écrits sur Papyrus (...), Patrologia Orientalis XVIII/3, Paris 1924, S. 386f.
63 Kanon Elvira XXV
64 Passio Coronati Quattuor 2,8
65 Bei Eusebius, Kirchengeschichte IV 23,10
66 Epistolari cristiani (secc. I–V) Repertorio Bibliografico a cura di C. Burini, 3 Bde., Rom 1990
67 Hieronymus, Brief 33,4
68 Epiphanius, Arzneikasten gegen die Häresien 75,3,3
69 E. Dassmann, Ämter und Dienste in den frühchristlichen Gemeinden, Bonn 1994, S. 225–230
70 A. Loisy, L'Évangile et l'Église, Bellevue ³1904, S. 155: «Jesus kündigte das Gottesreich an, und es ist die Kirche gekommen.»
71 A. v. Harnack, Entstehung und Entwickelung der Kirchenverfassung und des Kirchenrechts in den ersten zwei Jahrhunderten, Darmstadt 1990, S. 3
72 R. Bendix, Umbildungen des persönlichen Charismas. Eine Anwendung von Max Webers Charismabegriff auf das frühe Christentum, in: M. Webers Sicht des antiken Christentums, hg. v. W. Schluchter, Frankfurt/M. 1985, S. 404–443
73 Didache 11,4–6
74 Vgl. den Hinweis bei A. Deissmann, Licht vom Osten, Tübingen 1923, S. 87: Bulletin de Correspondance Hellénique 1897, S. 60

75 A. v. Harnack, Entstehung und Entwickelung der Kirchenverfassung und des Kirchenrechts in den ersten zwei Jahrhunderten, Darmstadt 1990, S. 104

76 H. Lietzmann, Zur altchristlichen Verfassungsgeschichte, in: ders., Kleine Schriften I, Texte und Untersuchungen 67, Berlin 1958, S. 141–185, hier S. 156–158

77 H. Freiherr von Campenhausen, Kirchliches Amt und geistliche Vollmacht in den ersten drei Jahrhunderten, Tübingen 1953, S. 69

78 J. Roloff, Neues Testament, Neukirchen-Vluyn 1982³, S. 63 f.

79 Diese sieben Schreiben stammen wahrscheinlich von dem antiochenischen Bischof Ignatius, der 115 n. Chr. in seiner syrischen Metropole verhaftet, nach Rom transportiert und dort hingerichtet wurde. Allerdings bricht immer wieder die Diskussion über ihre Authentizität auf; mit zusätzlichen und gewichtigen Argumenten wird von Reinhard M. Hübner eine Spätdatierung in die zweite Hälfte des zweiten Jahrhunderts vertreten (Zeitschrift für antikes Christentum 1 [1997], S. 44–72).

80 G. Schöllgen, Monepiskopat und monarchischer Episkopat, in: Zeitschrift für die neutestamentliche Wissenschaft (1986), S. 146–151

81 Ignatius, An die Trallaner 2,1/3,1

82 Ignatius, An die Smyrnäer 8,1–2

83 A. v. Harnack, Entstehung und Entwickelung der Kirchenverfassung und des Kirchenrechts in den ersten zwei Jahrhunderten, Darmstadt 1990, S. 63 f.

84 W. Bauer, Rechtgläubigkeit und Ketzerei im ältesten Christentum, Tübingen ²1964, S. 66 f.

85 E. Dassmann, Zur Entstehung des Monepiskopats, in: ders., Ämter und Dienste in den frühchristlichen Gemeinden, Bonn 1994, S. 49–73, hier S. 71–73

86 Theodor von Mopsuestia, Kommentar zu 1Tim 3,1 f. (p. 121–125 Swete)

87 Vgl. P. Lampe, Die stadtrömischen Christen in den ersten beiden Jahrhunderten. Untersuchungen zur Sozialgeschichte, Tübingen ²1989, S. 340 f. (Lampe erwägt allerdings eine etwas frühere Datierung)

88 Tertullian, Über die Taufe 17,1: *summus sacerdos*

89 C. Andresen, Die Kirchen der alten Christenheit, Stuttgart 1971, S. 132 f.

90 Cyprian, Brief 66,4–8

91 Synodalprotokoll 79

92 J. M. Hanssens, La Liturgie d'Hippolyte. Ses documents – son titulaire – ses origines et son caractère, Orientalia Christiana Analecta 155, Rom ²1965, S. 343–493

93 Apostolische Tradition § 2

94 Apostolische Tradition § 3

95 Apostolische Tradition § 7. 39 und 8

96 Apostolische Tradition §§ 10–14

97 Syrische Didaskalie XV. Vgl. allgemein: U. E. Eisen, Amtsträgerinnen im frühen Christentum. Epigraphische und literarische Studien, Göttingen 1996, S. 50–215, besonders S. 138–153
98 So A.-M. Malingrey in der Einleitung zur Textausgabe, SC 272, Paris 1980, S. 10–13
99 H. Dörries, Erneuerung des kirchlichen Amts im vierten Jahrhundert, Tübingen 1973, S. 1–46
100 Johannes Chrysostomus, Über das Priesteramt 6,13; 2,2 und 3,5 (Zitat)
101 Johannes Chrysostomus, Über das Priesteramt 3,9
102 Johannes Chrysostomus, Über das Priesteramt 3,4 bzw. 3,5
103 Johannes Chrysostomus, Über das Priesteramt 3,7
104 Johannes Chrysostomus, Über das Priesteramt 2,3
105 Kanon Elvira XXXIII
106 Kanon Nizäa III
107 Eusebius, Leben Konstantins IV 26,3–4; vgl. auch Codex Theodosianus VIII 16,1
108 Kanon Gangra IV
109 C. Bertelli, in: Milano capitale dell'impero romano 286–402 d.c., Mailand 1990, S. 89
110 Hieronymus, Kommentar zum Propheten Ezechiel 44,20

Schluß

1 Augustinus, Sermo 344,4
2 A. v. Harnack, Mission und Ausbreitung des Christentums, Leipzig ⁴1924, S. 111 (vgl. auch S. 958). – Diese Charakterisierung hängt natürlich auch mit der theologischen Position des Kirchenhistorikers Harnack zusammen.
3 D. Praet, Explaining the Christianization of the Roman Empire, in: Sacris Erudiri 33 (1992–1993), S. 71–73
4 A. v. Harnack, Mission und Ausbreitung des Christentums, Leipzig ⁴1924, S. 256
5 Wie z. B. K. Heussi, Kompendium der Kirchengeschichte, Tübingen ¹⁶1981, S. 92
6 E. R. Dodds, Heiden und Christen in einem Zeitalter der Angst, Frankfurt/M. 1985, passim
7 Anthologia Palatina X 72
8 Alexander von Lykopolis, Kritik der Lehren des Manichaeus § 1
9 D. Praet, Explaining the Christianization of the Roman Empire, in: Sacris Erudiri 33 (1992–1993), S. 54–56; Ch. Markschies, Warum hat das Christentum in der Antike überlebt? (Forum Theologische Literaturzeitung 13), Leipzig 2004, S. 15–65

Quellen und Übersetzungen

Grundsätzliche Bemerkungen zur Auffindung von Quellen und Übersetzungen für antike christliche Texte bei Ch. Markschies, Arbeitsbuch Kirchengeschichte, UTB 1857, Tübingen 1995, S. 46–50 bzw. 58–63. Gelegentlich wurde eine leichter zugängliche, aber brauchbare Ausgabe der schwerer erreichbaren kritischen Edition vorgezogen. Nicht eigens aufgeführt sind die Faszikel der «Patrologia Graeca» bzw. «Latina» von J.-P. Migne (Paris 1841–1866) und leicht greifbare klassische Autoren wie Homer, Juvenal oder Tacitus.

Aelius Aristides: Die Romrede des Aelius Aristides, hrsg., übers. u. mit Erläuterungen vers. v. R. Klein (Texte zur Forschung 45), Darmstadt 1983; P. Aelii Aristidis opera quae exstant omnia, hrsg. von Ch. A. Behr/F. W. Lenz, Leiden 1976–1980; P. Aelius Aristides, The Complete Works, übers. ins Engl. v. Ch. A. Behr, 2 Bde., Leiden 1986/1981.

Alexander von Lykopolis: Contra Manichaei Opiniones Disputatio, hrsg. v. A. Brinkmann, Stuttgart 1979 (= Leipzig 1895); An Alexandrian Platonist against Dualism. Alexander of Lycopolis' Treatise ‹Critique of the Doctrines of Manichaeus›, übers. u. mit einer Einl. vers. v. P. W. van der Horst and J. Mansfeld, Leiden 1974.

Ambrosius von Mailand: Verginità e Vedovanza (= Über die Jungfrauen; Über die Witwen) hrsg., ins Ital. übers. u. kommentiert v. F. Gori, 2 Bde. (Opera Omnia Sancti Ambrosii 14/1 bzw. 14/2), Mailand/Rom 1989; ausgewählte Schriften des hl. Ambrosius, übers. v. F. X. Schulte (BKV 1. Reihe 32), Kempten 1871, S. 311–386.

Ammianus Marcellinus: Römische Geschichte, lateinisch und deutsch und mit einem Kommentar versehen v. W. Seyfarth (Schriften und Quellen der Alten Welt 21/2), Berlin [6]1988.

Amulette: A. M. Kropp, Ausgewählte koptische Zaubertexte, 3 Bde., Brüssel 1930–1931.

Anonymes Gedicht: «Leben wir nicht alle unter dem selben Sternenzelt?» – Übersetzung und Bemerkungen zum Traktätchen ‹Contra Paganos› von Ch. Markschies, in: Die Heiden – Jüdische und christliche Identität durch ein Feindbild? Hrsg. v. R. Feldmeier u. U. Heckel (WUNT 70), Tübingen 1994, S. 325–377.

Anthologia Graeca: Buch VII–VIII Griechisch-Deutsch, hrsg. v. H. Beckby, Tusculum-Bücherei, München 1957.

Apokryphe Apostelakten (z. B. Thomasakten): Acta Apostolorum Apocrypha, hrsg. v. R. A. Lipsius u. M. Bonnet, 3 Bde., Darmstadt 1959 (= Leipzig 1891–1903); Neutestamentliche Apokryphen in deutscher Übersetzung, hrsg. v. W. Schneemelcher, 2 Bde., Tübingen 1987/1989[5].

Apostolische Tradition: [s. Kirchenordnungen].

Asterius von Amasea: Asterius of Amasea, Homilies I–XIV. Text, Introduction and Notes by C. Datema, Leiden 1970; L. Koch, Asterius von Amasea, in: Zeitschrift für die historische Theologie 41 (1871), S. 77–107 (Übers. der fünften Homilie).

Athanasius: Athanase d'Alexandrie, Vie d'Antoine, introduction, texte critique, traduction et index par G. J. M. Bartelink (SC 400), Paris 1994; Des hl. Athanasius Leben des hl. Antonius, aus dem Griechischen übers. v. H. Mertel (BKV 31), München o. J., S. 677–777.

Augustinus: De bono coniugali, hrsg. v. J. Zycha (CSEL 41), Wien 1900, 187–231; Aurelius Augustinus, Das Gut der Ehe, übertr. v. A. Maxsein, Würzburg 1949; Confessiones. Bekenntnisse, lateinisch und deutsch, eingel., übers. und erklärt von J. Bernhart, München 1955; De cura pro mortuis gerenda, hrsg. v. J. Zycha (CSEL 41), Wien 1900, S. 619–660; Die Sorge für die Toten, übertr. v. G. Schlachter, eingel. und übers. v. R. Arbesmann, Würzburg 1975; S. Aurelii Augustini (...) Epistulae, hrsg. v. A. Goldbacher (CSEL 34/2), Prag u. a. 1898; Des hl. Kirchenvaters Aurelius Augustinus ausgewählte Briefe, (...) übers. v. A. Hoffmann (BKV 30), Kempten/München 1917; De nuptiis et concupiscentia, hrsg. v. C. F. Urba/J. Zycha (CSEL 42), Wien 1902, S. 211–319; Sancti Aurelii Augustini Retractationum Libri 11, hrsg. v. A. Mutzenbecher (CChr.SL 57), Turnhout 1984; Sancti Aurelii Augustini In Iohannis Evangelium Tractatus CXXIV, hrsg. v. R. Willems (CChr.SL. 36), Turnhout 1954; Des hl. Kirchenvaters Aurelius Augustinus Vorträge über das Evangelium des Hl. Johannes, übers. v. Th. Specht (BKV 8), Kempten/München 1913; De vera religione/Über die wahre Religion, Übersetzung und Anmerkungen von W. Thimme (Reclams Universal-Bibliothek 7971), Stuttgart 1983.

Basilius: Saint Basile, Aux jeunes gens sur la manière de tirer profit des lettres Helléniques (= Mahnrede an die Jugend), hrsg. u. übers. v. F. Boulenger, Collection des Universités de France, Paris 1952; Des hl. Kirchenlehrers Basilius des Großen Bischofs von Cäsarea ausgewählte Homilien und Predigten, aus dem griechischen Urtext übersetzt und mit Anmerkungen versehen v. A. Stegmann (BKV 47), München 1925.

Briefe über die Jungfräulichkeit: H. Duensing, Die dem Klemens von Rom zugeschriebenen Briefe über die Jungfräulichkeit, in: Zeitschrift für Kirchengeschichte 63 (1950/1951), S. 166–188; Sancti Patris Clementis Romani Epistolae Binae De Virginitate Syriacae (...) hrsg. v. J. Th. Beelen, Löwen 1856.

Cassius Dio: Dio Cocceianus Cassius, Historiarum Romanorum Quae Supersunt, hrsg. v. Ph. Boissevain, Vol. III Liber 61–80, Berlin ²1955; Römische Geschichte, Bd. 5 Epitome der Bücher 61–80, übers. v. O. Veh (Bibliothek der Alten Welt), Zürich/München 1987.

Claudian: Claudii Claudiani carmina, hrsg. v. J. B. Hall, Leipzig 1895; Dichtungen des Claudius Claudianus, übers. v. G. Freiherr von Wedekind, Darmstadt 1968.

Clemens von Alexandrien: Clemens Alexandrinus Bd. 1, Protrepticus und Paedagogus, hrsg. v. O. Stählin, 3., durchg. Aufl. v. U. Treu (GCS Clemens Alexandrinus I), Berlin 1972; Des Clemens von Alexandreia ausgewählte Schriften aus dem Griechischen übersetzt von O. Stählin, 5 Bde. (BKV Clemens von Alexandreia I–V [= 2. Reihe 7/8/17/19/201), München 1934–1938.

(Ps.-)Clemens von Rom: Clemens von Rom. Epistola ad Corinthios. Brief an die Korinther, übers. u. eingel. v. G. Schneider (FChr 15), Freiburg u. a. 1994.

Codex Theodosianus: Theodosiani Libri XVI cum Constitutionibus Sirmondianis, hrsg. v. P. Krueger u. Th. Mommsen, Dublin/Zürich ⁴1970/71 (= Berlin 1905).

Cyprian: Sancti Cypriani Episcopi Opera, hrsg. v. R. Weber/M. Bévenot/ M. Simonetti/C. Moreschini/G. F. Diercks (CChr.SL 3/3A/3B), Turnhout 1972/1975/1994; Des hl. Kirchenvaters Caecilius Cyprianus Traktate, aus dem Lateinischen übers. v. J. Baer, 2 Bde. (BKV 34/60), Kempten/München 1918/1928.

Dadisho von Bet Qatraje: [Abhandlung über die Einsamkeit, syrischer Text und englische Übersetzung], hrsg. v. A. Mingana (Woodbrooke Studies VII), Cambridge 1934, S. 201–247 bzw. 70–143.

Didache: [s. Kirchenordnungen].

Dion Chrysostomus: Dionis Chrysostomi Orationes, hrsg. v. G. de Budé (BiTeu), 2 Bde., Leipzig 1916/1919; Dion Chrysostomos, Sämtliche Reden, eingel., übers. u. erläutert v. W. Elliger (Bibliothek der Alten Welt), Zürich 1967.

Egeria: Égérie, Journal de Voyage (Itinéraire), Introduction, texte critique, traduction (...) par P. Maraval (SC 296), Paris 1982; H. Donner, Pilgerfahrt ins Heilige Land. Die ältesten Berichte christlicher Palästinapilger (4.–7. Jahrhundert), Stuttgart 1979, S. 69–137.

Ehevertrag: H. A. Sanders, A Roman Marriage Contract, in: Transactions and Proceedings of the American Philological Association 43 (1938), S. 104–116.

Epiphanius von Salamis: Bd. 1 Ancoratus und Panarion Haer. 1–33, hrsg. (...) v. K. Holl (GCS Epiphanius I), Leipzig 1915; Panarion haer. 65–80, De fide, hrsg. v. K. Holl, 2., bearb. Aufl. hrsg. v. J. Dummer (GCS Epiphanius III), Berlin 1985; The Panarion of St. Epiphanius, Bishop of Salamis, selected Passages translated by P. R. Amidon, New York/Oxford 1990.

Eunapius von Sardes: Philostratus and Eunapius, Lives of the Sophists, hrsg. u. ins Engl. übers. v. W. C. Wright (Loeb Classical Library 134), Cambridge, M./London 1968 (= 1921).

Eusebius: Kirchengeschichte/Über die palästinischen Märtyrer, hrsg. v. E. Schwartz (GCS Eusebius II/1–3), Leipzig 1903–1909; Eusebius von Caesarea, Kirchengeschichte, hrsg. v. H. Kraft, übers. v. Ph. Haeuser u. H. A. Gaertner, Darmstadt ²1984; Über das Leben des Kaisers Konstantin, hrsg. v. F. Winkelmann (GCS Eusebius I/1), Berlin ²1991; Vier

Bücher über das Leben des Kaisers Konstantin, übers. v. J. M. Pfättisch (BKV Eusebius I), Kempten/München 1913; Das Onomastikon der biblischen Ortsnamen, hrsg. v. E. Klostermann (GCS Eusebius III/1), Hildesheim 1966 (= Leipzig 1904).
Gerontius von Jerusalem: Vie de sainte Mélanie, ed. D. Gorce (SC 90), Paris 1962; Das Leben der hl. Melania von Gerontius, aus dem Griechischen übers. v. St. Krottenthaler (BKV 5), Kempten/München 1912, S. 445–498.
Gregor von Nyssa: Gregorii Nysseni Opera Ascetica, hrsg. v. W. Jaeger/ J. P. Cavarnos/V. Woods Callahan (Gregorii Nysseni Opera VIII/1), Leiden 1952; Des hl. Bischofs Gregor von Nyssa Schriften (...) aus dem Griechischen übers. v. K. Weiß u. E. Stolz (BKV 56), München 1927; Gregorii Nysseni Sermones Pars II, hrsg. v. G. Heil/J. P. Cavarnos/O. Lendle (Gregorii Nysseni Opera X/1), Leiden u. a. 1990.
Gregor der Wundertäter: Grégoire le Thaumaturge, Remerciements à Origène – La Lettre d'Origène à Grégoire, hrsg. v. H. Crouzel (SC 148), Paris 1969; Des hl. Gregorius Thaumaturgus ausgewählte Schriften, aus dem Griechischen übers. v. H. Bourier (BKV), Kempten/München 1911, S. 211–249.
Hieronymus: Saint Jérôme, Apologie contre Rufin, éd. P. Lardet (SC 303), Paris 1983; [Kirchenväterbiographien:] Gli uomini illustri. De Viris Illustribus, hrsg. v. A. Ceresa-Gastaldo (Biblioteca Patristica 12), Florenz 1988; Saint Jérôme, Lettres, Tom. I, texte établi et traduit par J. Labourt (Collection des Universités de France), Paris 1949; Tome II, texte établi et traduit par J. Labourt, Paris 1951.
Hippolyt: Hippolytus Werke 1. Bd., Exegetische und Homiletische Schriften, hrsg. v. G. N. Bonwetsch und H. Achelis (GCS Hippolyt I), Leipzig 1897.
Historia Augusta: Scriptores Historiae Augustae, hrsg. v. E. Hohl (BiTeu), 2 Bde., Leipzig $^{5/3}$1971; Historia Augusta, römische Herrschergestalten, eingeleitet und übers. v. E. Hohl (Bibliothek der alten Welt), 2 Bde., Zürich/München 1976/1985.
Historia Monachorum in Aegypto: Édition critique du texte Grec par A.-J. Festugière (Subsidia Hagiographica 34), Brüssel 1971 (= 1961).
Ignatius von Antiochien: Die apostolischen Väter, Griechisch-Deutsche Parallelausgabe (...), neu übers. u. hrsg. v. A. Lindemann u. H. Paulsen, Tübingen 1992.
Inschriften: Berliner Griechische Urkunden (Ägyptische Urkunden aus den Königlichen Museen zu Berlin), Bd. I ff., Berlin 1895 ff.; H. Dessau (Hrsg.), Inscriptiones Latinae Selectae, Vol. I, Berlin ^{3}1962; W. Dittenberger (Hrsg.), Orientis Graeci Inscriptiones Selectae, 2 Bde., Hildesheim 1986 (= Leipzig 1903–1905); ders. (Hrsg.), Syllogae Inscriptionum Graecarum, 4 Bde., Hildesheim 1960 (= Leipzig ^{3}1915–1924); Inscriptiones Latinae Christianae Veteres, hrsg. v. E. Diehl, 3 Bde., Dublin/Zürich ^{3}1970; U. v. Wilamowitz-Moellendorff, Alexandrinische Inschriften, in: Sitzungsberichte der königl. preußischen Akademie der Wissenschaften,

philosophisch-historische Classe, 49 (1902), S. 1093–1099; M. Picirillo, Chiese e mosaici di Madaba (Studium Biblicum Franciscanum. Collectio Maior 34), Jerusalem 1989.
Irenäus von Lyon: Epideixis. Darlegung der apostolischen Verkündigung. Adversus Haereses. Gegen die Häresien, übers. und eingel. v. N. Brox, I–III (FChr 8/1–3), Freiburg u. a. 1993–1995.
Jamblich: Pythagoras. Legende, Lehre, Lebensgestaltung, Griechisch und Deutsch, hrsg., übers. und eingeleitet v. M. von Albrecht (Bibliothek der Alten Welt. Antike und Christentum), Zürich/Stuttgart 1963.
Johannes Chrysostomus: Jean Chrysostome, Sur le sacerdoce (Dialogue et Homélie), hrsg. v. A.-M. Malingrey (SC 272), Paris 1980; Jean Chrysostome, La Virginité, hrsg. v. H. Musurillo (SC 125), Paris 1966; Catecheses Baptismales. Taufkatechesen, übers. u. eingel. v. J. Kaczynski (FChr 6/1–2), Wien 1992; Chrysostomus-Postille. Vier und siebenzig Predigten (…), übers. v. C. J. Hefele, Tübingen 1857.
Johannes Stobaeus: Johannes Stobaei Anthologium, hrsg. v. C. Wachsmuth und O. Hense, 5 Bde., Dublin/Zürich ³1974 (= Berlin 1884–1923).
Josephus Flavius: Flavii Iosephi Opera, hrsg. v. B. Niese, Vol. IV (…) Vita, Berlin 1940; Flavius Josephus kleinere Schriften, (…) übers. und mit Einleitung und Anmerkungen versehen v. H. Clementz, Wiesbaden 1993 (= Wien 1923).
Julian, gen. Apostata: Iuliani Imperatoris librorum contra Christianos quae supersunt, hrsg. v. C. I. Neumann (Scriptorum Graecorum qui Christianam impugnaverunt religionem 3), Leipzig 1880; Julian. Briefe, Griechisch-Deutsch hrsg. v. B. K. Weis (Tusculum Bücherei), München 1973.
Julius Africanus: J.-R. Vieillefond, Les «Cestes» de Julius Africanus (Publications de l'Institut Français de Florence, Ière série, no. 20), Florenz/Paris 1970; F. C. R. Thee, Julius Africanus and the Early Christian View of Magic (Hermeneutische Untersuchungen zur Theologie 19), Tübingen 1984.
Justin: Die ältesten Apologeten, Texte mit kurzen Einleitungen, hrsg. v. E. J. Goodspeed, Göttingen 1984 (= 1914); Des Hl. Philosophen und Märtyrers Justinus Dialog mit dem Juden Tryphon, übers. v. Ph. Haeuser (BKV 33), München o. J.; Frühchristliche Apologeten und Märtyrerakten, übers. v. G. Rauschen u. a., 2 Bde. (BKV 12/14), Kempten/München 1913.
Kanones: [s. Synoden].
Kirchenordnungen: Didache. Zwölf-Apostel-Lehre, übers. u. eingel. v. G. Schöllgen. Traditio Apostolica. Apostolische Überlieferung, übers. u. eingel. v. W. Geerlings (FChr 1), Freiburg u. a. 1991.
Konzilsakten: Acta Conciliorum Oecumenicorum, Bd. II/3/1 (…), hrsg. v. E. Schwartz, Berlin 1962 (= ebd. 1935).
Laktanz: De la mort des persécuteurs (= Über die Todesarten der Verfolger), hrsg., ins Franz. übers. u. kommentiert von J. Moreau (SC 39), Paris 1954; Vom Zorne Gottes, eingel., hrsg., übertragen und erläutert v. H. Kraft u. A. Wlosok (Texte zur Forschung 4), Darmstadt ⁴1983.

Lateinische Panegyriker: C. E. V. Nixon/B. S. Rodgers (Hrsg.), In Praise of Later Roman Emperors. The *Panegyrici Latini*. Introduction, Translation and Historical Commentary with the Latin Text of R. A. B. Mynors, Berkeley u. a. 1994.

Lukian: Luciani Opera, hrsg. v. M. D. Macleod, 4 Bde. (Scriptorum Classicorum Bibliotheca Oxoniensis), Oxford 1972–1987; Lukians Schrift über die syrische Göttin, übers. und erklärt von C. Clemen (Der Alte Orient 37/3–4), Leipzig 1938.

Marianus: Vita Procli, hrsg. v. I. F. Boissonade, Leipzig 1814 = Amsterdam 1966; The Life of Proclus or Concerning Happiness by Marianus of Samaria, transl. by K. S. Guthrie, Grand Rapids 1986.

Markus, der Diakon: Marc le diacre, Vie de Porphyre, Évêque de Gaza, hrsg., ins Franz. übers. u. komm. v. H. Grégoire et M.-A. Krüger (Collection Byzantine), Paris 1930; Das Leben des Heiligen Porphyrius von Gaza, beschrieben von dem Diakon Markus, übers. v. G. Rohde, Heidelberg 1927.

Martyrium Polykarps: Die apostolischen Väter, Griechisch-Deutsche Parallelausgabe (...) hrsg. v. A. Lindemann u. H. Paulsen, Tübingen 1992, S. 258–285.

Melito von Sardes: Melito of Sardis, On Pascha and Fragments. Texts and Translations by St. G. Hall (Oxford Early Christian Texts), Oxford 1979; Meliton von Sardes, Vom Passa. Die älteste christliche Osterpredigt, übers., eingeleitet u. kommentiert v. J. Blank (Sophia 3), Freiburg 1963.

Methodius (von Olympus): Werke hrsg. v. G. N. Bonwetsch (GCS), Leipzig 1917; Des hl. Methodius von Olympus Gastmahl oder die Jungfräulichkeit (BKV Dionysius Areopagita...), Kempten/München 1911, S. 271–397.

Origenes/Rufin: Origène, Commentaire sur le Cantique des Cantiques, éd. L. Brésard/H. Crouzel (SC 375), Paris 1991; Homilien zum Hexateuch in Rufins Übersetzung, hrsg. v. W. A. Baehrens, 2. Tl. Die Homilien zu Numeri, Josua und Judices (GCS Origenes VII), Leipzig 1921; Die Schrift vom Martyrium. Buch I–IV gegen Celsus, hrsg. v. P. Koetschau (GCS Origenes I), Leipzig 1899/Buch V–VIII gegen Celsus, Die Schrift vom Gebet (GCS Origenes II), Leipzig 1899; Des Origenes acht Bücher gegen Celsus, aus dem Griechischen übers. v. P. Koetschau (BKV 52), München 1926; C. Jenkins (Hrsg.), Origen on I Corinthians, in: Journal of Theological Studies 9 (1908), S. 231–247, 353–372. 500–514; Matthäuserklärung I: Die griechisch erhaltenen Tomoi, hrsg. (...) von E. Klostermann (GCS Origenes X), Leipzig 1935; Der Kommentar zum Evangelium nach Mattäus, eingel., übers. und mit Anmerkungen vers. v. H. J. Vogt, 1. Tl. (Bibliothek der Griechischen Literatur 18), Stuttgart 1983.

Orosius: Orosio, Le Storie contro i Pagani, 2 Vol., hrsg. v. A. Lippold (Scrittori Greci e Latini), 1976; Paulus Orosius, Die Weltgeschichte aus christlicher Sicht, übers. u. erl. v. A. Lippold (Bibliothek der Alten Welt), 2 Bde., Zürich/München 1985/86.

Pachomius: The Life of Pachomius (Vita Prima Graeca), übers. v. A. N. Athanassakis (Texts and Translations 7. Early Christian Literature Series 2), 1975 [mit griechischem Text v. F. Halkin).
Palladius: The Lausiac History of Palladius, Vol. II The Greek Text ed. with Introductions and Notes by C. Butler (Texts and Studies VI/2), Cambridge 1904; Des Palladius von Helenopolis Leben der heiligen Väter, aus dem Griechischen übers. v. St. Krottenthaler (BKV 5), Kempten/München 1912, S. 315–443.
Papyri: Veröffentlichungen aus der Heidelberger Papyrussammlung I: Die Septuagintapapyri und andere altchristliche Texte, hrsg. v. A. Deissmann, Heidelberg 1905; Ch. Wessely, Les plus anciens monuments du Christianisme, écrits sur papyrus (Patrologia Orientalis IV/2 bzw. XVIII/3), Paris 1906 bzw. 1924.
Passio Sanctarum Perpetuae et Felicitatis: Vol. I hrsg. v. C. I. M. I. van Beek, Nimwegen 1936; Echte alte Märtyrerakten, aus dem Griechischen und Lateinischen übers. v. G. Rauschen (BKV 14), Kempten/München 1913, S. 328–344.
Paulusakten: Acta Apostolorum Apocrypha, hrsg. v. R. A. Lipsius, Vol. 1, Darmstadt 1959 (= Leipzig 1891), S. 235–269; W. Schneemelcher, Neutestamentliche Apokryphen in deutscher Übersetzung, Bd. 2, Apostolische Apokalypsen und Verwandtes, Tübingen 1989, S. 193–243.
Persische Märtyrerakten: P. Bedjan (Hrsg.), Acta martyrum et sanctorum, 7 Bde., Paris 1890–1897; Ausgewählte Akten persischer Märtyrer, aus dem Syrischen übers. v. O. Braun (BKV 22), Kempten/München 1915.
Philo von Alexandrien: Opera quae supersunt, hrsg. v. L. Cohn/P. Wendland, 6 Bde., Berlin 1962 (= ebd. 1896–1915); Philo von Alexandrien, Die Werke in deutscher Übersetzung, hrsg. v. L. Cohn, I. Heinemann, M. Adler und W. Theiler, 7 Bde., Berlin ²1962 und 1964.
Pilger von Piacenza: Itinera Hierosolymitana Saeculi III–VIII, hrsg. v. P. Geyer (CSEL 39), Prag u. a. 1898, S. 159–191; H. Donner, Pilgerfahrt ins Heilige Land. Die ältesten Berichte christlicher Palästinapilger (4.–7. Jahrhundert), Stuttgart 1979, S. 240–314.
Platon: Die echten Briefe, griechisch und deutsch übertragen u. eingel. von E. Howald (Die Bibliothek der Alten Welt), Zürich 1951.
Plinius d. Ä., Naturgeschichte: Plinius d. Ä., Naturkunde Bd. 26/27: Bücher XXVII/XXVIII, hrsg. u. übers. v. R. König (Tusculum Bücherei), München/Zürich 1988.
Plinius d. J.: Briefe, Lateinisch und Deutsch v. H. Kasten (Schriften und Quellen der Alten Welt 35), Berlin 1982.
Plutarch: Plutarchus Moralia IV, hrsg. v. C. Hubert (BiTeu), Leipzig 1971 = 1938; Plutarch, Vermischte Schriften mit Anmerkungen nach der Übersetzung von Kaltwasser vollständig hrsg., 3 Bde., München/Leipzig 1911.
Porphyrius: «Gegen die Christen», hrsg. v. A. v. Harnack, in: ders., Kleine Schriften zur Alten Kirche, Bd. II: Berliner Akademieschriften 1908–1930 (Opuscula IX/2), Leipzig 1980, S. 362–474; Porphyrios, Über

Plotins Leben und über die Ordnung seiner Schriften, Text, Übersetzung, Anmerkungen v. R. Harder (Plotins Schriften Band V^c Anhang, Philosophische Bibliothek 215 e), Hamburg 1958; Porphyrii Philosophi Platonici opuscula selecta iterum recognovit A. Nauck (BiTeu), Hildesheim 1977 (= Leipzig 1886).

Prudentius: Prudence, Tome III Psychomachie. Contre Symmaque, hrsg. u. übers. v. M. Lavarenne (Collection des Universités de France), Paris 1948; Tome IV Le Livre des Couronnes (Peristephanon Liber). Dittochaeon. Épilogue, hrsg. u. übers. v. M. Lavarenne (Collection des Universités de France), Paris 1951.

Quintilian: Marcus Fabius Quintilianus, Ausbildung des Redners, zwölf Bücher, hrsg. u. übers. v. H. Rahn, 2 Bde. (Texte zur Forschung 2/3), Darmstadt 1972/1975.

Seneca: L. Annaeus Seneca, Philosophische Schriften, Lat. u. Dtsch., 3. Bd., An Lucilius Briefe 1–69, Lat. Text von F. Prechac, übers., eingel. und mit Anm. vers. v. M. Rosenbach, Darmstadt ²1980.

Socrates Scholasticus: Sokrates, Kirchengeschichte, hrsg. v. G. Chr. Hansen (GCS), Berlin 1995; Socrates, Sozomenus: Church Historians, übers. v. A. C. Zenos, Ch. D. Hartranft (Nicene and Post-Nicene Fathers, 2nd Series 2), Edinburgh/Grand Rapids 1989 (=1890).

Sozomenus: Sozomène, Histoire Ecclésiastique, Livres I–II, texte grec de l'Edition J. Bidez (SC 306), Paris 1983.

Sueton: C. Suetoni Tranquilli Opera Vol. 1 De Vita Caesarum Libri VIII, hrsg. v. M. Ihm (BiTeu), Stuttgart 1978 (= Leipzig 1908); Gaius Suetonius Tranquillus. Leben der Caesaren, übers. und hrsg. v. A. Lambert, München ⁴1983 (= Zürich 1955).

Sulpicius Severus: Libri qui supersunt, hrsg. v. C. Halm (CSEL 1), Wien 1865; Die Schriften des Sulpicius Severus über den hl. Martinus (...), übers. v. P. Bihlmeyer (BKV 20), Kempten/München 1914, S. 1–47.

Symeon Stylites: Das Leben des Heiligen Symeon Stylites (...) bearb. v. H. Lietzmann, mit einer deutschen Übersetzung der syrischen Lebensbeschreibung und der Briefe v. H. Hilgenfeld (Texte und Untersuchungen zur Geschichte der altchristlichen Literatur 32/4), Leipzig 1908.

Symmachus: Der Streit um den Victoriaaltar. Die dritte Relatio des Symmachus und die Briefe 17,18 und 57 des Mailänder Bischofs Ambrosius. Einführung, Text und Übersetzung von R. Klein (Texte zur Forschung 7), Darmstadt 1972.

Synoden: F. Lauchert, Die Kanones der wichtigsten altkirchlichen Concilien nebst den apostolischen Kanones (Sammlung ausgewählter kirchen- und dogmengeschichtlicher Quellenschriften 12), Freiburg/Leipzig 1896, S. 13–26; P. Joannou, Fonti. Fascicolo IX, Discipline générale antique (IIe–IXe s.), Bd. I/1 Les canons de conciles oecuméniques, Grottaferrata 1962; Bd. II Les canons des Pères grecs, Grottaferrata 1962 [*keine kritischen Texte*]; E. Reichert, Die Canones der Synode von Elvira. Einleitung und Kommentar, Diss. theol. [masch.], Hamburg 1990.

Syrische Didaskalia: The Didascalia Apostolorum in Syriac, hrsg. v. A. Vööbus, 2 Bde. (Corpus Scriptorum Christianorum Orientalium 401/407 Series Syri 175/179), Löwen 1979; Die ältesten Quellen des orientalischen Kirchenrechts, 2. Buch: Die syrische Didaskalia, übers. u. erklärt v. H. Achelis u. J. Flemming (Texte und Untersuchungen 25/2), Leipzig 1904.

Tatian: [s. Justin].

Tertullian: Quinti Septimi Florentis Tertulliani Opera. Pars I Opera Catholica, Adv. Marcionem, Pars II Opera Montanistica (CChr.SL 1.2), Turnhout 1954; Tertullians ausgewählte Schriften ins Deutsche übersetzt, 2 Bde. (BKV 7/24), Kempten/München 1912/1915.

Theodor von Mopsuestia: Les homélies catéchétiques de Théodore de Mopsueste. Reproduction phototypique (...), traduction, introduction, index par R. Tonneau en collaboration avec R. Devreesse (Studi e Testi 145), Modena 1981 (= Città del Vaticano 1949); Theodor von Mopsuestia, Katechetische Homilien, übers. und eingel. v. P. Bruns (FChr 17/1-2), Freiburg u. a. 1994/95; Theodori Episcopi Mopsuesteni in epistolas B. Pauli commentarii hrsg. v. H. B. Swete, 2 Bde., Cambridge 1880/1882.

Theodoret von Kyrrhos: Théodoret de Cyr. Thérapeutique des maladies helléniques (= Heilung der griechischen Krankheiten), hrsg. v. P. Canivet, 2 Bde. (SC 57), Paris 1958; Theodorets Kirchengeschichte, hrsg. v. L. Parmentier, 2. Aufl. bearb. (...) v. F. Scheidweiler (GCS), Berlin 1954; Théodoret de Cyr, Histoire de moines de Syrie, hrsg. v. P. Canivet, A. Leroy-Molinghen (SC 234/257), Paris 1977/1979; Des Bischofs Theodoret von Cyrus Mönchsgeschichte, aus dem Griechischen übers. v. K. Gutberlet (BKV 50), München 1926; Des Bischofs Theodoret von Cyrus Kirchengeschichte aus dem Griechischen übers. (...) v. A. Seider (BKV 51), München 1926.

Theophilus von Antiochien: Theophili Antiocheni ad Autolycum, hrsg. v. M. Marcovich (Patristische Texte und Studien 44), Berlin/New York 1995; Drei Bücher des hl. Theophilus, Bischofs von Antiochien an Autolykus, (...) übers. v. J. Leitl (BKV 14), Kempten/München 1913, 12-110.

Zauberpapyri: Papyri Graecae Magicae. Die griechischen Zauberpapyri, hrsg. und übers. v. K. Preisendanz, 2 Bde., Berlin/Leipzig 1928/1931.

Zeno von Verona: Zenonis Veronensis Tractatus, hrsg. v. B. Löfstedt (CChr.SL 22), Turnhout 1971; Des hl. Bischofs Zeno von Verona Traktate (Predigten und Ansprachen), aus dem Lateinischen übersetzt (...) v. A. Bigelmair (BKV), München 1934.

Auswahlbibliographie

Für das Thema einschlägige Lexikonartikel aus den großen Fachlexika (z. B. Reallexikon für Antike und Christentum [Stuttgart 1950 ff.]; Pauly-Wissowas Realencyclopädie der classischen Altertumswissenschaft [Stuttgart 1893–1980]; Theologische Realenzyklopädie [Berlin/New York 1977–2005]; Reallexikon der byzantinischen Kunst [Stuttgart 1966 ff.]; Dictionnaire d'Archéologie Chrétienne et de liturgie [Paris 1903–1953]) sind hier, auch wenn sie dankbar verwendet worden sind, nicht bibliographiert.

Aland, Kurt: Über den Glaubenswechsel in der Geschichte des Christentums (Theologische Bibliothek Töpelmann 5), Berlin 1961.
Albrecht, Ruth: Das Leben der heiligen Makrina auf dem Hintergrund der Thekla-Traditionen. Studien zu den Ursprüngen des weiblichen Mönchtums im 4. Jahrhundert in Kleinasien (Forschungen zur Kirchen- und Dogmengeschichte 38), Göttingen 1986.
Alföldy, Géza: Die Krise des römischen Reiches. Geschichte, Geschichtsschreibung und Geschichtsbetrachtung. Ausgewählte Beiträge (Heidelberger althistorische Beiträge und epigraphische Studien 5), Stuttgart 1989.
Andresen, Carl: Die Kirchen der alten Christenheit (Religionen der Menschheit 29,1/2), Stuttgart u. a. 1971.
Bardy, Gustave: Menschen werden Christen. Das Drama der Bekehrung in den ersten Jahrhunderten, Freiburg u. a. 1988 (= Paris 1949).
Bauer, Walter: Rechtgläubigkeit und Ketzerei im ältesten Christentum (Beiträge zur historischen Theologie 10), Tübingen ²1964.
Bendix, Reinhard: Umbildungen des persönlichen Charismas. Eine Anwendung von Max Webers Charismabegriff auf das frühe Christentum, in: M. Webers Sicht des antiken Christentums, hrsg. v. Wolfgang Schluchter (STW 548), Frankfurt/M. 1985, S. 404–443.
Biblioteca Hagiographica Orientalis, edd. socii Bollandiani (Subsidia Hagiographica 10), Brüssel 1970 (= 1910).
Bornkamm, Günther: Das Ende des Gesetzes. Paulusstudien (Beiträge zur evangelischen Theologie 16), München 1952.
Bouley, Allan: From Freedom to Formula. The Evolution of the Eucharistic Prayer from Oral Improvisation to Written Texts (Studies in Christian Antiquity 21), Washington 1981.
Brown, Peter: Die Gesellschaft und das Übernatürliche. Vier Studien zum frühen Christentum (Kleine kulturwissenschaftliche Bibliothek), Berlin 1993 (= London 1982); Die Heiligenverehrung. Ihre Entstehung und Funktion in der lateinischen Christenheit, übers., bearb. u. hg. v. J. Bernard, Leipzig 1991 (= Chicago 1981); Die Keuschheit der Engel. Sexuelle

Entsagung, Askese und Körperlichkeit am Anfang des Christentums, München/Wien 1991 (= New York 1988).

Calder, William M.: Leaves from an Anatolian Notebook, in: Bulletin of the John Rylands Library, Manchester, 13 (1929), S. 254–271.

Campenhausen, Hans Freiherr von: Die Entstehung der christlichen Bibel (Beiträge zur Historischen Theologie 39), Tübingen ²2003; Kirchliches Amt und geistliche Vollmacht in den ersten drei Jahrhunderten (Beiträge zur Historischen Theologie 14), Tübingen 1953; Tradition und Leben. Kräfte der Kirchengeschichte. Aufsätze und Vorträge, Tübingen 1960.

Courtois, Christian: Les Vandales et l'Afrique, Paris 1955.

Dassmann, Ernst: Ämter und Dienste in den frühchristlichen Gemeinden (Hereditas. Studien zur alten Kirchengeschichte 8), Bonn 1994.

Deichmann, Friedrich Wilhelm: Einführung in die christliche Archäologie, Darmstadt 1983.

Deissmann, Adolf: Licht vom Osten. Das neue Testament und die neuentdeckten Texte der hellenistisch-römischen Welt, Tübingen 1923.

Dodds, Eric Robertson: Heiden und Christen in einem Zeitalter der Angst. Aspekte religiöser Erfahrung von Mark Aurel bis Konstantin, Frankfurt/M. 1985 (= Cambridge 1979).

Dörries, Hermann: Erneuerung des kirchlichen Amts im vierten Jahrhundert, in: B. Moeller/G. Ruhbach (Hrsg.), Bleibendes im Wandel der Kirchengeschichte. Kirchenhistorische Studien, Tübingen 1973, S. 1–46.

Downey, Glanville: Antioch in the Age of Theodosius the Great, Norman 1962.

Eisen, Ute E.: Amtsträgerinnen im frühen Christentum. Epigraphische und literarische Studien (Forschungen zur Kirchen- und Dogmengeschichte 61), Göttingen 1996.

Elert, Werner: Abendmahl und Kirchengemeinschaft in der alten Kirche hauptsächlich des Ostens, Berlin 1954.

Effenberger, Arne: Frühchristliche Kunst und Kultur. Von den Anfängen bis zum 7. Jahrhundert, Leipzig 1987.

Frank, Karl Suso: Geschichte des christlichen Mönchtums, Darmstadt ⁵1993.

Froehlich, Karlfried: Biblical Interpretation in the Early Church, Philadelphia 1984.

Frohnes, Heinzgünter/Knorr, Uwe W. (Hrsg.): Kirchengeschichte als Missionsgeschichte, Bd. 1: Die Alte Kirche, München 1974.

Fuhrmann, Manfred: Rom in der Spätantike, München/Zürich 1994.

Gamble, Harry Y.: Books and Readers in the Early Church. A History of Early Christian Texts, New Haven und London 1995.

Grant, Robert M.: Christen als Bürger im römischen Reich, Göttingen 1981 (= San Francisco 1977).

Gribomont, Jean: Saint Basile. Évangile et église. Mélanges (Spiritualité orientale et vie monastique 36/37), Bégrolles-en-Mauges 1984.

Gülzow, Henneke: Soziale Gegebenheiten der altkirchlichen Mission, in: H. Frohnes/U. W. Knorr (Hrsg.), Kirchengeschichte als Missionsgeschichte I [s. o.], S. 189–226.

Guillaumont, Antoine: Aux Origines du Monachisme Chrétien. Pour une phénoménologie du monachisme (Spiritualité Orientale 30), Bégrolles-en-Mauges 1979.

Guyot, Peter/Klein, Richard: Das frühe Christentum bis zum Ende der Verfolgungen. Eine Dokumentation (Texte zur Forschung 60/62), Darmstadt 1993/1994 [Quellen, Übersetzung und Kommentar].

Hahn, Johannes: Gewalt und religiöser Konflikt. Studien zu den Auseinandersetzungen zwischen Christen, Heiden und Juden im Osten des Römischen Reiches (von Konstantin bis Theodosius II.) (Klio. Beihefte. Neue Folge 8), Berlin 2004.

Hanssens, Jean Michel: La Liturgie d'Hippolyte. Ses documents – son titulaire – ses origines et son caractère (Orientalia Christiana Analecta 155), Rom ²1965.

Harnack, Adolf von: Entstehung und Entwickelung der Kirchenverfassung und des Kirchenrechts in den ersten zwei Jahrhunderten, Darmstadt 1990 (= Leipzig 1910); Die Mission und Ausbreitung des Christentums in den ersten drei Jahrhunderten, Wiesbaden 1981 (= Leipzig ⁴1924); Über den privaten Gebrauch der heiligen Schriften in der Alten Kirche (Beiträge zur Einleitung in das Neue Testament V), Leipzig 1912.

Hengel, Martin: Eigentum und Reichtum in der frühen Kirche. Aspekte einer frühchristlichen Sozialgeschichte, Stuttgart 1973; Die Evangelienüberschriften (Sitzungsberichte der Heidelberger Akademie der Wissenschaften, Philosophisch-Historische Klasse Heft 3/1984), Heidelberg 1984; Nachfolge und Charisma. Eine exegetisch-religionsgeschichtliche Studie zu Mt 821 f. und Jesu Ruf in die Nachfolge (Beihefte zur Zeitschrift für die Neutestamentliche Wissenschaft 34), Berlin 1968.

Heussi, Karl: Der Ursprung des Mönchtums, Aalen 1981 (= Tübingen 1936).

Hill, Charles E.: Regnorum Caelorum. Patterns of Millennial Thought in Early Christianity, Grand Rapids/MI ²2001.

Holl, Karl: Gesammelte Aufsätze zur Kirchengeschichte, Bd. II Der Osten, Bd. III Der Westen, Darmstadt 1964 (= Tübingen 1928).

Huber, Wolfgang: Passa und Ostern. Untersuchungen zur Osterfeier der alten Kirche (Beihefte zur Zeitschrift für die neutestamentliche Wissenschaft 35), Berlin 1969.

Jensen, Anne: Gottes selbstbewußte Töchter. Frauenemanzipation im frühen Christentum? Freiburg u. a. 1992.

Jeremias, Joachim: Heiligengräber in Jesu Umwelt (…). Eine Untersuchung zur Volksreligion der Zeit Jesu, Göttingen 1958; Die Kindertaufe in den ersten vier Jahrhunderten, Göttingen 1958.

Katalog Frankfurt 1984: Spätantike und frühes Christentum. Ausstellung im Liebieghaus, Museum alter Plastik, Frankfurt/M. 16. 12. 1983 bis 11. 3. 1984, Frankfurt/M. 1983.

Kelly, John Norman Davidson: Golden Mouth. The Story of John Chrysostom – Ascetic, Preacher, Bishop, London 1995.

Klengel, Horst: Syrien zwischen Alexander und Mohammed. Denkmale aus Antike und frühem Christentum, Leipzig 1986.

Kretschmar, Georg: Die Geschichte des Taufgottesdienstes in der Alten Kirche, in: K. F. Müller/W. Blankenburg (Hrsg.), Leiturgia V, Kassel 1970, S. 1–348.

Lane Fox, Robin: Pagans and Christians in the Mediterranean World from the Second Century AD to the Conversion of Constantine, London ²1988.

Lampe, Peter: Die stadtrömischen Christen in den ersten beiden Jahrhunderten. Untersuchungen zur Sozialgeschichte (WUNT 2. R. 18), Tübingen ²1989.

Lohse, Bernhard: Das Passafest der Quartadecimaner (Beiträge zur Förderung der christlichen Theologie II/54), Gütersloh 1953.

Loisy, Alfred: L'Évangile et l'Église, Bellevue ³1904.

MacMullen, Ramsay: Christianizing the Roman Empire (A. D. 100–400), New Haven, Conn./London 1984.

Maier, Jean-Louis: Le Dossier du Donatisme, Bd. I: Des origines ... la mort de Constance II (303–361) (Texte und Untersuchungen 134), Berlin 1987.

Maraval, Pierre: Lieux saints et pèlerinages d'Orient. Histoire et gèographie des origines à la conquête arabe, Paris 1985.

Markschies, Christoph (mit A. Böhlig): Gnosis und Manichäismus (Beihefte zur Zeitschrift für die neutestamentliche Wissenschaft und die Kunde der älteren Kirche 72), Berlin/New York 1994; Die Gnosis (C. H. Beck Wissen in der Beck'schen Reihe 2173), München ²2006; Die platonische Metapher vom ‹inneren Menschen›: eine Brücke zwischen antiker Philosophie und altchristlicher Theologie, in: Zeitschrift für Kirchengeschichte 105 (1994), S. 1–17; Platons König oder Vater Jesu Christi? Drei Beispiele für die Rezeption eines griechischen Gottesepithetons bei den Christen in den ersten Jahrhunderten, in: M. Hengel/A. M. Schwemer (Hrsg.), Königsherrschaft Gottes und himmlischer Kult (WUNT 55), Tübingen 1991, S. 385–439; Warum hat das Christentum in der Antike überlebt? Ein Beitrag zum Gespräch zwischen Kirchengeschichte und Systematischer Theologie (Forum Theologische Literaturzeitung 13), Leipzig 2004.

Martin, Jochen/Quint, Barbara (Hrsg.): Christentum und antike Gesellschaft (Wege der Forschung 649), Darmstadt 1990.

Merkelbach, Reinhold: Mithras, Königstein/Taunus 1984.

Metzger, Bruce M.: Der Kanon des Neuen Testaments. Entstehung, Entwicklung, Bedeutung, Düsseldorf 1993 (= Oxford 1987).

Mostra «Milano capitale dell'impero romano 286–402 d. c.», Milano – Palazzo Reale 24 gennaio – 22 aprile 1990 (= Katalog Mailand 1990).

Niebergall, Alfred: Ehe und Eheschließung in der Bibel und in der Geschichte der Alten Kirche, aus dem Nachlaß hg. v. A. M. Ritter (Marburger Theologische Studien 18), Marburg 1985.

Peterson, Erik: Frühkirche, Judentum und Gnosis. Studien und Untersuchungen, Darmstadt 1982 (= Freiburg 1959).
Praet, Danny: Explaining the Christianization of the Roman Empire. Older Theories and Recent Developments, in: Sacris Erudiri 33 (1992–1993), S. 1–119.
Rahner, Hugo: Griechische Mythen in christlicher Deutung (Herder Spektrum 4152), Freiburg ³1992.
Ritter, Adolf Martin: Charisma und Caritas. Aufsätze zur Geschichte der Alten Kirche, hrsg. v. A. Dörfler-Dierken u. a., Göttingen 1993.
Rousseau, Philip: Basil of Caesarea, Berkeley u. a. 1994.
Schöllgen, Georg: Die Anfänge der Professionalisierung des Klerus und das kirchliche Amt in der syrischen Didaskalie (Jahrbuch für Antike und Christentum, Ergänzungsband 16), Münster 1998; Ecclesia Sordida? Zur Frage der sozialen Schichtung frühchristlicher Gemeinden am Beispiel Karthagos zur Zeit Tertullians (Jahrbuch für Antike und Christentum, Ergänzungsband 12), Münster 1984; Monepiskopat und monarchischer Episkopat. Eine Bemerkung zur Terminologie, in: Zeitschrift für die neutestamentliche Wissenschaft 77 (1986), S. 146–151.
Skarsaune, Oskar: In the Shadow of the Temple. Jewish Influences on Early Christianity, Downers Growe/Illionois 2002.
Stark, Rodney: Der Aufstieg des Christentums. Neue Erkenntnisse aus soziologischer Sicht (Neue wissenschaftliche Bibliothek), Weinheim 1997.
Tchalenko, Georges: Églises de Village de la Syrie du Nord, Planches, Paris 1979/Album ebd. 1980.
Theißen, Gerd: Studien zur Soziologie des Urchristentums (WUNT 19), Tübingen ³1989.
Thraede, Klaus: Soziales Verhalten und Wohlfahrtspflege in der griechisch-römischen Antike (späte Republik und frühe Kaiserzeit), in: G. K. Schäfer/Th. Strohm (Hrsg.), Diakonie – biblische Grundlagen und Orientierungen (Veröffentlichungen des diakoniewissenschaftlichen Instituts an der Universität Heidelberg 2), Heidelberg 1990, S. 44–63.
Troeltsch, Ernst: Die Soziallehren der christlichen Kirchen und Gruppen, Gesammelte Schriften 1, Aalen 1977 (= Tübingen 1922).
Trombley, Frank R.: Hellenistic Religion and Christianization c. 370–520 (Religions in the Graeco-Roman World 115/1–2), Leiden u. a. 1993/1994.
Turner, Victor/Turner, Edith: Image and Pilgrimage in Christian Culture. Anthropological Perspectives, Oxford 1978.
Veyne, Paul (Hrsg.): Geschichte des privaten Lebens Bd. I: Vom römischen Imperium zum Byzantinischen Reich, Frankfurt/M. 1989.
Vittinghoff, Friedrich: Civitas Romana. Stadt und politisch-soziale Integration im Imperium Romanum der Kaiserzeit, Stuttgart 1994.
Weber, Max: Wirtschaft und Gesellschaft Bd. I, Köln 1964.
Wengst, Klaus: Pax Romana. Anspruch und Wirklichkeit, München 1986.
Wilken, Robert L.: Die frühen Christen. Wie die Römer sie sahen, aus dem Englischen übers. v. G. Kirstein, Graz u. a. 1986.

Wischmeyer, Wolfgang: Griechische und lateinische Inschriften zur Sozialgeschichte der Alten Kirche (Texte zur Kirchen- und Theologiegeschichte 28), Gütersloh 1982; Von Golgatha zum Ponte Molle. Studien zur Sozialgeschichte der Kirche im dritten Jahrhundert (Forschungen zur Kirchen- und Dogmengeschichte 49), Göttingen 1992.
Zahn, Theodor von: Skizzen aus dem Leben der alten Kirche, Erlangen/Leipzig 1894.

Abbildungsnachweis

Abb. 1: Rom, Deutsches Archäologisches Institut (Neg. 66.1100)
Abb. 2: A. Effenberger, Frühchristliche Kunst, S. 137
Abb. 3: A. Effenberger, Frühchristliche Kunst, S. 69 Abb. 7
Abb. 4: L'Archéologie Syrienne, S. 215 Abb. 2
Abb. 5: Privatsammlung Jena (Photo Günther)
Abb. 6: Syrien. Von den Aposteln zu den Kalifen, S. 471 (rechts)
Abb. 7: Washington, Dumbarton Oaks
Abb. 8: S. B. Matheson, Dura Europos. The Ancient City and the Yale Collection, Yale 1982, S. 28 Fig. 24
Abb. 9: G. Tchalenko, Églises de Village, S. 235 Abb. 386
Abb. 10: Jerusalem, Franciscan Printing Press
Karte: BITmap, Mannheim

Glossar

adventus	(lat.) Ankunft
Anachoreten	als Einsiedler lebende Mönche
Apologeten	(Christliche) Verfasser von Verteidigungsschriften (griech. Apologien) des Christentums
Apostat	Abtrünniger
Äquinoktium	Tagundnachtgleiche
Cherubim	Engelwesen (vgl. z. B. 1Sam 4,4)
Circumcellionen	«die durch das Land streifen», nordafrikanische Protestbewegung aus der Mitte des vierten Jh.s
Entelechie	die sich verwirklichende Form
Epiklese	Anrufung des heiligen Geistes im gottesdienstlichen Gebet
Epitheton	(göttlicher) Beiname
Eucharistie	Abendmahl (wörtlich: Danksagung)
Heros	(griech.) Held
Hierarchie	Rangordnung
Homilie	Predigt (von griech. *«homilia»*)
Indiktion	zuletzt fünfzehnjährige Zeitperiode
Inkarnation	Fleischwerdung
Koine	Gemeinsamkeit
Koinobiten	in Gemeinschaft lebende Mönche
Konsularfasten	Listen der römischen Konsuln
Kuriale	Männer, die aufgrund ihrer Vermögenshöhe als Mitglieder für die städtischen Ratsversammlungen in Frage kamen
Liturgie	Gottesdienst (wörtlich: Dienst)
Monophysitismus	Lehre, daß Gottheit und Menschheit in Christus eine Natur (griech.: *physis*) bilden
Nimbus	Heiligenschein
pagan	nichtchristlich
Panegyrik	Fest-, Lob- und Prunkreden
Proselyten	zum Judentum Übergetretene
Relegation	Verbannung
Reliquiar	Behälter für Überreste von Heiligen oder Märtyrern (= Reliquien)
Sermo	Predigt (lat.)
theophore (Namen)	Personennamen, in denen ein Göttername bzw. eine Gottesbezeichnung enthalten ist
Triklinium	Ruheliege, Speisezimmer

Zeittafel

30(?)	Kreuzigung Jesu
54–68	Kaiser Nero
64	Neronische Christenverfolgung
70	Zerstörung Jerusalems
81–96	Kaiser Domitian
98–117	Kaiser Trajan
115(?)	Verhaftung des Bischofs Ignatius von Antiochien
160(?)	Tertullian in Karthago geboren, gestorben nach 220
161–180	Kaiser Mark Aurel
ca. 165	Apologet Justin in Rom hingerichtet
177/78	Irenäus wird Bischof von Lyon
190/91	Höhepunkt des Streites um den Ostertermin
193–211	Kaiser Septimius Severus
vor 215	Tod des Clemens von Alexandrien
235–238	Kaiser Maximinus Thrax
249–251	Kaiser Decius
250/51	Decische Christenverfolgung
253–260	Kaiser Valerian
254	Tod des Origenes
257/58	Valerianische Christenverfolgung
258	Hinrichtung des Bischofs Cyprian von Karthago
ca. 270	Tod des Gregor Thaumaturgus, Bischof von Neocäsarea
270–275	Kaiser Aurelian
284–305	Kaiser Diokletian
305–311	Kaiser Galerius (Caesar 293–305, Augustus 305–311 n. Chr.)
303–313	Diokletianische Christenverfolgung
313	Mailänder Vereinbarung
324	Konstantin Alleinherrscher
325	Erstes Reichskonzil in Nizäa
337	Tod Kaiser Konstantins
337–361	Kaiser Konstantius II.
339	Tod des Eusebius, Bischof von Cäsarea/Palästina
346	Tod des Pachomius
354–430	Augustinus, seit ca. 396 Bischof von Hippo
356	Tod des Antonius
360–363	Kaiser Julian, genannt «der Apostat»
378	Tod des Kaisers Valens in der Schlacht von Adrianopel
379	Tod des Basilius, seit 370 Bischof von Cäsarea/Kappadozien
379–395	Kaiser Theodosius I.
380	Edikt *cunctos populos* des Kaisers Theodosius
ca. 390	Tod des Gregor von Nazianz, 379–381 Bischof von Konstantinopel

397	Tod des Ambrosius, seit 374 Bischof von Mailand
ca. 405	Tod des Prudentius
407	Tod des Johannes Chrysostomus, seit 397 Bischof von Konstantinopel
ca. 410	Tod des Asterius, Bischof von Amasea
410	Eroberung Roms durch die Westgoten
459	Tod des Säulenheiligen Simeon

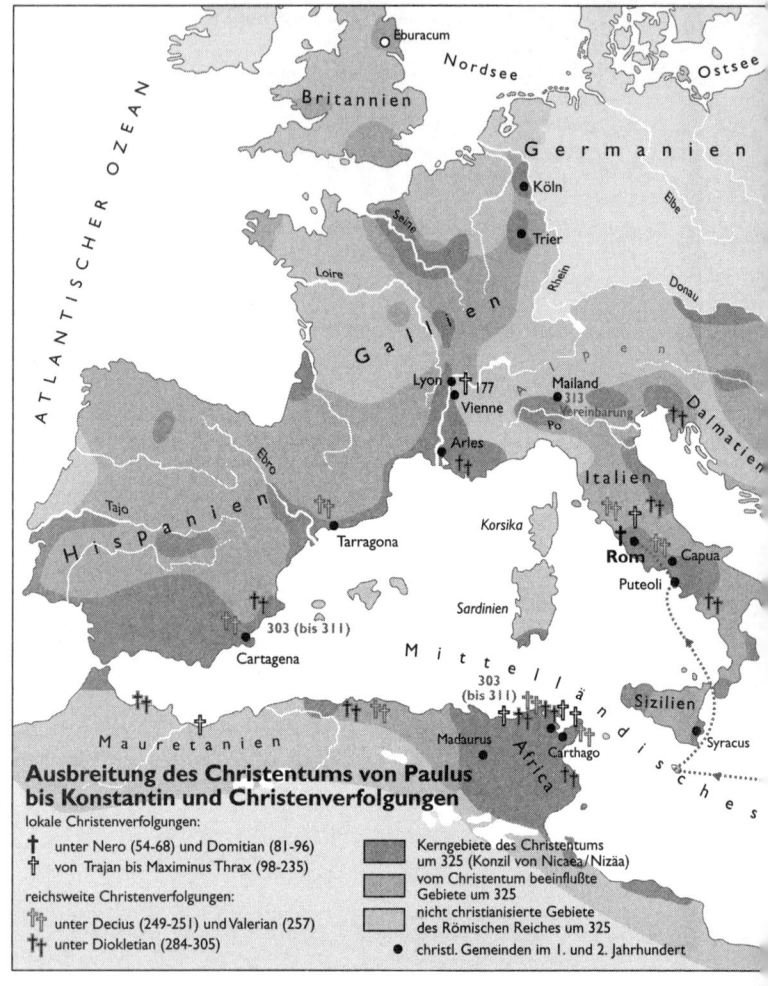

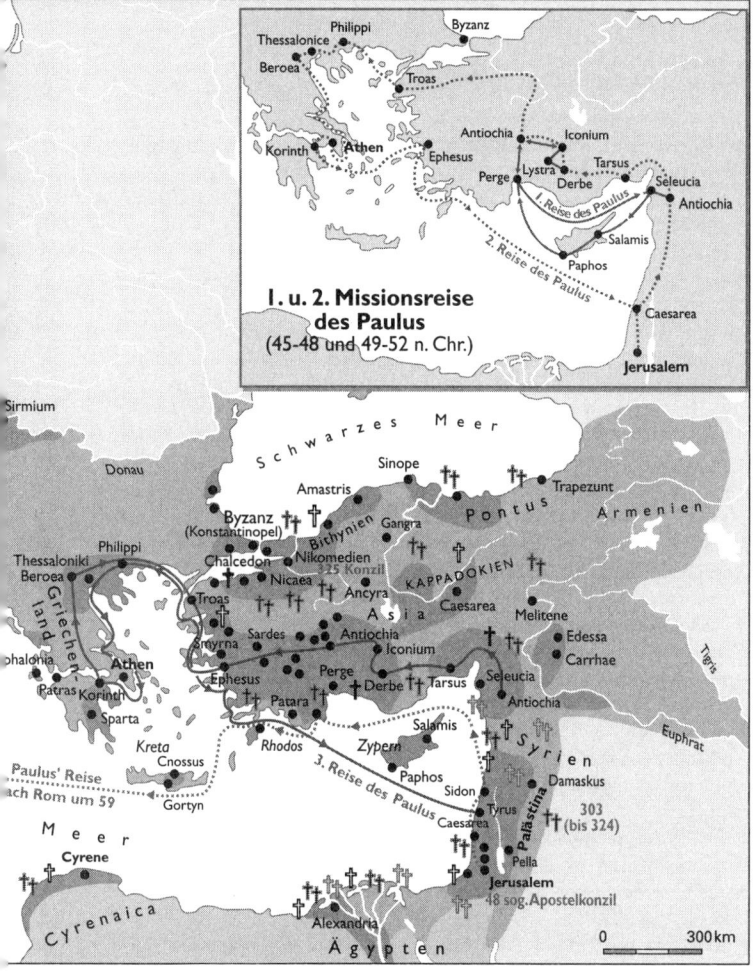

Personenregister

Aberkius von Hierapolis 25
Acepsimas, Bischof 132
Adeodatus 87
Aelius Aristides, Rhetor 35, 71
Aërius, Priester 196f.
Aetherius, Archidiakon 172
Alarich 43
Alexander d. Gr. 35, 137
Alexander von Jerusalem 195
Alexander von Lykopolis, Philosoph 215
Alypius, Freund Augustins 58
Ambrosius, Bischof von Mailand 33, 57, 62, 70, 73 f., 82–84, 90 f., 212
Ammia 166
Ammianus Marcellinus, Historiker 112, 192
Anicet, Bischof von Rom 47
Antiochus IV. Epiphanes 117
Antoninus Pius 152
Antonius, Eremit 162 f.
Apellas, C. Iulius, Senator 71
Apollonius, Asket 125
Apuleius von Madaura 51
Aquila 19
Arius, Presbyter 196
Arkadius, Kaiser 41
Asterius, Bischof von Amasea 145 f., 148
Athanasius, Bischof von Alexandria 33
Augustinus, Bischof von Hippo 33 f., 36, 39, 57–59, 72, 87 f., 91, 100, 104, 146, 148 f., 151, 213 f.
Augustus, Kaiser 11, 37, 74, 210
Aurelian, Kaiser 39

Basilius, Bischof von Caesarea 81, 91, 103, 115 f., 182

Bassus, Gavius, Grammatiker 158
Bassus, Priester 164
Batthaeus von Edessa, Einsiedler 164

Celsus, Philosoph 56 f., 85, 98, 215
Cicero 51, 158
Clarus, Bischof von Mascula 205
Clemens von Alexandrien 16 f., 68–70, 73, 96, 132, 136, 147 f., 175, 191, 202
Clemens, Titus Flavius, Konsul 20
Commodus, Kaiser 25, 73, 135
Cornelius, Bischof von Rom 171
Crispus, Sohn Konstantins 33
Cyprian, Bischof von Karthago 32, 55, 63, 67, 72, 78, 86, 88, 103, 105, 110, 117, 119, 129, 134, 190, 195 f., 205

Damasus, Bischof von Rom 40, 62 f., 190
Decius, Kaiser 38, 110, 180
Diokletian, Kaiser 29, 33, 39, 82, 194
Dion Chrysostomus 18
Dionysius, Bischof von Alexandrien 195
Dionysius, Bischof von Korinth 187, 194
Dionysius Exiguus 38
Domitian, Kaiser 20 f., 35, 38

Eleasar, Märtyrer 117
Epiktet, Philosoph 168
Epiphanius, Bischof von Salamis 196
Epikur, Philosoph 84
Eunapius von Sardes, Rhetor 115

Eusebius, Bischof von Caesarea 21, 37f., 45, 66, 98, 156, 211
Eusebius, Bischof von Emesa 45, 109

Fabius, Bischof von Antiochia 171
Felicitas, Märtyrerin 49, 67
Flavius Bonus, comes et dux Arabiae 28

Galerius, Kaiser 40
Gratian, Kaiser 62
Gregor von Nyssa 22, 54f., 91, 123, 162
Gregor der Wundertäter 22f., 54, 192, 203

Hadrian, Kaiser 28
Hegesipp, Historiker 21
Herodot, Historiker 16
Heron von Alexandria, Asket 103
Hieronymus 38, 74, 104, 108
Hippolyt von Rom 36, 66, 78, 151
Hypatia 18

Ignatius, Bischof von Antiochia 44, 105, 112, 156, 195, 203, 205
Iounias 208
Irenäus, Bischof von Lyon 21, 31, 76, 78, 97, 187, 190
Irenäus, Kaufmann 24

Jakobus, Bruder Jesu 44, 198
Jamblich, Philosoph 158
Jesus von Nazareth 12f., 15, 19, 21, 24, 34, 37f., 44–46, 48, 52–54, 59, 69, 73–75, 77, 79, 85, 91, 94–96, 105f., 110, 125f., 130, 133, 140f., 156–158, 160f., 166f., 170, 172f., 181, 183, 197–199, 203, 205, 207, 213, 217
Johannes, Jünger 47, 198
Johannes, Evangelist 46, 96, 167
Johannes der Täufer 52, 77, 100, 106, 157

Johannes Cassianus 161
Johannes Chrysostomus 16, 30, 81, 94, 99–101, 108, 111, 117, 123, 127f., 130–132, 137f., 149, 154, 157, 169, 174, 185, 208–210
Johannes Stobaeus 140
Julian, Kaiser 12, 39, 62, 128f., 214
Julius Africanus 65, 70
Justin, Apologet 13, 53, 76, 104, 165, 173f., 176, 184
Juvenal, Satiriker 67

Kamenius, Alfenius Ceionius Iulianus, Vicarius Africae 50
Konstantin d. Gr., Kaiser 22, 33, 39f., 44, 48, 59, 80f., 94, 102, 168, 184, 187, 192, 211
Konstantius II., Kaiser 40, 192
Kyra 166

Laktanz 33, 155
Leon I., Kaiser 119
Leonides, Vater des Origenes 103
Liberius, Bischof von Rom 73
Licinius, Kaiser 40, 115, 184, 187
Livia, Kaisergattin 156
Lukian, Satiriker 84
Lukas, Evangelist 52, 96, 103
Lydia 208

Makarius von Alexandrien, Mönch 163f.
Makrina, Asketin 91, 123, 162
Mark Aurel, Kaiser 25, 38, 135
Markian, Kaiser 119
Markion 20
Markus, Diakon 60
Martin, Bischof von Tours 108
Martinianus, Märtyrer 49
Maximian, Kaiser 39
Maximilla, Prophetin 156
Maximinus Thrax, Kaiser 38
Melania d.J. 71
Meleager von Gadara 171

Melito, Bischof von Sardes 18, 37, 46
Menipp, Satiriker 171
Methodius von Lykien 68
Monnica, Mutter Augustins 87
Montanus 19, 156

Narcissus, Bischof von Jerusalem 187
Nero, Kaiser 38 f., 85, 172
Nilus v. Ankyra, Asket 107

Oinomaus, Kyniker 172
Origenes 16 f., 22, 54, 56, 65 f., 72, 97–99, 103, 105, 126, 151, 154, 156, 168, 195, 202
Orosius, Historiker 34, 38 f.
Otacilia Severa, Kaisergattin 195

Pachomius, Mönch 162
Palladius, Bischof von Helenopolis 71
Palmas, Bischof von Amastris 187
Pantaenus, Lehrer 191
Paphnuthius, Mönch 165
Papias, Bischof von Hierapolis 19
Paulus, Apostel 13 f., 18 f., 21, 26, 36, 44, 49, 52, 58, 66, 70, 75, 77, 85 f., 92, 94 f., 98, 100, 125, 133, 140–142, 146, 151, 153, 156, 165–167, 169, 183, 186 f., 190, 197 f., 200, 204, 210, 214
Paulus, Bischof von Cirta 101
Paulus, Bischof von Gerasa 185
Paulinus 91
Perpetua, Märtyrerin 67, 184
Pertinax, Kaiser 191 f.
Peter, Bischof von Alexandria 40
Petrus, Apostel 12, 19, 48, 53, 66–68, 76, 94, 100, 118, 140, 190, 193, 198
Philippus Arabs, Kaiser 195
Philo von Alexandrien 159
Phöbe 208
Platon 17, 70

Plinius d. Ä. 26
Plinius d. J. 156
Plotin, Philosoph 158
Plutarch 147
Polykarp, Bischof von Smyrna 47, 116, 193, 195
Polykrates, Bischof von Ephesus 187, 195
Porphyrius, Bischof von Gaza 41, 59–61, 63, 128
Porphyrius, Philosoph 66, 158
Poseidonius von Theben 71
Prisca 19, 157
Processus, Märtyrer 49
Proklos, Philosoph 108
Prosenes, Marcus Aurelius, Freigelassener 25 f.
Prudentius Clemens, Aurelius 37, 51
Pythagoras, Philosoph 158

Romulus 36

Schapur, Perserkönig 39
Seneca d. Ä. 26
Seneca 83 f.
Septimius Severus, Kaiser 38
Simeon, Asket 118–122, 138, 162–165
Sokrates, Historiker 156
Soter, Bischof von Rom 194
Sozomenus, Historiker 114, 156
Sulpicius Severus 108
Symmachus, Quintus Aurelius 62

Tacitus, Historiker 83
Tatian 180
Tertullian 20, 29, 31 f., 36, 43, 65, 69, 72, 85, 87, 107, 127, 132 f., 136, 147, 168, 175, 183, 202, 205
Theodor, Bischof von Mopsuestia 111, 204
Theodoret, Bischof von Kyrrhos 66, 113, 120 f., 156, 164, 185
Theodoros, Lehrer 172

Theodorus, Bischof von Gadara 172
Theodosius I., Kaiser 29, 40, 80, 94
Theodosius II., Kaiser 119
Theophilus, Bischof von Antiochia 16
Theophilus, Bischof von Caesarea 187
Thomas, Apostel 160
Thukydides 16
Tiberius, Kaiser 172

Trajan, Kaiser 38
Trypho, Jude 104

Valens, Kaiser 43, 163
Valentinian II., Kaiser 62
Valerian, Kaiser 38 f.
Vergil 35
Viktor, Bischof von Rom 47, 187

Xenophon 16

Zeno, Bischof von Verona 100

Ortsregister

Abu Mina 120
Adrianopel 43
Alexandria 12–18, 24, 32, 40, 54, 66, 86, 98, 103, 136, 139, 168, 188f., 191–193
Amasea/Pontus 22f., 145, 192
Amastris/Pontus 187
Ankara 11, 68, 107, 184
Antiochia 12f., 15f., 19, 32, 44, 81, 111, 117f., 128, 131, 136, 138, 149, 171, 177, 188f., 192, 195
Aphrodisias 61
Aqaba 41
Arbela 24
Athen 12, 14, 50, 108, 168, 172, 200

Berytus 192
Bethlehem 71, 108
Bethsaida 12
Byblos 84
Byzanz 29, 189; s. a. Konstantinopel

Caesarea/Kappadozien 81, 91, 182, 187–189
Caesarea/Palästina 17, 37, 45, 54, 63, 98, 182, 192
Chalkedon 172, 189
Chemtou/Simitthus 194
Chorazin 12
Cirta/Numidien 101f.

Damaskus 41, 52
Dura Europos 23f., 134, 177–179

Edessa 24, 30, 164
Elvira 64, 68, 117, 136, 150, 154, 194, 211
Emesa 45, 109

Ephesus 12, 14, 18, 32, 142, 151, 155, 172, 187–189, 195
Epidauros 108

Gadara 171f.
Gangra 150, 154
Gaza 41, 60f., 63, 128, 171
Gerasa 24, 113, 185

Helenopolis 71, 120
Heracleopolis Magna 126
Hierapolis 18f., 25
Hippo 33, 39, 58, 72, 88, 91, 104
Huarte/Syrien 113f.

Jerusalem 12f., 15, 44, 46, 52f., 63, 71f., 74, 77, 115, 120, 140, 154, 172, 186f., 189, 195, 198–201, 208

Kafr-Hauwar 199
Kapernaum 12
Kariathaim 21
Karthago 14, 20, 36, 55, 67, 72, 105, 119, 133, 136, 146, 188f., 192, 195f., 205
Kenchreae 208
Khirbet Qumran 158f.
Kolossae 18, 105, 113, 153
Konstantinopel 114f., 123, 132, 189, 191
Korinth 14, 94, 141, 155, 168, 186, 188, 194, 201
Kyrrhos 66, 113, 120, 185
Kysis/Libyen 139

Laodizäa 113, 124, 126, 176
Lerida 68
Lyon 21, 31, 76, 78, 97, 187f., 190, 195

Madaba 21, 185, 188
Magnesia 18
Mailand 33, 40, 57, 62, 74, 84, 188 f., 212
Mascula 205
Milet 18, 52
Mopsuestia 111, 204

Nablus 13, 53
Neocaesarea 54
Nikomedien 33, 155
Nisibis 25
Nizäa 22, 48, 107, 187, 196, 211

Orkistos/Phrygien 59
Ostia 24, 87, 192
Oxyrhynchos 31, 106

Paris 73, 108
Pergamon 71
Pessinus 50
Philadelphia 18
Philippi 14, 195, 208
Philomelium 116
Piacenza 117, 120
Priene 74
Puteoli 24, 192

Qal'at Sem'an 120, 122
Qirqbize 177–180

Ravenna 164
Rom 11–16, 19 f., 23–29, 35–38, 43, 47 f., 50 f., 53, 61 f., 71, 74, 81, 88, 90, 93, 118, 120 f., 136, 139, 155, 174, 187, 189–191, 193, 195, 204, 211

Saragossa 64
Sardes 18, 37, 46, 115
Scili 20, 86, 98
Sebaste 115
Seleukia/Meriamlik 120
Seleukia-Ktesiphon 30
Smyrna 14, 18, 47, 116, 155, 193, 195
Split 82

Tabennisi 162
Tarsus 14
Tebessa 120
Thessaloniki 14, 133
Tralles 18, 112
Trier 11, 33, 155, 189
Troizen 66

Umm El-Jimal 113

Verona 100
Vienne 187, 195

Sachregister

Abendmahl 45 f., 109, 172; s. a. *Eucharistie*
Ausschluß vom Abendmahl 64, 68, 150, 154, 182
Abtreibung 67 f.
Adoniskult 84
Aërianer 196 f., 206
Agape 46, 172 f., 175 f.
Akkulturation 14, 137, 158, 199
Almosen 91, 127–130, 182, 184, 217
Altar 62, 107 f., 112 f., 177, 180 f., 205, 211
Amt, kirchliches 170
Amulett 70, 100, 107 f., 123 f., 126, 134, 137
Anathema 150 f., 154, 211
Apologie/Apologet 16, 20, 33, 53, 56, 76, 107, 133, 173, 175 f.
Apostelkonzil 198
Armenfürsorge 87, 127–129, 133 f., 138, 175, 184, 200
Askese/Asketen 58, 60, 70 f., 74, 91, 103, 107 f., 118, 125 f., 156 f., 160–166, 216
Astrologie 71, 112

Baptisterium 82–84, 113 f., 121
Beamte 23 f., 41, 57, 62, 99, 101, 135, 174, 191, 201
Bekehrung 50–60, 63, 65, 78, 167, 208, 216
Bergwerksstrafe 127, 194
Berufe 79, 134, 152, 193, 209 f.
Beschneidung 51, 76
Bestattung 87–91, 128, 199
Bibel 54, 70, 91, 94–105, 151
Bibelflorilegien 102 f.
Bibelkommentar 17, 54, 72, 103
Bibelübersetzung 31, 109

Bibliothek 17, 98, 101 f., 160
Bischof/Bischofsamt 16, 18 f., 22 f., 31–34, 37, 39–41, 43–48, 54–64, 66, 68, 70–73, 76, 78–82, 86, 89–91, 100–107, 109, 111–113, 116 f., 119 f., 123, 126, 128 f., 132, 134, 139, 145, 156, 161, 171 f., 178, 182, 184 f., 187–198, 201–208, 211 f.
Bischofssitz 22, 43, 189
Bischofswahl 206, 208
Blutwurst 132
Brief 23 f., 36, 59, 76, 92–95, 97, 113, 139, 142, 151, 153, 165, 170, 193, 195, 201, 203
Empfehlungsbrief 193 f.
Bücher 19, 21, 55, 95, 98, 100–103, 180
Herausgabe der 101
Liturgische 180
Buße 34, 52, 130, 150, 167, 181 f., 214

Christenverfolgung 19, 33, 38 f., 86, 101, 119, 168
Christiani
Name 15
rechtliche Stellung 40–43
Christianisierung, flächendeckende 21
Circumcellionen 154
confessores 117, 194, 207

Dekadenzmodell 42
Diakon/Diakonenamt 60, 79, 101, 110, 115, 126, 141, 171, 173 f., 184 f., 197, 200–204, 206–208, 211
Diakonie 129
Diakonisse 156
Diözese 107, 188 f.

Dorf 21 f., 86, 118, 125, 162, 180, 204; s. a. *Land*

Ehe 58, 70, 140–157, 160 f.
Ehe mit Christus 152
Ehebruch 68, 141, 149 f., 160
Ehehindernis 150
Ehescheidung 96, 141
Ehevertrag 143, 148
Engel/Engelverehrung 30, 34, 69, 91, 111–114, 126, 160, 164, 210
Enkratiten 160 f.
Epiphaniasfest 73 f.
Episkopen 74, 141, 197, 200–204
Ernährung 131, 160, 164, 174 f.
Eucharistie 34, 46 f., 75, 79 f., 87, 109–111, 130, 150, 166, 169, 172–175, 203, 207, 210 f.
eusebeia 92
Evangelium 97 f.
Exorzismus 125 f., 171, 216

Fasten 46, 48, 91, 127, 130, 164, 182
Fastenzeit 48, 80, 129, 163
Festtage, kirchliche 43, 48, 174
Fluch 28, 125 f.
fossores 89; s. a. *Totengräber*
Frau, Stellung der 117, 145 f., 155–157, 208
Frauen in der Gemeinde 19, 52, 79 f., 155 f., 208
Freigelassene 25, 135, 152, 154, 175, 191
Fremdheit, Erfahrung der 86, 93 f.
Frieden 18, 26–28, 37, 48, 51, 62, 83, 89, 105, 125, 135, 168, 177; s. a. *pax Romana*
Frömmigkeit
  christliche 92–139
  pagane 64 f., 105, 107, 126
Frühkatholizismus 42

Gastfreundschaft 24, 216
Gebet 23, 30, 58, 71, 87 f., 91, 105–109, 113, 115, 118 f., 126 f., 165, 173, 175 f., 182 f., 206, 208, 216
Geburt 65 f., 70–73, 75, 83, 112, 161
Geburt Christi, Fest der 48, 74 f.
Gemeindegliederzahl 22, 43, 61, 171, 203
Geschichtsschreibung, pagane 35
Geschlechterethik 142, 147 f.
Glaubensbekenntnis 17, 78; s. a. *regula fidei*
Gnosis 42, 95, 155, 206
Gottesdienst 17, 31, 34, 43, 45–47, 75, 94, 97, 99, 101–103, 105, 109 f., 121, 136–138, 157, 162, 167, 172, 175 f., 180, 182, 186, 196, 216
Gottesfürchtige 52
Gottesreich 76, 141, 150, 160
Grabinschriften 25, 89

Häresie/Häretiker 17, 21, 31, 33, 59, 63, 76, 96, 196
Halbchristentum 63 f.
Handauflegen 33, 77, 118, 201, 204, 206, 208
Hauskirche/Hausgemeinde 155 f., 177–180, 208
Haustafel 142
Hausvater 93, 152 f.
Heidenchristen 13
Heilige 13, 63, 66 f., 71, 79, 88, 90 f., 107 f., 111, 115 f., 118–121, 125, 165, 174, 180, 217
Heiligengedenktag 48
Heiligengrab 88
Hierarchie 41, 111, 161, 196–199, 202
Hochzeit 74, 100, 103, 120, 143
Hochzeitsgürtel 143, 145, 151

imperium Romanum 11, 15, 23, 27–29, 31, 35, 43, 55, 214 f.; s. a. *Reich, römisches*
Isis/Isiskult 51, 162, 212

267

Jerusalem, himmlisches 116
Jesus Christus
　Menschwerdung 33, 38
　Kreuzestod 13, 19, 33, 46, 75
　Auferstehung 18, 44–46, 67, 75, 79 f., 85, 141, 198, 214
　Wiederkunft 13, 19, 36, 46, 141
　Worte Jesu 19, 94–96
Judentum
　Bekehrung zum Judentum 51
　jüd. Ehepraxis 141
　jüd. Engellehre 111
　jüd. Fastenzeit 130
　jüd. Gemeinde 14–17, 19, 44, 46, 51
　jüd. Gesetzgebung 134
　jüd. Gottesdienst 176
　jüd. Kalender 46–48
　jüd. Tradition 43 f., 105, 107, 200
　jüd. Wochenfest 53
Jungfräulichkeit 70, 159–161, 166, 211

Kaiserkult 64
Kaiserpriester 64
Kanon/Kanonisierung 54, 95–97, 107, 126, 170, 186, 211
Katakomben 88 f., 135
Katechumenen 79 f., 82; s. a. Taufe
katholikos 42
Kaufleute 23 f., 152, 192 f.
Kinder/Kinderzeugung 56, 58, 67–70, 76, 78, 86, 93, 145 f., 148–150, 152, 210 f.
Kinderlosigkeit 118
Kirche
　armenische Kirche 74
　östliche Kirche 31–34, 81, 205
　nachkonstantinische Kirche 39, 41, 50, 116, 171, 213
　römisch-katholische Kirche 42
　vorkonstantinische Kirche 39, 44 f., 65, 88, 111, 135 f., 170
　westliche Kirche 19, 22, 31–34, 47, 74, 81

Kirchengebäude 101, 177, 180, 185
Kirchenjahr 48
Kirchenordnung
　allgemein 41
　Apostolische Tradition 19, 74, 78 f., 89, 106, 110, 117, 134 f., 190, 206 f.
　syrische Didaskalie 199
　Zwölf-Apostel-Lehre (Didache) 68, 77, 127, 130, 174, 193, 198
Kirchenspaltung 29 f., 102; s. a. Schisma
Klientel 174, 184
Kloster 30, 71, 99, 102, 107, 121, 159, 162, 164 f., 178; s. a. Mönchtum
Kollekte für Jerusalem 13, 186
Konkubinat 67, 149 f.
Kontrastgesellschaft 94, 129
Konvertit 57, 103
Konzil
　allgemein 187, 192
　von Chalkedon 172, 189
　von Ephesus 172
　von Konstantinopel 189
　von Nizäa 22, 48, 107, 187, 196, 211
Kreuz 105, 107, 147
Kreuzzeichen 22, 79, 91, 107
Kult, paganer 60, 64, 108, 134, 169, 180 f., 202
Kuß 79, 107 f., 173, 183 f.
Kybele/Kybelekult 50

Land 28, 30 f., 98, 118, 131, 138 f., 165, 199; s. a. Dorf
Leichenverbrennung 87
Leseordnung 176
Liebespatriarchalismus 153
Liturgie 34, 41, 46, 102, 107, 176, 184, 186; s. a. Gottesdienst

Märtyrer/Martyrium 22, 25, 34, 49, 66 f., 72, 86, 90, 98, 107 f., 111,

115–120, 123, 132, 180, 184, 190, 195, 216
Märtyrergedenktag 48, 72
Märtyrergrab 88, 108, 116f.
Magie 64, 71, 74, 100f., 108, 110, 125f.
Mausoleum 11, 82, 89
Mehrheitskirche 20, 42, 155, 207
Metropole 12, 15f., 21, 28, 30, 32, 43, 105, 120, 131, 136f., 171, 175, 188f., 193; s. a. Stadt
Metropolitanverfassung 187f.
Militär 23f., 28, 59, 135f., 174f., 178, 191; s. a. Soldaten
Mischehe 141, 146
Mission 11, 13f., 18, 21–26, 43f., 52–56, 62, 104, 135, 141, 160, 199, 201, 213
Mithras/Mithraskult 24, 50, 174, 183
Mobilität 23, 25; s. a. Reisen
Mönchtum/Mönche 32, 39, 72, 100, 104, 107f., 126, 139, 157–167, 178, 184, 186; s. a. Askese/Asketen
  anachoretisches 162
  koinobitisches 162
Monepiskopat 190, 202–205
Monophysiten 30
Montanismus 19f., 42, 156
Mysterienreligion 24, 75, 130

Nachfolge Jesu 12, 34, 52, 92, 141, 158, 167
Namen
  christliche 66f.
  jüdische 24
  pagane 66f.

Oberschicht, Christen in der 20, 27, 55, 94
Observanzfrömmigkeit 92
Ölreliquiar 180
Oikoumene 11
Opfer
  christliches 22, 110f., 119, 130, 135, 174, 205, 210, 217
  jüdisches 76, 110
  paganes 40, 50, 64, 66, 110, 119, 135
Orakel 58, 106
Ordination 117, 130, 196, 207
Ortsgemeinde 27, 186
Ostern 46, 67, 79, 107, 163
Ostertermin 38, 45–49, 73, 176f., 186f., 195

Panegyrik 37, 54, 115
Papst/Papsttum 19, 187, 190f.
Paradies 35, 86, 161
Parusieverzögerung 36
Passafest 18, 46f.
Paten 55, 79
Patriarchalismus 182
Patriarchate 176, 189
Patron/Patronagesystem 25, 88, 118f., 153, 156, 163, 184, 217
pax Romana 26–28
Periodisierung 41
Peripherie des römischen Reiches 13, 28, 30, 120
Pfingsten 48, 53, 107
Philosophie/Philosophen 30, 153, 158, 161, 191
  christliche 37, 53f., 104, 215f.
  mittelplatonische 56
  neuplatonische 18, 57, 66, 108, 158
  pagane 17, 33, 51, 53f., 68, 84f., 148f., 215
  platonische 34, 53, 57, 85, 215
  stoische 69, 148, 168
Pilger/Pilgerfahrt 12, 80, 111, 120–122, 162, 164, 180, 183, 192
Pilgerabzeichen 121f.
pontifex maximus 48, 81
Post, kaiserliche 102f., 191f.
Predigt 14, 30, 46, 52f., 73f., 81, 85, 94, 99, 115f., 131, 137f., 145f., 162, 219f.

269

Presbyter/Presbyteramt 21, 47, 81, 117, 196 f., 200–207, 211
Presbyterialverfassung 200
Priester/Priesteramt 22 f., 34, 64, 77, 79, 81, 85, 109–111, 117, 119, 126, 128, 134, 139, 157, 171, 180, 185, 196 f., 202, 205, 207–212
Prinzipat 43
Proselyt 51, 66, 76
Provinzialverfassung 200
Psalmen 65, 82, 87, 95, 99, 103, 105, 126, 131

Quartodezimaner 46

Regionalisierung 28, 33
regula fidei 78, 170
Reich, römisches
  s. a. imperium Romanum
Reichshälften 28–34, 43, 74, 121
Reichskirche 42, 81
Reichskrise 28, 43, 55, 215
Reichsreform, diokletianische 189
Reichtum 130, 138, 145, 155, 158
Reisen 23, 25, 107, 163, 191–913, 199
religio licita 168
Reliquien 88, 115, 123, 180
Rhetor/Rhetorik 18, 33, 35, 55, 57, 62, 71, 115, 155
Roma-aeterna-Ideologie 35 f.

Sabbat 43 f., 67
Salbung 77, 79
Samaritaner 63
Schiffahrt 192
Schisma/Schismatiker 29, 33, 146
Schule
  philosophische 17 f.
  theologische 17 f., 54
Schutzgottheit 72, 112
Sexualität 58, 69 f., 146, 149, 152, 160 f., 181, 210
Sigmatafel 180

Sklaven 23, 25, 27, 79, 135, 137, 142, 152–155, 172, 175, 191, 198 f.
Soldaten 23–25, 43, 60, 107, 115, 119, 133–135; s. a. Militär
Sonnenfest, paganes 73
Sonntag 40, 43–45, 47 f., 94, 106 f., 109, 206
Spätantike 28, 34, 43, 50, 60, 103, 120, 140, 154, 163, 192, 196
Sponsoring/Sponsor 64, 82, 129, 135, 163
Staatsreligion, Christentum als 40, 58, 61, 213
Stadt 12 f., 15–19, 21 f., 30, 35 f., 38, 41, 43, 52, 60 f., 63, 74, 88, 101, 113, 116, 120, 129, 131, 134, 136–138, 152, 162, 165, 171 f., 180, 185 f., 193, 196, 200, 203 f.;
  s. a. Metropole
Sünde/Sündenvergebung 32 f., 52, 75 f., 80, 83, 109, 127, 130, 155, 167, 174, 181, 207, 210, 217
Synode
  von Ankara 68
  von Antiochia 188
  von Elvira 64, 118, 136, 150, 154, 194, 211
  von Gangra 150, 154
  von Jerusalem 63
  von Karthago 146, 205
  von Laodizäa 113, 124, 126, 176
  von Lerida 68
  von Nizäa 187

Taschendiebe 138
Tauchbad, jüdisches 76
Taufe 33, 52, 55, 60 f., 65–67, 73–83, 107, 109, 111, 126, 130, 134, 142, 181, 196, 203, 210
  Bluttaufe 80
  Kindertaufe 76
  Klinikertaufe 80
Taufaufschub 52, 80 f.
Taufbecken 79, 82
Tauffasten 77

Taufunterricht 54, 76, 79, 109, 111
Tauroboliatus 50
Tempel
  pagane 22f., 40, 60f.
  Jerusalemer 15, 44, 72, 208
Theologie 17, 19, 32–34, 37, 41–43, 54, 58, 76, 110f., 168, 170, 208, 210, 214
Tischlektüre 100
Tod 76f., 84–91
Totenauferstehung 84f., 88
Totengedächtnis 72, 117
Totengräber 89, 139
Trinität 29, 54

Unsterblichkeit 18, 83f., 112
Unterschicht, Christen in der 20, 148
Urgemeinde, Jerusalemer 13, 19, 42, 44, 46, 52, 92, 172, 186, 199f., 207

Vaterunser 105, 107
Vereinswesen 64, 168, 182, 200
Verwandte Jesu 13, 21, 199

Vikariatsidee 205
Volksfest 137
Volksreligiosität 115, 123
Volkssprachen 31f.

Wallfahrt 66, 111, 113, 118, 120, 180, 185; s. a. *Pilgerfahrt*
Wanderpropheten 199
Wanderradikale 159f.
Wende, konstantinische 40f.
Wiedergeburt 75f.; s. a. *Taufe*
Witwen/Witwenamt 80, 128, 134, 171, 207f., 216
Wortgottesdienst 176, 182

Zauberer 125f., 134
Zauberpapyri 108, 126
Zentrum
  der Christenheit 12f., 18
  des römischen Reiches 12, 30
Zölibat 211
Zweisprachigkeit des Christentums 28, 31
Zweistufenethik 158, 160, 162, 209
Zwölferkreis 198